Die Welt der Burgen
Geschichte, Architektur, Kultur

城堡的世界

历史、建筑与文化

[德]乌尔里希·格罗斯曼 著

孟薇 译

生活·讀書·新知 三联书店

DIE WELT DER BURGEN: GESCHICHTE, ARCHITEKTUR, KULTUR
© Verlag C.H.Beck oHG, München 2013
This edition arranged through Bookzone Publication Service Co., Ltd

Simplified Chinese Copyright © 2020 by SDX Joint Publishing Company.
All Rights Reserved.
本作品简体中文版权由生活·读书·新知三联书店所有。
未经许可，不得翻印。

图书在版编目（CIP）数据

城堡的世界：历史、建筑与文化／（德）乌尔里希·格罗斯曼著；孟薇译. —北京：生活·读书·新知三联书店，2020.4
（彩图新知）
ISBN 978 – 7 – 108 – 06954 – 2

Ⅰ．①城…　Ⅱ．①乌…②孟…　Ⅲ．①城堡－世界－普及读物
Ⅳ．① K916-49

中国版本图书馆 CIP 数据核字（2020）第 166131 号

责任编辑	徐国强
装帧设计	康　健
责任印制	徐　方
出版发行	生活·讀書·新知 三联书店
	（北京市东城区美术馆东街22号 100010）
网　　址	www.sdxjpc.com
经　　销	新华书店
印　　刷	北京图文天地制版印刷有限公司
版　　次	2020年4月北京第1版
	2020年4月北京第1次印刷
开　　本	720毫米×1020毫米 1/16 印张 18.5
字　　数	260千字 图116幅
印　　数	0,001 – 6,000 册
定　　价	88.00元

（印装查询：01064002715；邮购查询：01084010542）

彩图新知

出版缘起

近几十年来，各领域的新发现、新探索和新成果层出不穷，并以前所未有的深度和广度影响着人类的社会生活。介绍新知识，启发新思考，一直是三联书店的传统，也是三联店名的题中应有之义。

自1986年恢复独立建制起，我们便以"新知文库"的名义，出版过一批译介西方现代人文社科知识的图书，十余年间出版近百种，在当时的文化热潮中产生了较大影响。2006年起，我们接续这一传统，推出了新版"新知文库"，译介内容更进一步涵盖了医学、生物、天文、物理、军事、艺术等众多领域，崭新的面貌受到了广大读者的欢迎，十余年间又已出版近百种。

这版"新知文库"既非传统的社科理论集萃，也不同于后起的科学类丛书，它更注重新知识、冷知识与跨学科的融合，更注重趣味性、可读性与视野的前瞻性。当然，我们也希望读者能通过知识的演进领悟其理性精神，通过问题的索解学习其治学门径。

今天我们筹划推出其子丛书"彩图新知"，内容拟秉承过去一贯的选材标准，但以图文并茂的形式奉献给读者。在理性探索之外，更突显美育功能，希望读者能在视觉盛宴中获取新知，开阔视野，启迪思维，激发好奇心和想象力。

"彩图新知"丛书将陆续刊行，诚望专家与读者继续支持。

生活·讀書·新知 三联书店

2017年9月

目录

中文版代序　中国和中欧的城堡	1
前　言	6
第一章　导　论	10
第二章　何为城堡	15
城堡、宫殿、碉堡	17
根据修建者和占有者划分的城堡类型	18
建筑类型	24
根据功能划分的城堡类型	26
第三章　城堡和统治：城堡的使命	27
中世纪的社会	27
什么人可以修建城堡？采邑权和修建权	28
统治和管理	35
城堡保护谁	38
"城堡政策"	40
第四章　城堡建筑的组成部分	42
如何修建一座城堡	42
防御性建筑和防御功能	56
居住建筑、居住空间和居住功能	77
管理用房、附属房屋、城堡伯爵住所	92

	外堡：杂用建筑及勤杂房	94
第五章	**中世纪的城堡**	**96**
	修建城堡的阶段性和延续性：以马尔堡为例	96
	早期的城堡和行宫	101
	萨利安王朝时期的城堡建设	113
	施陶芬王朝时期的城堡和行宫	123
	中世纪晚期的城堡建设	143
第六章	**近代的城堡**	**193**
	总体发展	193
	文艺复兴时期的城堡	195
	宫殿要塞和要塞	205
	巴洛克时期的城堡	210
	总结：近代早期的城堡	220
	城堡：从历史主义到现代	222
第七章	**神话城堡**	**234**
第八章	**城堡研究史**	**239**
	城堡研究的古版书	239
	17世纪晚期以来的史学论著和城堡参观指南	244
	历史主义城堡研究视域下的建筑	251
	1945年以后的城堡研究：跨学科之路	254
	当今城堡研究	256
注　释		**259**
参考文献		**273**
术语解释		**285**

中文版代序
中国和中欧的城堡

中国的城堡之所以能够跟中欧的城堡进行比较，是因为中国同中欧一样，曾经都存在过封建统治制度，在这种制度下，皇帝或者国王可以仰仗效忠于他的上层贵族。这些人作为有一定或部分独立主权的邦君（中欧）或者藩王（中国），都拥有可以从中获利的领地。然而，中国的统治显然比中欧更为集中，中国皇帝的权力也远大于罗马-德意志国王。欧洲高度分化的封建制度导致了大量城堡的修建，相形之下，中国城堡的数量屈指可数，保存至今的防御工事也寥寥无几。

与中欧相比，中国城市的独立程度较低，因此更易于被统治体系吸纳。它们可以承担大型城堡的任务，而且从外表上看也是如此。然而在欧洲，城市完全有可能威胁到政权统治。因此，欧洲的城市一般不会像北京那样，把城堡建在市中心，而总是建在市郊。即便有些地方，城堡似乎坐落在今天的市中心（柏林、纽伦堡、汉堡），但它们原本也是建在市郊的，只不过当时城市的规模要小得多。

中世纪和近代早期以及帝制王朝的政权基础都是筑有防御工事的城堡、宫殿或者城市。中国和中欧之间最显著的区别就在于城堡的数量。在中欧，今天大约还有 4 万座城堡，有的保存完整，有的已沦为废墟，就整个欧洲来看，城堡数量可能超过 10 万座，而中国最多只有几十座城堡。

中欧和中国的城堡有没有根本区别或者相似之处呢？我们先来看看帝王

建筑。它们在中国至关紧要，中欧的帝国城堡相对而言则有些无足轻重。

从功能上来看，北京的紫禁城堪与神圣罗马帝国皇帝的住所相媲美。然而在中欧，17世纪以前都没有固定的王宫，也就是没有真正的都城。直到17世纪，维也纳的霍夫堡才真正确立了王宫的地位，尽管在13世纪时，它就已经建成，是为数众多的邦侯统治处所之一。然而扩建霍夫堡，必须以现有的城市结构为前提。神圣罗马帝国皇帝不能随心所欲地扩建这座宫殿，若要占用宫门以外的建筑，他必须从市民和修道院手中购买相应的地皮。因此，中欧所有的大型宫殿，从亚琛加洛林王朝时期的行宫到布拉格的城堡区，再到维也纳的霍夫堡，都没有可以匹敌北京故宫的设计方案。只有位于维也纳近郊的皇帝的夏宫美泉宫，因效仿巴黎郊外的法国王宫凡尔赛宫设计建造，在布局上才堪与北京相比，即以一座中心建筑为轴心，一条条长长的通道从宫门直抵宫殿的主要空间。

北京故宫始建于15世纪，其典型特征是一座规整的长方形防御工事。高高的宫墙由青砖砌就，上面是筑有雉堞的防御通道。宫墙的四隅和城门两侧都坐落着木结构的塔楼。然而在北京，并没有为了保障两翼的安全，将这些塔楼建在环形城墙的外侧。主城门东、西、北三面城台相连，环抱一个方形广场，既起到防御之用，同时也彰显了皇家气度。东西两阙跨过护城河。主城门前方还矗立着两座宽阔的门楼。它们位于皇宫外部长方形防御工事的沿线，这些外围工事的内部还建有两座寺庙。即便是皇城外的这个区域，占地面积也要大于差不多任何一座中欧城堡。

故宫的特点是，几座大殿沿着一条中轴线依次而建，大殿建于基台之上，入殿需拾级而上，循殿后台阶而下，便又复回至庭院中。侧翼建筑使得每座大殿前都形成了一个长方形庭院。不过由于这些侧翼建筑不是直接相连而建，所以也可以从大殿的侧面由一个庭院直达下一个。大殿都是木结构建筑，巍然矗立在高高的石头基台上，殿内没有再修建内墙进一步划分空间。多座大殿连成一线，殿前的庭院用作前厅，由此便形成了一个对于举行典礼来说非常重要的建筑结构。

这种轴对称的建筑形式在中国并非宫殿特有的，寺庙同样如此。有证据表明，公元前 12—前 11 世纪就已经存在这种形式了（陕西省岐山县凤雏村，商朝或者周朝早期）。18 世纪中叶，将康熙皇帝于 1694 年在北京修建的一座宫殿（雍和宫）改建为喇嘛寺时，并没有遇到什么困难，大部分建筑都可以继续使用，此外又增建了少量屋宇。建筑结构基本保持不变。欧洲虽然也有把城堡改建成修道院的类似工程，但是它们使得建筑实体在外形上出现巨大的改变，以至于除了外部的防御墙以外，城堡建筑群再无建筑部分保存下来或者可以识别出来（松嫩堡 / 南蒂罗尔、大科姆堡 / 巴登、奥伊宾堡 / 萨克森），教堂取代了大型宫殿群落，而且乍看上去外观已截然不同。

鉴于现存城堡的数量较少，探究独立于城堡存在的防御性建筑这个问题就变得很重要了。在北京北部的明十三陵可以观察到有趣的现象。其建筑一方面沿袭了宫殿建筑和寺庙建筑的传统形式，另一方面又具有特殊的防御元素。这里可以看到多座大殿沿轴线依次排列这种宫殿建筑元素。长方形陵宫由陵墙环围，一间大殿跟多座大门构成其中轴线，后部紧连一座圆形或椭圆形土丘，加筑了雉堞的防御围墙将土丘环围在内，里面便是停放皇帝棺椁的玄宫。防御性建筑决定了这部分皇陵的外部形态，陵墓入口是一座塔楼。

此外，中国许多城市的道路系统都规划为方格网状（除非受地形所限，只能设计为不规则形状），这种道路系统恰恰也要求围墙修建成直角。方格网状道路系统和直角围墙正是西安和平遥这两座城市的特色所在，平遥城临河的那面城墙是不规则的。许多保存下来的防御工事，外部围墙都建有砖结构的侧翼塔楼。中国的环状城墙往往修得跟道路一样宽，而在欧洲，不管是城堡还是城市，环状城墙都砌得比较窄，勉强能够容纳两个人并排行走。虽然中国城堡和城市防御工事的围墙是砖砌的，但它们的塔楼通常为木结构。围墙内的宫殿厅堂甚至几乎无一例外都是用木头搭建的。桁架结构——也就是由方木搭建框架，以薄木条、黏土或石头填充其间的建筑物，虽然是德国一种重要的建筑形式，但自 12 世纪以来，防御墙、塔楼以及最具代表性的建筑物基本上都是石砌的。

城市的城门有时会跟寻常的城堡大小相当，例如南京的南城门，它由四道券门构成，一个非常宏伟，另外三个虽然小一些，但依然有四五层楼高，四道券门前后递进式排列，其间形成开阔的瓮城。

在中国，防御工事往往就是——不管是城堡的城墙还是城市的城墙——带有向外突出的塔楼的城墙，利用这些塔楼可以进行侧面攻击或掩护。在塔楼顶部的平台，可以从侧面向试图攻克城墙的进攻者进行射击并且形成夹攻。城墙只在雉堞所在的高度修有铳眼，也就是说墙体内没有修建防御通道。这也与欧洲整个中世纪的防御水平相当。在古希腊罗马时期，欧洲有些城墙，例如古罗马的城墙，就已经修筑了可进行侧翼防御的塔楼。

除了规则的王宫建筑以外，中国也有城堡，它们的任务是保障道路、关隘或者桥梁的安全，而非主要用作宫邸。这些任务不仅可以由城堡承担，也可以交付于小城市。其中既有名又保存完好的一座就是北京西南部屯兵设防的小城宛平城。它守卫着永定河上自12世纪晚期就确已存在的卢沟桥（"马可·波罗桥"）。这座要塞城市始建于1638年，最初是一座只有纯军事任务的设施。然而，它的建筑形式更像一座筑有防御工事的城市，而非要塞；与同时期的欧洲建筑相比，它显然是为传统兵器设计的，没有修建适用于加农炮的棱堡。坚厚的城墙足以抵御轻型火器，即便面对1937年日本人的猛攻，也只留下了相对较小的弹孔。

这类规则建筑中另一个更加古老的例子是甘肃省的嘉峪关城堡。它是一座规整的长方形防御工事，作为长城沿线的要塞，守卫着一处关口。这座防御工事由两道外墙包围，内侧是矩形的环状城墙，外建一道回廊围墙，它们都是砖墙，建有防御通道和雉堞。拐角处都建有向前凸出的防御工事，其墙体带有一定坡度，上层结构为小型石头建筑。相反，各座城门上方规模较大的建筑均是木头结构。最初的防御工程大概始建于1372年，由黄土夯筑，城门上的楼阁则是在1495年前后，明孝宗弘治帝统治时期增建的。其余楼阁和回廊围墙直到1536年才陆续修建完成。

一座为保障山中交通要道而建的城堡是海龙囤，它坐落在贵州省遵义市老城西北约 28 公里的龙岩山上。这座据历史记载始建于 1257 年的高地城堡并非规则建筑群，而是依山脊而建，因为 1606 年被毁，如今能识别出的也仅限于此。据记载，环囤城墙有九座宽阔的城门，由石头砌就，状似城门塔楼，上层建筑为木结构。城门旁边有陡峭的阶梯通向防御通道。在屯内发掘出了一座对称式建造的宫殿。虽然在今天这是一个极其罕见的发现，但显而易见的是，这样的城堡以前很可能常见得多。这种建筑类型与欧洲的城堡建筑群最具可比性。或许未来，在研究过程中会发现中国有几十个，甚至数百个这样的建筑群，但是目前，城堡研究仍处于起步阶段，直到现在，中国艺术史才开始深入探究其建筑艺术。

乌尔里希·格罗斯曼

前　言

　　人们对城堡的历史萌生兴趣始于四个多世纪以前。逾三百年来，城堡一直属于欧洲最受欢迎的古迹，参观者越来越多。在这段漫长的时间里，研究者和爱好者为城堡刻画了一幅特有的形象，虽然它非常不准确，而且经常把科学知识与主观推测混为一谈，但现在已作为一种常识广泛流传。然而就在过去的十几年间，城堡的形象发生了巨大改变。如今，城堡已成为展会的场地或其主题，也是博物馆感兴趣的对象，不管哪种展示形式，都提出了新问题，引发了人们的新兴趣。如今，我们对城堡的认知，特别是对文化史方面的了解，远远超过了以前。

　　本书导论部分介绍的是当前关于城堡知识的比较全面的发展状况。毫无疑问，任何一篇导论都会列举大量积极参与研究者早已耳熟能详的事实，其原因在于，概述的作用就是要对已知情况进行总结。不过对于城堡研究来说，本书提到的许多思考都是新颖的，或者至少是第一次呈现某种关联性。这些新视角主要包括：显然更久远的城堡使用史和作用史，开始时间要早得多的城堡研究史以及有关在城堡中居住的方方面面。

　　若想做这样一个概述，不仅需要研究许多城堡，还要研读大量出版物。因此一旦涉及具体的研究结果，即便无法在本书篇幅内全面地概述所有文献，也需要对相关出版物加以说明。因为在过去几年，甚至几十年间，中欧各个地区都有不同领域的作者致力于相关研究，涉及的主题、建筑物以及提出的

前　言

问题不胜枚举。本书最后的参考文献只列出了若干基础书籍和一些与所涉及建筑物相关的著作。

本书旨在介绍与城堡相关的知识，若要从总体上了解城堡这一主题以及具体认识每一座城堡，这些知识是不可或缺的。本书的读者，即便自身并不从事城堡研究，在参观城堡的时候，也应该能够透过诸多解说词看到其背后的内容，并且批判地形成自己的观点。读者还应该有能力辨别哪些属于老一

图1　黑尔德堡，从低处仰望高地城堡，未来会用作德意志城堡博物馆

7

套的陈旧观念，就算这些说法非常有趣，也不要轻信它们；读者同样应该有能力更好地分别出不同的建筑部分——并且要意识到，在很多城堡中，仍有许多东西尚未被发掘，因此根本无法给出合理的解释。

不管怎样，本书都要把关注点从历史文物、考古地点和防御设施延伸至城堡的文化史。除了概述中世纪以来的城堡史，其中心内容主要是城堡多种多样的建筑特点，既论述了典型的建筑物和建筑细节，也介绍了只在某一特定时期或者地区出现的特殊设施。在描述某一建筑现象的时候，总是将其放在政治、文化、社会、经济和军事背景下加以探讨。本书始终把建筑及其功能联系在一起研究，旨在帮助读者更好地全面了解城堡。

在此我要向诸多同仁致以诚挚的谢意。有关城堡建筑的专题会议，尤其是但绝不仅仅是瓦尔特堡协会（Wartburg-Gesellschaft）举办的专题会议，总是给我特别多的激励，无论是这些会议期间的活动安排，如共同参观城堡，还是独立的学术性旅行，抑或大学组织的活动，同样启发良多。作为两次城堡展以及"施陶芬家族与意大利"和"骚乱，1525年！"这两次展览的学术顾问委员会成员，我也要在这里向其策划团队表示感谢。就建筑发现和施工现象展开的公共讨论，也给予我很多非常重要的启迪和思考，不管是对于撰写本书，还是对于规划位于图林根州黑尔德堡的德意志城堡博物馆（见图1），都大有裨益。我还想衷心地感谢C. H.贝克出版社，感谢它将本书收录进出版社的周年纪念专辑。

需要特别鸣谢的人还有安雅·格雷贝（Anja Grebe）教授，她全面、认真地校阅了本书，并且在结构和内容上给出了大量的建议和补充。

乌尔里希·格罗斯曼

前言

图2 埃尔茨堡,全貌

第一章
导　论

　　城堡，按照最通俗的定义，乃是设防之地。在通常情况下，它们指某一领地的具有防御能力的驻地，此外在中世纪和近代早期，这些驻地本身也是一个特殊的管辖区域。本书确定这个基本概念的时候，不同于迄今大部分有关城堡的出版物，它们把城堡定义为只有贵族才享有的防御性住所。这里提出的定义可以更宽泛地表述该主题，因而更加符合中世纪时人们对城堡的理解。

　　毋庸置疑，保存下来的绝大部分中欧城堡都可以被纳入"贵族城堡"这一现代概念（见图2）。城堡作为具有防御能力的贵族住所，同样也是19世纪以来城堡研究的主要对象。说起城堡，人们以前总会将其想象为一座四面围着高墙并且建有塔楼的建筑物，大多坐落在山顶或者中等高度山脉的山坡上，于中世纪鼎盛时期开始修建，又在中世纪晚期历经多次扩建。这样一处理想化的建筑群会有一座城堡主楼、一座居住建筑、一座祈祷室，大多还会有一个外堡以及外部的防御工事。按照老一套说法，城堡从16世纪起或者最迟在17世纪，便坍塌为废墟。事实上，这样的图景对于许多建筑物，尤其是比较大的建筑群或多或少都适用。

　　然而，在过去一些年里，由于科学家的批驳和充满好奇心的非专业人士的问究，彻底动摇了只把贵族城堡视作城堡这一具有局限性的设想。于是人们注意到，许多城堡根本就不是贵族的所有物，而是供家臣，也就是没有人身自由的侍从居住的。还有一些城堡归修道院或者城市所有，到了中世纪晚期，越来越多的城堡成为平民的财产。把这样一些建筑理解为贵族城堡，至少是不准确的。

在很长一段时间，城堡研究并没有关注数量不菲的早期城堡。许多兴建于加洛林王朝和奥托王朝（又称萨克森王朝）时期的城堡，要么只留存有文字记录，要么仅仅能在考古学上得到证实，这就意味着，地面上已经看不到它们的建筑遗迹了。因此大部分城堡研究者，主要是建筑史学家，一度对它们不感兴趣。直到最近，大量这样的早期建筑才跳出考古学家和历史学家这一狭窄的专业圈子，被意识到是一种重要的现象，并被纳入有关城堡的更广泛的讨论中。

"城堡的终结"，也就是从何时起城堡不再被用于防御、不再被扩建甚至最终被废弃这一问题，在过去一些年里同样有了新的认定（见图3）。这个问题也涉及了所谓的从城堡到宫殿的转变。如果考虑到法律层面以及某些建筑方面，那么这样的"转变"显然不同于城堡（Burg）和宫殿（Schloss）这两个词在德语中一眼看上去就会让人想到的那种差异。实际上，城堡作为具有防御能力的住所，全面终结的时间很可能并非1500年前后这段时期，而是在大约二百年之后。若是非要区分"城堡"和"宫殿"这两个概念不可，那么不具有或者几乎不具有防御功能的宫殿取代城堡这种防御性建筑的时间要比迄今认定的时间大约晚二百年；归根结底，从功能的角度进行的这种区分具有武断性。尽管上述时间存在一定的滞后，本书的重点仍然是11—15世纪的城堡建筑群，因为大部分保存完好的城堡要么来自那个时代，要么是在那个时代被扩建成今天的样子。

从地理上看，本书重点介绍的主要是德国的城堡。然而我们很难将这个主题仅限定在德国，原因在于，中世纪的领地所涵盖的区域完全不同于今天的国家或者19世纪建立的民族国家。例如，9—10世纪的加洛林王朝包括了今天的德国、法国和意大利；从奥托王朝时代发展兴起的罗马帝国——1157年起称神圣罗马帝国，1512年起称德意志民族的神圣罗马帝国——在12世纪时以罗讷河为界，到了中世纪晚期也把伦巴第地区囊括了。

图 3　魏德布鲁克，特罗斯特堡，城堡上方矗立着一座中世纪晚期的防御塔楼，用来保护攻击面

因此，我们所说的"德国"城堡，不仅仅指那些坐落在德意志联邦共和国领土的城堡建筑。因为从时间上看，本书的重点集中在中世纪晚期的德意志王国，涉及范围也就涵盖了中欧说德语的地区，除了阿尔萨斯（见图4），还包括捷克人和德意志人混居的波希米亚地区，今天波兰的德语区和德裔区以及部分属于意大利、部分属于德国的韦尔施－蒂罗尔地区（特伦蒂诺）。

第一章 导 论

图 4　阿尔萨斯地区的奥尔滕贝格城堡

至于那些因军事扩张或和平的定居政策造成的至少有一部分人说德语的地区，例如锡本布尔根和波罗的海诸国，只是附带着考虑在内。然而在德语区，现存或多或少可以识别出遗迹的城堡大约有 2.5 万座，在中欧，这类城堡的总数估计会超过 4 万座，本书不会像清单一样对它们逐个罗列并加以介绍，更多的是阐述与城堡这个主题相关的基本现象。

此外，同样需要将上述意义上的城堡与本书仅略作提及的其他形式的防御性处所区分开来。属于后者的建筑有早期的、大多仅在考古领域才会涉及的斯拉夫城堡（"战时居民避难的城堡"），它们不管在历史背景上，还是建筑的相关性方面，都与中欧地区的城堡有极大不同。此外还有教堂城堡，虽然它们也筑有防御工事，但并不是独立的管辖区域，并没有被考虑用于长期居住。鉴于权力结构不同，也要把城市和修道院这类设防场所与城堡区别对待。因此在界定我们的研究对象时，一方面要明确区分建筑物的外观（即是否属于防御性建筑，例如城墙和塔楼），另一方面还要明确区分作为具有特定法律地位的权力建筑的功能。

正是由于定义上的困难，对现代有关城堡研究的历史以及有关城堡现象的认知发展过程进行深入探究是非常重要的。其目的在于，更全面地了解过去四百年间城堡意义的转变以及科学家们对这一主题的不同见解。不过相关内容直到本书末尾才会出现。首先要做的是给城堡下一个比较准确的定义，以及介绍在中欧德语区能够见到的不同类型的城堡。

第二章

何为城堡

早在几个世纪以前，人们就开始思考城堡的定义了。最早的定义之一出现在雅克布·维尔纳·基林格尔（Jakob Werner Kyllinger）的一篇法学论文中："因此，它是一座城堡（castrum，castellum），一个墙高壁厚、坚固的住所，四面有围墙或壕沟环绕，堡内居民可以保护自己，抵御觊觎者或者敌人。"[1] 基林格尔的定义符合中世纪对城堡的一般认识，即城堡是一座有围墙、可防御并且有人居住的建筑。但并未对居住在城堡里面的人做出更加准确的说明——也就是说，原则上城市也符合基林格尔的定义。19 世纪的一些城堡研究者依然会使用这样的定义，例如约翰·科里（Johann Cori）在 1899 年写道："以前，只要是用于保障及保护人和物的地方，一般都被称作城堡……因此也就有了'市民'① 这个名称。"[2]

与这个非常宽泛的定义相反，自 19 世纪以来，对城堡所下的定义越来越窄。20 世纪初，奥托·皮珀（Otto Piper）作为最有影响力的城堡研究者之一，在《城堡学》一书中明确规定："每个城堡"必须"至少有一座可以居住并且军事设防的建筑和一道环形城墙"。他"狭义"地把城堡定义为"中世纪封建领主的、军事设防的个人住所"。[3] 更为狭义的是专业建筑师博多·埃布哈特（Bodo Ebhardt）所下的定义，他理解的"城堡是一座石头建筑，是某个家族

---

① 市民（Bürger）：也译为"平民，公民"，源于城堡（Burg）一词。——全书所有脚注均为译者注，以下不一一说明。

或皇权、王权以及邦君的权力代理人或者由其分封的采邑主固定的住所"。[4] 这样一来，埃布哈特几乎把中世纪早期的所有城堡建筑都排除在外了，因为那些城堡大多是由其他材料建成，而非石头。

如何给城堡下定义，也有人从艺术史的角度给出建议。卡尔·海因茨·克拉森（Karl Heinz Clasen）在《德国艺术史专业辞典》中论述了"城堡"的概念："人们把城堡理解成一种中世纪的建筑形式，该形式同时体现了单一占有者或者小群占有者的防御意志和居住意愿。"[5] 克拉森把城堡现象在时间上限定为中世纪，这样的限定是有问题的，贡特尔·宾丁（Günther Binding）对此做了驳斥，此人在《中世纪百科全书》中极为概括地将城堡定义为"可居住的防御性建筑，由某人或者某一群体以防卫为目的修建而成，用于长期或临时居住"。[6] 他的表述在根本上与基林格尔所下的宽泛的定义具有相似性。不过，在最近的艺术史及城堡学的文献中，主流定义是把城堡视为具有防御能力的"贵族的住所"。[7]

但是上文已经简要提到，这样的定义未能涵盖城堡发展的多个阶段。城堡绝非总是贵族所住之处，例如它有可能是修道院兴修的用于管理封建领地的建筑。特别是在中世纪早期和鼎盛时期，许多城堡里住的是没有人身自由的侍从，随着时间的推移，他们当中有一些人，但不是所有人进阶成了贵族。还有一些城堡归城市所有，例如纽伦堡这样的帝国直辖市。从中世纪晚期起，越来越多的平民成为城堡的所有者，甚至投资修建城堡。这些平民的家族中虽然也有人希望谋得贵族的头衔，但是一般情况下更愿意保留平民的身份。

尽管城堡的占有者和居住者可能有所不同，但这些建筑全都有一个共同点，即它们曾经是统治的中心及所在地，通常是某一封建领地的中心，而且它们本身构成了一个独立的特权区。在这里，要管理自己治下或者他人委托的地产，还要去保卫这些地产。因此，把某一领地基本上可长期居住并且具有防御能力的建筑称作城堡是恰当的，一旦有外敌入侵，它们能够为居住在里面的人提供安全保障，并且能够保护统治权；原则上，筑有防御工事的修道院或城市也可以算作城堡。

城堡、宫殿、碉堡

在英语、法语或波兰语中，只有城堡这一个属概念，分别是 castle、château 和 zamek，德语则不同，有"城堡"（Burg）和"宫殿"（Schloss）之分。区别在于，城堡是中世纪具有防御能力的建筑，而宫殿则修建于近代，并且不以防御为目的，不过这一区分直到 19 世纪才逐渐形成。城堡和宫殿这两个词与"关闭"（schießen）和"保卫"（sichern）有关，宫殿派生自"关闭"一词，城堡则源于拉丁语"burgus"和希腊语"pyrgos"，意思是一个受到保护的地方。在中世纪早期和鼎盛时期的原始资料中，也出现了拉丁语名称 arx、burgus、castrum、castellum 等，它们全都是用于给某个筑有防御工事的地方命名的。

建筑史通常将宫殿建筑的兴起时间确定为 15 世纪末。然而，这种新式建筑并没有反映在文字资料中，在那些资料中，对应于拉丁语"castrum"一词的德语名称五花八门，而且是以看似多样的形式混合在一起使用的。揭示了这个现象的是 1430 年埃尔茨堡（见图 2）的城堡和平协定，协定中写道："我们中间若是有人在城堡内打死了人，此人要立即离开他的房屋，他以及他的后代也随之丧失了进入埃尔茨宫殿的权利。"[8] 在这里，城堡、宫殿和房屋三个概念同时出现在一个句子中。这一段讲的是针对杀人事件采取的措施，这里的"城堡"指的是整个建筑群，"宫殿"可以理解为这个建筑群名称的一部分，"房屋"则用于指称需要被驱逐的杀人犯居住的具体建筑物，然而这个论点无法得到确证。至少"城堡"和"宫殿"看上去几乎是作为同义词使用的。在随后的几百年间，也没有对这两个概念进行明确的区分。因此某个建筑的名字可以在城堡和宫殿之间变换，城堡也会被称作宫殿（"马尔堡宫殿"[9]，最迟 1605 年得此名称）。另一方面，巴洛克时期的一些新建筑被称作城堡（慕尼黑的马克斯堡，兴建于 1600 年前后，得名于 1658 年；柏林的夏洛滕堡，得名于 1705 年）。此外，在中世纪晚期以及近代早期，"宫殿"绝不仅用来命名那些没有防御能力的建筑，这也就清楚地解释了高地城堡（Höhenburg）为何有"山上宫殿"这一广为流传的巴洛克名称。

因此，城堡和宫殿之分终究是一种语言上的约定俗成，没有明确的、历史上有据可依的定义与之对应。归根结底，城堡和宫殿并没有明确的区别。这也适用于其他各种术语，它们在几百年间、在不同地区用于命名筑有防御工事的建筑和统治处所（Herrschaftssitz），其中包括"山上宫殿"（Bergschloss）、"碉堡"（Veste）、"小城堡"（Burgsäß/Burgsitz）和"城堡遗迹"（Burgstall）。尤其是城堡、碉堡、宫殿，在中世纪晚期，特别是法兰克地区、图林根州南部和德国西南部，基本上被视作同义词使用。

与城堡、宫殿或者碉堡这种建筑形态有着明显不同的是**要塞**。这个术语在近代中欧用于指称某个纯军事性的、为炮战而修建的防御设施，用于大范围地保卫国土、部分国土或者通往他国的道路。要塞里面住的不再是统治者或者领主，而大多是常备部队，有可能的话还有他们的亲属。特殊情况下，要塞里面也会有一座供领主居住的建筑；在这种情况下，为了更好地在定义上进行区分，我们称其为"宫殿要塞"（Schlossfeste）[10]。

根据修建者和占有者划分的城堡类型

"城堡"一词包含了一系列个体现象，随着时间的推移，它们逐渐形成了自己的名称。最常见的区分方式是，根据城堡的修建者或者占有者以及与他们相关的功能需求进行区分。这些术语大多是现代城堡研究的产物，有时也与历史上的名称有关。

归国王或者皇帝所有的城堡被称作**国王城堡**或者**皇帝城堡**（见图5、图6）。它们直属于王室以及帝国（因此也经常被称作**帝国城堡**），也就是说，它们并非相应领主的私人财产，即使是领主出资修建的这类城堡，也仅仅拥有它们的使用权。许多城堡研究者对国王城堡和国王行宫进行了区分。其中，国王城堡似乎更加注重防御性。国王行宫则不同，它是宫殿式建筑群（至少从今天的外观上看），与防御性相比，彰显权力显然更为重要。[11] 因为自10世

第二章 何为城堡

图5 位于盖尔恩豪森的皇帝行宫,城堡主楼、城门和祈祷室,带窗拱廊和"厅殿"的入口

纪以来,罗马-德意志国王①作为唯一的统治者有权得到教皇加冕成为皇帝,所以这些建筑也被称作**皇帝行宫**,但是从历史上看,由于它们属于神圣罗马帝国管辖,这样命名并不恰当。遍布帝国领土各地的行宫是独立的经济体,为国王及其有时候人数众多的随从提供临时住所,并且需要保障统治者及其随员的给养。此外,那里必须具备召开帝国议会的条件。翻阅一下中世纪的

---

① 罗马-德意志国王(Römisch-deutscher König):在最新的历史学文献中,这一术语专门用作神圣罗马帝国的统治者从被选为国王至加冕为皇帝这一时期的称谓,最早使用该头衔的为亨利二世(973—1024),1806年德意志民族的神圣罗马帝国解体,该术语随之消失。

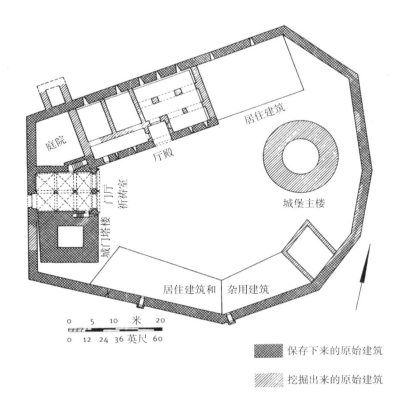

图 6　位于盖尔恩豪森的皇帝行宫，平面图

原始资料就会发现，区分国王行宫和国王城堡是一件非常难的事情，因为资料里出现的名称差异太大。根据目前的研究，盖尔恩豪森原则上被归为国王行宫，纽伦堡则被算作皇帝城堡，然而1200年前后的原始资料显示，除了大量使用"castrum"来称呼纽伦堡以外，还有两次称之为"palacium"（拉丁语宫殿之意），但是对盖尔恩豪森却从未使用过这一名称。

在地区层面，主教府邸和公爵府邸的功能类似于国王行宫。**主教城堡**由主教或者主教管区修建而成（如西普鲁士的马林韦尔德、勃兰登堡的齐萨尔），并且可供当地的执政官使用，执政官处理政务时会使用因城堡而得的收入。13世纪起，这类城堡也采用了"行宫"这一此前只有王室建筑才惯用的名称

第二章　何为城堡

图7　明岑贝格，从东侧的城堡主楼眺望城堡，左侧是厨房、城堡大门和罗马式居住建筑，右侧是早期哥特式厅住一体建筑

（如**主教行宫**、**公爵行宫**），由此可见，这类建筑的扩建越来越具有代表性。有时也会将其他贵族等级跟"城堡"这个术语结合在一起，因此除了**公爵城堡**以外，也出现了像**伯爵城堡**这样的名称。

此外，需要跟帝国城堡进行区分的是**家臣城堡**，也就是国王、主教或者邦君的家臣的城堡。但是"家臣城堡"这个概念很难让人信服，因为它指涉的是修建城堡者的家族渊源；在修建城堡的时候（例如明岑贝格的城堡，见图7），这些家族通常早已享有权势并且晋升为贵族。因此，家臣城堡也可以随同权利和义务一起传袭下去。[12] 跟国王关系比较密切的是修建于比丁根王室森林①的比丁根城堡。不过，被封赠以后，虽然家臣是不断更迭的，它也没有另易其主，始终归一个家族所有，而这个家族也早已荣升为贵族了。

---

① 王室森林（Bannforst）：国王为了保护特定的森林动物以及国王的狩猎权而圈定的特定地域，为王室的私有财产。

骑士团城堡指的是归骑士团所有的城堡，在中欧尤指条顿骑士团的城堡，它们兴起于中世纪盛期和晚期，主要修建于东普鲁士、西普鲁士、波兰以及波罗的海地区的战争频仍之地。从内部看，它们是按照精确的施工平面图建成的类似修道院的建筑。从外部看，则是另一番样子，环状城墙、壕沟、塔楼、城堡主楼和铳眼都是为防御而建。所有这些城堡，在最广泛的意义上，都是贵族城堡，因为出资修建它们的人都来自贵族阶层，即使它们在法律上归属于其他阶层。

除了主教城堡和骑士团城堡，**修道院城堡**（见图8）这个术语也代表了一类具有宗教使命的城堡。所谓"修道院城堡"，指的是那些像城堡一样全面设防的修道院；以前修道院这类团体也具有军事职能，比方说防范来自外

图8　大科姆堡，修道院城堡，防御工事

部的威胁，例如 15、16 世纪抵御土耳其人进犯东南欧地区。中欧那些筑有坚固防御工事的修道院也可以被归入这类城堡，迄今在这方面并没有一个准确的定义。其中的某些修道院，其前身实际上就是城堡，这一点或许纯属巧合。例如施瓦本哈尔的大科姆堡或者布鲁尼科的松嫩堡修道院（位于南蒂罗尔的普斯特山谷）这些极其注重防御的修道院，早在 11 世纪初期，就已经被身处贵族阶层的城堡主由城堡改用为修道院或者教会的慈善机构。不过今天我们看到的这两座修道院的防御性设施都是中世纪晚期才出现的，与它们的建成史并没有任何关系。总的来说，修道院建有防御工事是普遍现象（例如毛尔布龙修道院）。

君主城堡（Dynastenburg）这个名称代表出身上层贵族的（也就是直属皇帝和中央的）统治家族（王朝）的城堡。**氏族城堡**（Stammburg）一词仅限于命名某个家族的同名城堡，确切地说，该家族因这个城堡得名（如瑞士的哈布斯堡）。以上两个术语都是用研究语言创造的新词，历史上并没有相应的表述。其他不具有普遍适用性的新词情况也与之类似，例如王宫城堡（Residenzburg）或者小贵族城堡（Kleinadelsburg）。**骑士城堡**（Ritterburg）一词源于浪漫派，但就其本身而言并没有科学依据。"骑士"和"城堡"这两个术语被简单粗暴地连在一起，组成一个新词，所依据的是一种错误认知，即城堡的建造者全都是骑士。

容易混淆的还有**教堂城堡**（Kirchenburg）和**卫戍教堂**（Wehrkirche）这两个术语。所谓教堂城堡，指的是拥有庭院并且外筑防御工事的教堂，院子中间大多有一座可当卫戍教堂使用的教堂建筑。教堂城堡并非长期有人居住，而是用来存放贵重物资并保护其安全，这些物资大多属于农村或者小城市的社区，城堡也正是由这些社区修建并保卫的。防御设施与普通的城堡城墙或者城市城墙几乎没什么区别，内部建筑包括仓库和地窖，当然还有教堂，教堂的塔楼可以起到城堡主楼的作用。如果有人把没有环形围墙的中欧教堂称作卫戍教堂，通常是在某个地方弄错了。如用于钟楼里某段楼梯采光的狭缝窗很可能被当成了铳眼，实际上它们并没有被考虑做此用途，或者根本不适合做此用途。

建筑类型

除了所有者的社会等级，城堡还可以根据它们所在的地理位置和建筑形式进行区分，在许多情况下，这两种分类彼此间有一定的内在联系，因为地形情况会影响到城堡的外部形态。从平面图的形状来看，城堡可以分为圆形、矩形、多边形和不规则形状。对于中世纪的大部分城堡，平面图的设计方案或多或少都顺应了当地的环境。但是也有例外：一座城堡到底是建成规则的还是不规则的，需要反复权衡，尤其在那些难以建成规则城堡的地方，例如在道路崎岖之处。这种情况下，即便修建者有意把城堡建成某个样子，他的意愿可能也要退居其次。例如所谓的营地式城堡很可能就是这种情况，它们是一种特殊类型的矩形城堡。"营地式城堡"是一座长方形或者正方形的建筑，四个拐角全都建有塔楼（如维也纳和维也纳新城），它们衍生自古罗马营地（Kastell）的形状，而且外观大多特别壮观气派。

在某些情况下，对城堡类型进行命名也会突出强调某个特殊的建筑特征，例如防御要素。其中包括盾墙城堡（Schildmauerburg），这种城堡的攻击面（Angriffsseite）的特点是，防御围墙比普通环状城墙高得多，而且特别厚。这样的建筑形式同时也暗示了建成时间，因为大约1200年以前以及15世纪中叶以后没有人修建这类城堡。

按照地形命名的城堡类型中，最重要的类别有高地城堡、山嘴城堡和山谷城堡，如若城堡被护城河或水域环围，还包括水上城堡（见图9）。此外还有一些独具特色的城堡，诸如山岩城堡（如诺伊拉滕）[13]或者岩洞城堡[14]（特别常见于山区，即阿尔卑斯山地区，如南蒂罗尔的沃尔肯施泰因和瑞士的拉彭施泰因，施瓦本汝拉山地区也有）。同样与特定地形密不可分的一种城堡类型是桥梁城堡，它可以保障横跨河面上方的桥梁通道的安全或者用于封锁通道，其目的大概是收取关税。此外经常另建一座城堡俯瞰桥梁，从高处守

第二章　何为城堡

图 9　吕丁豪森附近的水上城堡菲舍林，兴建于 1270 年前后，扩建于 16 世纪

护着整个建筑群（如北蒂罗尔的芬斯特明茨城堡）。

还有一种可能性就是根据城墙内建筑物的位置划分城堡类型。它们有可能倚边而建（即紧邻环状城墙），有可能分散各处，也可能轴向排列，亦可能采用规则或者不规则布局（见图 7）。[15] 然而，一座城堡拥有的单独建筑是分布整个区域，还是只沿着环状城墙而建，这些单独建筑是否连成一体，很大程度上要归因于该城堡可能长达数百年的建筑发展过程，而非某个修建者的具体决定。我们今天所看到的城堡外观往往掩盖了昔日的样子，只有通过发掘才能够全面了解情况，因此在确定城堡类型的时候，要注意避免过早地下定论。城堡的塔楼是建于内庭中央，还是与攻击面以及城堡入口侧的围墙连成一体，形成"前翼塔楼"（Frontturm），往往取决于施工地点，而不能被认为是修建城堡者在建筑设计方面的"要求"。因此，如果城堡所在的位置紧靠着山坡，那么出于防御技术方面的原因，建一座前翼塔楼是有意义的，但是在平坦的地带则没有必要。

根据功能划分的城堡类型

最后，还有一些城堡类型得名于专有功能。这些功能要么一开始就存在，要么后来才跟城堡联系在一起。如果能够确定，城堡除了用作贵族的居所或者领地的中心外，还有一个特殊功能，那么根据功能来命名城堡类型才有意义。例如所谓的**关卡城堡**（Zollburg），这类城堡一般都沿着交通要道或通商道路建于领地边界，也有的沿水路而建，特别是莱茵河沿岸（如普法尔茨格拉芬施泰因、莱茵费尔斯）。然而关卡城堡的功能并非表明，某位税吏坐镇城堡之中，更确切的是指，在城堡近旁设有一个关卡，这个关卡受到城堡的额外保护。桥梁城堡大多也可以归入关卡城堡的上位类。

政务城堡（Amtsburg）这个名称通常暗示着一种功能上的转变。行政机构作为某一领地的管理单位，是从13世纪起逐渐形成的，其管理工作在城堡里进行，而这种城堡（如美因河畔的罗滕费尔斯）原本是作为贵族城堡修建的；自此以后，城堡里面住的主要是行政官员。直到近代早期，才有更多的城堡拥有这样的职能，随后主要用作行政机构的驻地。

另一个按功能划分的城堡类别是狩猎城堡，它们既是狩猎活动的出发地，又是"王室森林"的中心，只有国王或者邦君才拥有这个地方的狩猎权。原则上，每座位置便利的城堡都可以用作狩猎的出发地，下层贵族则不可以拥有自己的狩猎城堡。可以确证的是，大部分毋庸置疑的狩猎城堡都出现在中世纪晚期或者近代早期，它们归领主、有领地的世俗诸侯或者宗教诸侯以及上层贵族所有。

第三章

城堡和统治：城堡的使命

中世纪的社会

正如我们看到的那样，城堡作为具有防御能力、可以居住的建筑用来施行和保障统治。它们出现于整个中世纪，并且在随后的几个世纪一直发挥着作用，总的时间跨度远远超过了一千年。修建城堡的历史背景是中世纪的统治结构。自中世纪早期以来，执政权主要掌握在统治阶级，也就是贵族手上，他们因出身和财产确立了自己的特权地位，他们的地位在中世纪和近代早期也被普遍接受。[16]由于社会出身的原因，贵族阶层跟教士阶层经常会有交叠，教士作为另一个社会阶层在他们的领域（例如主教管区或修道院）同样行使着统治权。在中世纪晚期，平民或者城市，特别是帝国城市①，之所以成为统治体系中的另一个要素，主要原因在于，他们可以拥有超出实际城市范围的广阔领土。

中世纪的社会是一个等级社会。最重要的社会阶层可以划分为贵族、教士、平民、农民和非自由民。每一个阶层本身又会按照封建等级制度再次进行划分——贵族上自公爵下到普通领主（Herr），教士上自大主教下到乡村的神职人员，平民上自城市新贵下到小手工业者，农民上自庄园主下到小农

---

① 帝国城市（Reichsstadt）：指历史上直到1806年为止直接由罗马帝国管辖，不受诸侯制约的城市。

（德国北部的"佃农"），非自由民上自富裕的家臣下到奴隶。原则上是可以提升或者改变社会阶层的——无人身自由的农民得到领主的许可，可以成为自由民，家臣和平民可以升入贵族阶层，更不用说许多已经成为神职人员的贵族和平民了。

国王（或皇帝）位于帝国的最顶层，通常是从上层贵族中选出来的。上层贵族包括等级排在国王后面的选帝侯和公爵以及再次一个等级的伯爵。与上层贵族平级的是大部分有着相同出身的教会诸侯，如大主教、主教、帝国修道院院长，除了神职以外，他们也拥有世俗的统治权。

也就是说，统治权归地位高于其他社会群体的少数人所有，即贵族，他们可以决定自己的命运而且生来便属于这一阶层。在地方，权力则掌握在下层贵族（例如领主）以及诸如侍从、家臣等不属于贵族的胥吏手中。中世纪晚期，帝国城市在帝国会议①上也享有政治话语权。属于社会等级制度最底层的是大量农村居民，特别是没有人身自由的农民、城市底层人群，还有没有公民权的乞丐、流浪者和游吟诗人，以及拥有一点点特权的犹太人，他们到底能享有多少特权，还得取决于当时统治阶层的经济利益和宽容度。女性通常不是独立的法律实体，她们只有当丈夫暂时不在的时候，才接管他们的权利。

什么人可以修建城堡？采邑权和修建权

中世纪的德意志王国是一个建立在封建制度之上的农业社会，一如它在 8 世纪到 10 世纪的加洛林王朝和奥托王朝时期形成的那样。封建制度的基础是采邑制，即作为采邑主的高等级贵族和臣属于他们的受领采邑的贵族（领主封臣）之间的相互义务。受领采邑者保证忠诚和追随，特别是在发生战争和武力自卫时履行军役，他们也会因此得到土地和财物的支配权，并从中获取给养。这种封建制度一直延续到 1806 年德意志民族的神圣罗马帝国解体（见

---

① 帝国会议（Reichstag）：中世纪时期的帝国会议是一种不定期的由皇帝召开的商讨国事的会议，还不是一种机构，故译为帝国会议，近代以后成为一种常设机构，改译为帝国议会。

图10 克罗普夫斯贝格，封赠文书，1850年前后，城堡档案

图10、图11）。

采邑制的重要性在10到13世纪间达到顶峰。[17]最初，国王作为采邑主封赠贵族以财物（采邑①），大多是一处封建领地。到了中世纪鼎盛时期，封建制度高度发达，除了国王、公爵、伯爵，甚至主教或者修道院也可以赏赐采邑，因此出现了"采邑金字塔"。即使是形式上属于同一封建等级的诸侯也要作为领主封臣（Vasall）听命于法兰克国王。流传下来的最早的"封赠"仪式，即向领主表示臣服，就包括丹麦国王哈拉尔德在826年奉行的那个受封礼。他将双手放在法兰克国王虔诚者路易的手中，后者反过来象征性地环握住他的封臣的手。[18]整个封地交接过程还有一部分仪式，即新的领主封臣必须宣誓效忠。

然而，不管是领地，还是领主封臣获得的用于提供生活给养的管辖领域都需要得到安全保障。出于这个目的，人们修建了城堡，但是封邑协定中往往没有明确提及这些城堡。尽管如此，修建城堡的权利，有时候甚至是义务，必定总是

---

① 采邑（beneficium）：拉丁文，原义为"恩赐"。8世纪上半叶在法兰克王国盛行的一种赏赐土地的形式。把一块块的土地连同居住在土地上的依附农民一起以采邑的形式分封给有功劳的人，以服军役为条件，供终生享用。

图 11　克罗普夫斯贝格，封赠文书，1450 年前后，城堡档案

被视作采邑关系的一部分；城堡和领地原则上是休戚与共的。属于特殊情况的是授予防卫城堡的义务（城堡采邑权），受封者被任用于守卫和照管其领主的某座城堡。这种封赠可能是一个独立的过程（如任命纽伦堡等国王城堡的城堡伯爵），或者是某个所涉内容更宽泛的封邑协定的一部分，这样的封邑协定还会包括统治权和受封者需履行军役。不过从狭义上讲，只有监管城堡本身被称为城堡采邑权（Burglehen）。[19]

加洛林王朝时期，就已经有了职业士兵（骑马的战士[①]），国王和诸侯靠他们作战打仗。这些人可以得到土地作为褒奖，土地也就成为他们的采邑；经过一代又一代的发展，这些职业士兵中有很多人晋升为下层贵族，成为骑士。侍从或家臣的晋级之路与之类似，他们最初是非自由民，同样在中世纪鼎盛时期逐渐跻身于下等贵族阶层。采邑制有助于保障上层贵族拥有一支比较强大的扈从队，但也削弱了他们在各个领地的直接影响力，从而造成了权力分散。

最初，采邑关系不能世袭；一旦受领采邑者死亡，相互义务也随之不复存在。最晚到了奥托王朝时期，死者的儿子继承采邑关系，已然是寻常之事了，不过死者的儿子必须重新提出采邑请求并且宣誓效忠采邑主。只有当死者没

[①]　骑马的战士（Miles）：该词原意为"士兵、战士"，但在 11、12 世纪被赋予骑马的战士，即骑士的意义，特指从事军事活动的人。

有享有继承权的儿子时,采邑才会被收回并重新分封。此外,倘若领主封臣没有履行其忠诚义务,采邑主可以没收采邑。

从加洛林时代的文书可以看出,在查理大帝(Karl der Große)和虔诚者路易(Ludwig der Fromme)统治期间,修建城堡的权利一定是国王独享的,修建城堡的贵族需要得到他的授权。此外,路易的继任者秃头查理于864年为西法兰克王国制定了《皮特雷敕令》①,其中明确规定,只有国王自己拥有城堡的修建权。不过,这项权利显然可以下放,交付公爵和伯爵行使。然而在东法兰克王国,也就是今天的德国和中欧的部分地区,并没有可以类比的敕令,目前尚不清楚的是,加洛林王朝晚期和奥托王朝的国王是否还会独享城堡的修建权以及他们又是如何行使该权利的。至少,中世纪中晚期国王准许修建城堡的批文并没有留存下来。

各种法源和法令表明,在这个时期,国王也一定享有建筑防御工事权,这项权利至少在理论上是存在的并且被一再索要。[20] 神圣罗马帝国皇帝腓特烈二世在两道法令(1220年的《神圣诸侯契约》和1232年的《世俗诸侯法案》)[21]中规定了修建城堡相关的细节。例如他在《神圣诸侯契约》中明确指出,未经教会许可,不得在教会的土地上修建城堡。然而这两道法令都允诺诸侯,毋须国王批准,即可在自己的土地上修建城堡。

这项法律生效于13世纪早期,与之相关的最重要的文字说明出自《萨克森明镜》②,其中明确定义了未经许可不得修建的城堡的特征。颁发许可的人是"邦国的法官"(Richter des Landes),即国王的代理人,他是一位伯爵,同时也是某个重要司法机构的主席。按照规定,没有许可只能修筑高度不超过骑士手摸高度的围墙,而且该墙不得建有雉堞和胸墙,护墙的壕沟不可超过一锹深;此外必须有一扇门通往底楼。其他所有建筑,只要是用作防御工事,

---

① 《皮特雷敕令》(Edikt von Pîtres):秃头查理为应对9世纪60年代前后的复杂时局所制定的一部规制社会经济活动,惩治违法犯罪,加强军事防御工程建设的主要法律文件。
② 《萨克森明镜》(Sachsenspiegel):又译为《萨克森法典》,成书于1220—1235年,是德语写就的第一部法律书籍,其中包括采邑法的定义。

都必须得到修筑许可。[22]

《萨克森明镜》（和同类法律文献《施瓦本明镜》）未影响到的地区，依附于公爵或者伯爵的下层贵族在中世纪中晚期若要修建一座城堡，必须得到采邑主的许可，这类许可也有文字流传下来。这些城堡属于采邑主的财产，一旦采邑主有需要，受领采邑者必须将城堡提供给其使用（"开放权"①）。不过受领采邑者可以从城堡所属产业中获得收入。可以引用的例子有修建伦克尔施泰因城堡（南蒂罗尔）的许可书，它是1237年由特里安的主教颁发给旺根兄弟（die Brüder von Wangen）的。[23] 流传下来的还有1235年颁发的位于南蒂罗尔的博伊蒙特城堡的修建许可。[24]

另一个例子是美因河畔的罗滕费尔斯城堡（见图12）的修建历史。美因河畔的诺伊施塔特修道院建于8世纪晚期，在12世纪时，由格伦巴赫的领主作为地方长官负责管理其财物。格伦巴赫的地方长官马夸德二世（Marquard Ⅱ，1113/1125—1171）请求修道院允许在其土地上修建一座城堡以及提供物资用于城堡的给养。或许是因为看到了修道院财物存在被挪用的危险，修道院院长最初表示拒绝。但在国王康拉德的干预下，维尔茨堡的主教建议双方各退一步，即修道院将城堡授予地方长官为采邑，对方则需定期缴纳贡税。随后城堡得以修建。[25]

未经许可修建城堡的事例也有流传下来。主要是修道院和主教管区任命的地方长官，即它们世俗产业的管理者，一再在教会的土地上修建城堡为己所用，并且无视对方的法令（例如莱茵费尔斯，1245）。主教或者修道院最多也就能将那些违背他们意愿修建的城堡分封为采邑，也就是说这些城堡在形式上隶属于他们。

最迟11世纪，除了公爵，帝国伯爵（Reichsgraf）也能在没有得到国王明确许可的情况下修建城堡。到了12世纪晚期和13世纪，即使是下层贵族，似乎也在未经国王许可的情况下就修建起了城堡。此外，9世纪或10世纪起，被

---

① 开放权（Öffnungsrecht）：指中世纪时，采邑主，更确切地说是领主或者庇护人，在发生战争或武力自卫时，可以无偿使用城堡等军事防御工程并以此拥有军事驻地的权利。

第三章　城堡和统治：城堡的使命

图 12　罗滕费尔斯，从美因河谷仰望中心城堡，背景为城堡主楼

任命管理帝国或教会城堡的没有人身自由的家臣要求享有越来越多的自主性，这与他们晋入贵族阶层不无关系（如比丁根的领主）。有些家臣城堡可能因此成为管理它们的家族，即以前的侍从的永久产业。12 世纪作为比丁根王室森林的岗哨（Kontrollsitz）修建的比丁根城堡就是这种情况，明岑贝格城堡也是如此，它是由哈根家族的家臣在 1150—1175 年修建的，地点并未选在他们的城堡所在地——今天的阿恩斯堡修道院附近。

然而，整个中欧绝非都是国王的领地。相反，公爵、伯爵，还有一些下层贵族都拥有大量的私产，其中一部分在中世纪早期就已经存在了，另一部分是逐渐获取的。因为除了采邑地产，还存在私有地产，即"自主地"（Allod），所以除了采邑城堡（Lehnsburg），也可以在自主地上修建私人城堡。这些城堡不受采邑权的约束，经常是未经国王明确批准就修建了。

"开放权"作为一项特殊规定在中世纪鼎盛时期初见成效，到了 14、15

世纪，其作用日益明显。在封邑协定中[26]，以及在出售或者质押时，最高封建领主会要求对方承诺，一旦出现军事冲突，无条件开放城堡，其目的包括用作军事行动的据点，进可攻退可守。[27] 然而，由于越来越多的质押和财产分割，城堡会拥有多个领主，在这种情况下，开放权的行使就会变得很困难。城堡也随之失去了其军事意义，但只是因为它还有"附属物"，所以可以用作资本投资。例如北黑森的魏德尔斯堡原本是属于黑森方伯（Landgraf）和瓦尔德克伯爵共同的产业，但随着后者出让自己那部分所有权，使之最终落到方伯的敌人美因茨的大主教手上。黑森由此不得不跟美因茨合作。

城堡不仅可以分封给个人，还可以分封给一批人，他们也就成为城堡的共同所有者。这类归属于原则上平等的多个领主的城堡中，比较著名的是蒙特福特堡（莱茵兰－普法尔茨）和坐落在摩泽尔河一个侧谷的埃尔茨堡。各个领主通过协定对相互的权利和义务达成一致，由此形成了"共同继承体"（Ganerbenschaft）。共同继承体在临近中世纪晚期以及中世纪晚期和近代的城堡建设中所起的作用不可忽视，因为这样的所有人共同体越来越多：城堡由多个家庭成员继承，城堡的部分所有权被质押甚至出售，城堡经常代表着一种资本投资，在一定程度上是一种有形的、需要严格监管的不动资产。上述所有事项都涉及多位城堡所有人。如果居住在同一座城堡里的多个共同继承人是不同诸侯的封臣，甚至他们有可能要因此向敌对的领主履行军役义务，情况可能还会更复杂。在这些情况下，不可能再使用最初意义上的采邑权了，其使用仅限于纯粹的货币支付。[28] 即使没有这样的极端条件，也需要经由采邑主或者上级贵族的批准，签署明确的协定来规范共同继承人之间的日常交往。这些协定最重要的组成部分是城堡和平协议（Burgfrieden），每一个城堡所有人都必须遵守；它对城堡内的生活进行了规范，包括禁止携带武器，还有如何使用和养护公共设施（如祈祷室、供水设施）等。

城堡是一个在空间上和权利上都有限制的区域。在其范围，也就是所谓的城堡禁地（Burgbann），城堡主拥有唯一的话语权。原则上，强制权（Bannrecht）会责成城堡附近的居民（也包括自由民）修建和养护城堡，作为回报，城堡主允诺在出现危机的时候，准许周边居民进入城堡并对其提供保护。[29] 这些居民的义务（徭役）主要是通过手工劳作和使役牲畜帮着运输建筑材料、挖掘壕沟以及辅助进行其他简单体力工作。比较复杂的工作则需要经过培训的专业工匠（如石匠），并且必须支付费用。

统治和管理

城堡的意义在于它既是统治中枢，又可彰显权力。属于城堡管辖领域（"附属物"）的除封建领地，即地产、农庄、草场、耕地和森林以外，还有各种权力，例如关税自主权和司法权，铜矿或银矿的使用权以及捕鱼权和狩猎权等。此外也包括对生活在该领地上的人的统治权。

12世纪中叶，国王康拉德三世签发给巴塞尔的主教奥尔特利布的一份文书佐证了这一点。文书上写道，"这两座瓦尔德克城堡连同所有的附属物，已建房和未建房的土地、王室森林、水和水道、捕鱼权、磨坊、所有的道路、草地和牧场"都被封赏给主教。[30] 城堡本身只是受领采邑者所得财产的一小部分；以上述情况为例，根据一份财产目录，城堡的价值大约是总价值的一半。17世纪中叶，莫尔伯爵马克西米利安就上蒙塔尼城堡（南蒂罗尔）做了类似表述："……是我在1647年购得并且成为领地的。附属于这座碉堡的有森林、葡萄园、牧场、水域、农庄、草地和物资，还有下蒙塔尼塔楼，连同鱼、猎物和猎场以及帕尔琴兹的蒙特尔邦家族的住地。1650年，我……取得了城堡和平协议和管辖权。"[31]

在上文提到的这类采邑文书以及质押文书和购买协议中，通常会详细地罗列采邑上的附属物。财产目录（封地所有权登记表[①]）也提供了附属于某一领地的财物和权利的相关信息。城堡的价值往往只有一小部分取决于直接属于城堡的建筑物，大部分则来自于其附属物和与之相关的权利。就这方面而言，

---

① 封地所有权登记表（Urbar）：登记内容除了封地所有权，还包括封地所有者对农奴和农民享有的权益。

城堡是某一经济体的建筑中心和社会中心。如果一座城堡被占领，那么与之关联的附属物也同样归入胜利者囊中。城堡的大小及其防御工事的坚固性在多大程度上体现了附加在它上面的财产的多少，这个问题迄今还没有被系统地研究过。

作为统治中枢，城堡也是签发文书的地方，一些用于确认旧的权利关系或者缔结新的权利关系，例如授予采邑的文书和所有权证明，此外还会签署类似于废黜狮子亨利的王位并且瓜分其领地（1180）这样的文书。签发仪式要求授予者、受领者和证人同时在场。对于这样的法律行为，城堡大厅是一个合适的地方。管辖权也可以归入某座城堡受协议保护的权利并且与收益联系在一起。即使该城堡沦为废墟，文书中列出的所有权利和收益也会保留下来。因此，废墟也可以出售或者封为采邑，因为其附属物的使用权依然有效，仍可以从中获利。为了证明这种内在联系，维尔纳·迈尔（Werner Meyer）引用了巴塞尔附近的比朔夫施泰因城堡为例，它在1356年毁于一次地震，1464年，这座已沦为废墟的城堡更换了所有者，此人看重的显然只是其附属物。[32]今天，仍然有城堡主人保留着城堡废墟，因为它与狩猎权、捕鱼权以及森林所有权绑定在一起。[33]

从中世纪晚期起，特别是在比较大的属地和邦国领地（Landesherrschaft），许多城堡的行政职能就是施行统治。与城堡和领地相关联的权利需要管理，从各个产业所得收益需要监管和登记在册。这些任务由管理机构承担，用术语概括的话可称其为"官厅"（Amt）；随着时间的推移，这些官厅发展成为最重要的行政单位。城堡的另一个日益重要的组成部分是公务档案室（Amtsarchive），里边保存了所有的名册清单、仲裁决定和证明文书，今天很多重要的史料都来源于此。在中世纪，文书不仅可以在城堡里签订，教堂、修道院或者重要的教区礼拜堂也是主要的签署地。不过到了13世纪，在德国的有些地区，超过三分之一的现存文书是在城堡里签发的。这一行为需要有一个相应的"行政机关"（Behörde），即文书处（Kanzlei），它负责起草并抄录文书，至少要一式两份，此后还需将其归档。如果说此后很长一段时间公证员仍需作为国王的随从陪同出行，诸侯自 13 世纪起可能就在他们的城堡里设立了固定的文书处。

只要城堡辖管某一封建领地，便享有较低级的司法权，而（更高级的）生杀权（Blutgerichtsbarkeit）则至少需要由邦君的城堡行使。司法程序会通过收取费用给城堡主带来收益，如果处以严刑，还会没收行为人的财产。但城堡本身很少直接用于审讯地，因为它不属于公共建筑，不是每个人都可以进入的。开庭审案必须公开进行，所以更常见的审判地点是城堡城门前方或者邻近的某座城市，而非城堡之内。[34] 与之相应，城堡在中世纪也不是关押囚犯的地方，尤其不会用于长时间拘禁，只能进行短期羁押，即便如此，也是从 16 世纪才开始的（见图 13）。如果积怨已久或者出现长期争斗，情况则会不同。这时可以在城堡里关押敌人，从而通过对他的监禁榨取一笔赎金或者迫使其

图 13　基堡，监房，1529 年

臣服。³⁵16世纪起，才会在城堡里关押叛乱者，例如托马斯·闵采尔（Thomas Müntzsers）的信徒，直至做出判决。

此外，若是有人欠城堡主债务不还，也可以将其拘禁在城堡中，如奥斯瓦尔德·冯·沃尔肯施泰因①曾两次被囚于城堡之中，1388年在瓦尔堡②，后来在福斯特堡。还有一种情况就是羁押人质勒索赎金，例如英国国王狮心王理查曾于1193年被扣留在迪恩施泰因，后来被拘禁于特里菲尔斯。这类囚徒可不是被关在某个昏暗的地牢里受罪，他们会生活在一个与其贵族身份相匹配的房间，因为他们的身体无恙是获取赎金的最大筹码。某些情况下，也可能对他们进行刑讯，例如根据奥斯瓦尔德·冯·沃尔肯施泰因自己的说法，他就遭到了刑讯，直到他同意归还被他挪用的钱款。

在中世纪晚期和近代早期，被使用作官厅和行政管理部门驻地的城堡越多，它们被用作审判地的次数也就越频繁（如15世纪的阿尔岑瑙、15世纪上半叶的基纳斯特/西里西亚、1570年前后的魏尔堡）。到了近代，把城堡用作行政驻地和审判地很可能已经取代了它作为领主住所的功能（如卡多尔茨堡、黑尔德堡）。现在，城堡也可以用作有刑讯室的待审监狱。因此，刑讯记录无涉中世纪，而是暗示了近代城堡用途的改变。

城堡保护谁

城堡的一个主要任务就是抵御外部危险。其中不仅包括保护永久住户和临时住户及其动产，也就是可移动的财产，还包括保护附属于城堡的财物以及与之密不可分的统治权。威胁有可能缘于邻近贵族想要谋求领地，也可能是私人恩怨的结果——个别贵族之间的战争冲突抑或诸如1515年帝国城市纽伦堡跟葛兹·冯·贝利欣根（Götz von Berlichingern）的宿仇。此外，威胁也

---

① 奥斯瓦尔德·冯·沃尔肯施泰因（Oswald von Wolkenstein）：意大利作曲家，最后一位著名的骑士爱情诗人，曾服务于神圣罗马帝国皇帝与匈牙利国王，一生境遇坎坷。

② 瓦尔堡（Turm von Vall）：建于13世纪，后改称为法尔堡（Fahlburg）。

有可能来自于因采邑义务达成的联盟。

城堡的重要性首先体现在因宿仇引发的争斗中，这种情况下很少会投入大批军队。虽然周边的土地可能会惨遭入侵者的蹂躏，但城堡通常还是一个安全的退守地，不耗费大规模的军力，就不可能轻易攻克。有人认为，城堡作为防御建筑也会为普通民众提供保护，但是鉴于城堡的一般规模和有限的供给条件，对于中世纪中、晚期而言，这种说法得不到证实。例如根据同时期的编年史记载，1204年，腓力二世·奥古斯都（Philippe II Auguste）率领的法国军队攻打诺曼-英格兰的加亚尔城堡①时，城门始终紧闭，不许周边的农民进入。直到近代，生活在农村的人通常是得不到保护的。在危机频仍的地区，村庄里和比较小的城市中出现了上文提到的教堂城堡，例如锡本布尔根地区，它从15世纪起经常遭到土耳其人的进犯。只有城市，而且往往是那些同样设防牢固的城市，才能像城堡一样提供类似的保护。

例外自然也是存在的，即中世纪早期便有据可循的一类防御工事，它们在考古研究上已经得到证实，往往被称作避难城堡（Fliehburg）。然而有关这些防御工事的确切功能和里面的实际生活情况，我们却知之甚少，因为几乎没有原始的文字资料。在中世纪早期，行宫和城堡的城门前都会有大片的居民点。一切迹象表明，中世纪的城堡从根本上讲并非各阶层社会民众的庇护所，而是主要用于保护自己的住民。只有在特殊情况下，这种保护功能才会裨益更多的人群。从已查明的考古遗迹上可以推断出，9世纪为防范诺曼人入侵以及9、10世纪为抵御匈牙利人进犯而修建的城堡，也须得保护大部分的民众。相反，基本上没有证据能够证实这些建筑被用作贵族的永久居所。

虽然城堡的防御能力非常重要，而且流传下来大量围攻和征服事件，[36]但需要明了的一点是，城堡居民几乎不过三代就会被动地经历一次围攻。在考察较为细致的巴塞尔周边地区，三分之一的城堡都曾遭受过围攻或者战争；这些城堡的总数在三四百座左右，实际被摧毁的只有十座。[37] 城堡能够被征

---

① 加亚尔城堡（Château Gaillard）：又称白色城堡，位于巴黎西北约90公里，俯瞰塞纳河，建于1196—1198年，是英格兰国王、诺曼底公爵狮心王理查营造的要塞。

服，大多数是因为城墙损毁，城堡驻军粮尽援绝不得不投降，或者有人叛变，又或者是巧妙谈判的结果。反之，许多城堡沦为废墟，更多是由雷击引起的火灾以及自然坍塌造成的，而非因为被征服。

"城堡政策"

城堡总会跟统治权结合在一起。国王、诸侯、贵族或者修道院占据的城堡越多，实力有可能越强大。目标是拥有尽可能大的领土。因而，王室家族及其他属地领主（Territorialherr）努力将他们通常四分五裂的产业连成一体，并且用城堡来保障这个地区的安全。在这个意义上，主教奥托·冯·弗赖辛（Otto von Freising）在著作《腓特烈的事迹》一书中的名言也就能够理解了，该书的主人公是施陶芬王朝皇帝腓特烈·巴巴罗萨的父亲施瓦本公爵腓特烈二世，弗赖辛在书中写道，他的马尾巴上总是拖着一座城堡。这句名言指涉的城堡即腓特烈二世借获取领土之机，为了保护新的财产，在阿尔萨斯和上莱茵地区修建的城堡。[38] 据修道院院长吕贝克的阿诺德（Arnold von Lübeck）所述，施陶芬家族在12世纪末时已经拥有了350座城堡，而且基本上都封赠了出去。[39]

出于类似的意图，其他家族和诸侯肯定也不断扩张自己的城堡，一些研究者称之为"城堡政策"。[40] 这里所说的扩张或多或少形成了一定体系，其规划和实施历经了几代人。然而，实际上并没有任何证据可以表明，这样的扩张是在一段比较长的时间实现的。于是出现了一系列的新修建筑和其他因地制宜、顺势而为的施工项目。不过以施陶芬家族为例，可以清楚地看到，君王的城堡建设政策最多也只涉及上文提到的德国西南部地区，他们家族的势力范围影响不到帝国的其他地区，诸如意大利。城堡研究在20世纪初至70年代间提出"城堡政策"这一论题绝非偶然，当时欧洲各国正在试图用大型混凝土墙和防御工事加固数百公里长的边界线（如马其诺防线、大西洋壁垒、"铁幕"），而且还有一个全国性的组织促成此事，但是在中世纪，却没有类似的权力体。

当然也有例外，特里尔大主教巴尔杜因·冯·卢森堡（Balduin von Luxemburg）让人在大主教管区修建了多座城堡，并且用自己的名字命名了其中一部分（如巴尔德瑙、巴尔德内克、巴尔杜因施泰因）。他希望借助于这些城堡来保障自己在大主教区的世俗统治，以防邻近贵族的觊觎。出于这个原因，他让人在可俯视埃尔茨城堡的地方又修建了小城堡"特鲁茨埃尔茨"。执掌美因茨大主教区期间（1328—1336），他还委托专人对埃尔特维勒城堡进行了改造。后来接任这一职位的维尔纳·冯·法尔肯施泰因（Werner von Falkenstein）也是出于同样的打算，继续修建城堡。1401年前后，他让人建造了韦尔纳泽克城堡，其中包括一座四层高的居住塔楼。[41]

这些城堡在修建时，选址均临近其他诸侯的领地，所以它们肯定不仅仅用于巩固特里尔大主教区的领土。它们建得雄伟气派，也可用于居住，从而一方面"象征性"地表明主教的势力范围，另一方面也很适合用作驻留之地，例如在狩猎时。原则上，城堡首先用于确保统治地位，尤其是确保从农业经济、林业经济和水资源经济中获得的收益，而非相互关联的防御工事中的一环，诸如近代所熟知那种彼此之间有通信联系的要塞和封锁工事。

修建城堡原本用作保护现有的领地、扩大统治以及建立并保卫新的关卡，可以由两处建筑表现出来，即后来的德意志国王哈布斯堡的鲁道夫（Rudolf von Habsburg）以及巴伐利亚的路德维希（Ludwig des Bayern）在莱茵河中、上游地区修建的两座城堡（前者见图4；后者见图76）。通常情况下，规划并修建新城堡一定会因地制宜，并且以扩充产业为基本追求：哪里需要确保统治地位，保障统治要求，尤其是保护所得收益，就在哪里修建城堡。然而是否存在有计划的"城堡政策"，却无从证实，即使个别统治者和家族在一段时间大规模集中兴建了很多新城堡。因此，绝对不能把这一点跟20世纪的防御理念进行比较。

第四章

城堡建筑的组成部分

如何修建一座城堡

从技术程序来说，建造一座城堡与建造其他的石屋子、木房子没有什么太大的区别。其中一个特别之处就在于修建城堡时的选址。城堡通常选建在远离较大的居民点或者交通不便的地方，例如建在陡峭的悬崖边，因此要接近城堡十分不易（见图14）。在这样的地方修筑城堡，对建筑师和施工人员无疑充满了特殊挑战，在建筑工地筹备前期工作有时也会危险重重，挑战就此拉开序幕。假如在悬崖峭壁上修筑城堡，测量规划施工的地点就是一项十分艰险的工作，因为必须确定设计平面图，可眼前却没有一处平坦而且能一览全局的地方。此外，将建筑材料运到施工现场也是一项非常艰巨的任务，保障施工用水同样十分不易。但城堡主往往可以打着徭役的旗号动用人力和牲畜完成这类运输。

关于中世纪修建城堡的具体施工过程，现在已经找不到中世纪早期和鼎盛时期留下来的书面记载了。中世纪晚期以来的账单以及个别年鉴和司法卷宗，才多少透露一些有关参与修建城堡的人员、使用的建材、每个施工步骤的顺序，当然还有所产生的费用等信息。15世纪前的建筑记录留存至今的已经所剩无几，而且也无法给出令人满意的信息。谁设计了城堡的建筑结构，这一点到现在都是巨大的谜团。文艺复兴以前中欧地区基本上没有流传下来

第四章　城堡建筑的组成部分

建筑师的名字,唯一提到名字的铭文刻在奥登林山的维尔登贝格城堡上("贝托尔德为我设计建造,乌尔里希为我凿石砌墙"),但这很可能是后世的伪造。16世纪前,城堡的建筑图纸也都没有留下来(见图15),这一点与建造大型教堂完全不同,自13世纪以来,所谓的"教堂建筑草图"保存至今的并不鲜见。由此可见,在修建城堡的时候,城堡的修建者和建筑师大概是通过别的方式来讨论城堡的外形和大小尺寸的,很有可能仅仅是通过口头谈话达成一

图14　拉波尔茨韦勒,乌尔里希斯堡,包括大厅建筑、居住建筑和城堡主楼

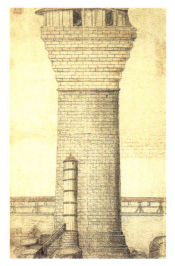

图 15　纽伦堡，皇帝堡，加高辛威尔塔楼的设计图，1561/1563 年（左）
图 16　莱茵河畔施泰因，城堡，屋架（右）

致意见。一个典型的设计方式大概就是在蜡版上画草图，这样可以很轻易地擦除或者根据要求进行修改。草图也可以画在地面，或者画在一堵已经修建好的墙体上，随后抹上泥灰遮盖掉。至少从教堂建筑上（例如瑙姆堡教堂，1230/1250 年前后），我们确切地知道这样的案例。

中欧的城堡是由木头、石块和黏土建造起来的。虽然今天有的城堡看起来似乎都由石块所建，但没有一座城堡当真是纯粹的石头建筑。在中世纪的中晚期，木结构在修筑城堡的过程中起着决定性的作用，应用形式要么是整座建筑或者建筑的上部结构，要么是梁柱和屋顶桁架（见图 16）、房间的构架或建筑的突出部位和防御通道。建造框架式建筑（常见的是木桁架建筑）或者砌块建筑时会使用木建筑或木结构。[42] 新修筑一座城堡时，至少从 12 世纪开始，人们似乎不是先建成环状城墙，就是先修好一座塔楼或城堡主楼（先修环状城墙：罗姆罗德，12 世纪末；先修塔楼及城堡主楼：莱芬施泰因/南蒂罗尔，13 世纪）。此后不久，才开始修筑真正用于居住和杂用的部分，而且往往修成木桁架结构的建筑。修建城堡时，会优先考虑其防御功能。

中世纪早期的城堡大多是所谓的土木结构，也就是说，整座城堡总体上是用木材和黏土修建的。从那些发掘得很好的城堡，例如胡斯特克努普（10或11世纪）或者梅尔大宅（11世纪初），可以看出，城堡的主塔楼也是一种木桁架结构。似乎只有国王、主教和公爵的行宫主要是由石块构建的。

到了11世纪下半叶，石块才成为比较常见的建筑材料。修建城堡时一般使用当地开采的岩石。那时，远距离运输石材不仅费时劳力，而且耗资巨大。依山坡修建城堡时，如果必须开凿出一道险要的壕沟，那么部分建筑石材就可以在挖沟时获得。但是这些石材通常不够用，因此要在修筑城堡的工地附近建一个小型的采石场。这里所指的往往是一些小矿坑，在易于开采岩石的地方，随处都可以挖井采矿。通常只有那些较为贵重的石料，例如砂岩、石炭岩或是大理石，需要在比较远的、更大一些的石矿采凿，不管是需要凿成方石还是必须用作特殊位置的建筑部分（门框、窗框、柱顶、拱顶肋架）。只有在砂岩和石灰岩矿藏丰富的地区，才会使用这些石材来修筑城堡的所有墙体。

城堡的墙基显然也比墙身更粗笨，因为它一般都埋在地表以下，需要利用更大的宽度赋予墙身坚固性。砖结构建筑的墙基通常用花岗岩石块修筑，至少德国北部是这样。城堡墙体的坚固程度取决于相应墙体的功能和承载力。如果是多层建筑，特别是塔楼，墙体就要筑得比较厚，相反，如果是低矮的石头建筑，而且不作工事使用，也没有拱顶，不到一米厚的墙体就够了。特别是攻击面的墙体，需要筑得比较厚，以起到保护作用，个别情况下，厚度有可能高达数米。方石墙要砌筑"夹层"，也就是说，使用宽度不同的方石一层层仔细筑起两面的墙体护层，并且抹上灰泥，越薄越好（见图17）。然后在两"层"之间填筑碎石和灰泥的混合物，其中灰泥所占比例较高，这样就形成了坚固的墙体。此外，墙体足够厚的话，也可以在特定的位置嵌入修筑围墙步道、防御通道、厕所下水道和其他内部构件。

中欧城堡建筑最常见的墙体砌筑类型是毛石砌体（见图18）。如果用毛石砌墙，墙体的外观会大不相同，因为与方石相比，毛石的形状是不规则的，

图 17　拜尔施泰因（巴登），环状城墙采用夹层墙体。厕所挑楼①表明此处曾是一座被毁坏的居住建筑

在砌筑时也会依据形状采用不同的方式。这种砌体类型可以指明城堡所归属的地区和时代。工匠砌墙时会挑选高度相同、大小相似的石头，这会让墙体的外观看起来比较规整。那种清晰的、一层层砌筑的毛石墙（"岩层状"砌体）是 12 世纪和 13 世纪早期中欧某些地区墙体的独有特征；相反，11 世纪和 12 世纪早期特有的墙体则是用比较小的、随手拿得起的碎方石砌就的。但在中世纪早期以及晚期，人们更喜欢用尺寸各异的石头来砌墙——泥瓦匠几乎是手上拿到什么就用什么。不过，砌筑工艺和施工习惯会因地域不同而存在差别，当然这也要取决于可以使用的石材。如果了解某个地区墙体砌筑的发展状况，至少可以粗略地估计出毛石墙修筑的年代。

　　从砌筑工艺和尺寸大小来看，砖的情况也类似，用砖修建城堡，始于

---

① 挑楼（Erker）：有些中世纪的城堡或者居住用楼，会在墙体往外建一些类似凸窗的挑楼，作厕所用的被称作厕所挑楼，做祈祷室用的被称作祈祷室挑楼，用于防御的称作防御挑楼。

图 18 韦尔特海姆，城堡，左侧的居住建筑由毛石墙和方石砌就的门窗框构成，中间的建筑在 16 世纪时进行了改建，右侧的城堡主楼由毛面方石砌成

1180 年左右（见图 19）。不管是从砖的尺寸上，还是从表面处理方式上，都可以看出主要的区别，尤其是中世纪鼎盛时期的砖，比其他时期都大。还可以分辨出不同的就是砖块的接砌方式，即采用顺砖①（宽边可见）还是丁砖②（窄边可见）。[43] 如果在这方面对当地的情况很了解，同样可以粗略地判断出墙体修筑的时间。

　　一般来说，使用方石代表了建筑物的奢华。中世纪晚期，人们会在毛石墙上安装方石饰面，也就是从视觉上把它伪饰成更昂贵的墙体，这一事实也恰恰说明方石砌墙被视作品质的保证。当时修建房屋，如果没有条件或者不

---

① 顺砖（Läuferstein）：又称"跑砖"，即砖的长边平行于墙面砌筑。
② 丁砖（Bindestein）：也写作"顶砖"，即砖的长边垂直于墙面砌筑。

图 19　贝尔齐希，城堡，砖墙上有花纹装饰（十字纹）和脚手架眼

想全部使用方石，至少会在砌筑边角部分以及门框、窗框时优先使用方石。倘若方石保留有原始的石头表面，今天还可以发现石材加工的痕迹。修凿加工一块块的方石，首先必须对边缘进行打凿，使其在可见侧保留为一种边框的形式，即均匀、平整、两到四厘米宽的窄边（见图 20）。方石的裸露面可以保留石坯的原样（表面粗砺或者未经加工），这就是人们所说的毛面方石，也可以使用尖凿将其粗凿平整，抑或使用平凿将其修整得规则精细。这些外观中的许多都是特定历史时期独有的特点。从 12 世纪起，直到文艺复兴时期，石匠习惯于在方石上留下石匠标志，一种用于验收检查的印记（见图 21）。建筑物上相同的石匠标志总是指向同一名石匠。虽然这些标记与名字几乎没什么关系，但是至少可以通过它们的样式将建筑物归入某一时期。

将建筑材料从地面运送到施工点，有很多种方式。简单一点儿的就是使用吊车，可以把材料放在筐里或者板上，用它运送上去，如果是方石，则可以直接吊上去。直到 12 世纪晚期，人们一直是把方石放在木架子上或者借助于一个"抓爪"拉上去的。抓爪是一种由好几部分组成的铁具，使用时将它插入方石上部提前凿好的一个梯形孔洞（"爪洞"），然后用楔子将它张开，

第四章 城堡建筑的组成部分

图 20　勒特尔恩，城堡主楼，有花纹装饰的毛面方石墙，墙上留有钳孔（左）
图 21　维尔登贝格，环状城墙，石匠在毛面方石上留下的标记（右）

这样就可以安全地把方石拉上去了。1200 年前后，从阿尔萨斯地区开始，一种新式起重装置——夹石钳（见图 22）——流行开来。使用时，人们需要先在方石上凿出两个小侧孔，这样才可以把夹石钳插进去。提升过程中，夹石钳会因方石的重量而锁死。砌墙后，钳孔仍然可以看到，这一点似乎在当时那个年代并没有困扰到任何人。对于我们而言，它们在今天对确定建筑物年代提供了重要帮助，尤其是能够证明夹石钳使用于哪个时期、哪个地区。对于有些建筑，甚至可以从中判断出，起重技术在施工期间发生了改变。例如克罗纳赫城堡（上弗兰肯），城堡主楼上部的方石带有钳孔，下部的方石则看不到使用夹石钳留下的孔洞，而且上下两部分之间没有明显的施工缝。类似情况还出现在扎莱克城堡（下弗兰肯）。由此可以断定该建筑建成于 1240 年前后，因为弗兰肯地区是在这个时间前后开始使用这项新的起重技术的。罗拉赫附近勒特尔恩城堡的城堡主楼在很长一段时间都被认为历史悠久，但是因为夹石钳的使用贯穿了整个建筑，它的建成时间不可能早于 13 世纪 30 年代（见图 20），巴特基辛根附近博滕劳本城堡废墟的塔楼则恰恰相反，关于它的修建时间，比较常见的说法是 13 世纪，实际上很可能是 12 世纪晚期或者 13 世纪早期，但是不可能更晚。

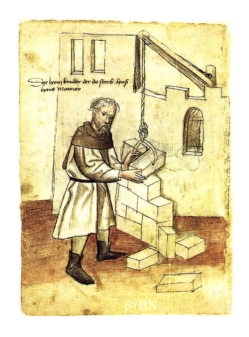

图 22　正在使用吊具和夹石钳的泥瓦匠，15世纪，纽伦堡，市图书馆

修建城堡时，不管是砌墙还是抹灰抑或粉刷，都需要使用脚手架，这与今天相比并没有什么不同。理论上可能是在建筑物前的地面夯入支撑杆，再用它们固定脚手架，与今天的实际操作一致。为桁架建筑抹灰泥，很可能也是采用的这种方式。石砌建筑，特别是比较高的建筑和塔楼则不同，脚手架要嵌在墙体里。若要把脚手架安装得结实稳固，大约每隔两米就得固定一个木头支杆。然后将脚手板铺设在这些支架上，人们在脚手板上工作。脚手架作业层的上下间距大约为一米，也就是说，使用脚手架作业时，并不是多层同时工作，而是逐层使用。墙体建成以后，人们则需从上往下工作，为墙体抹上灰泥，完成抹灰和粉刷工作，再将脚手架的支杆抽出来，或者锯断它们。因为脚手眼排列规则，所以即使被掩盖住，仍然是建筑技术方面特别值得注意的特征；脚手架作业层的层距如果出现明显的差异，甚至可能暗示它们分属不同的施工阶段。

若要确定建筑物以及某一建筑部分的年代，从艺术史的角度观察研究其凸出部分和纹饰的风格，很可能大有帮助。门窗的边框，还有墙脚柱脚和屋檐，

第四章 城堡建筑的组成部分

多半体现了修建时所处年代和所在地区的典型风格；造型风格相似的壁带也有助于提升房屋立面的艺术价值。建筑结构的某种纯粹性本身也有可能是确定建筑年代的一个标准。例如，13世纪早期德国中部典型的大门由宽度适中、完全没有凹凸纹的方石砌筑而成，而且呈现一个简单明显的拱形（如马尔堡，1230/1240年前后）。

如果在墙体上开洞，例如门窗或者壁龛，需要在洞口上方建一道过梁，这样才能使其上方的墙体更稳固。不管是方石建筑，还是毛石建筑，习惯上都会把过梁砌成拱形，如果洞口很窄，则会砌水平石梁。拱梁不仅直接设置在孔洞上方，而且经常建于墙体偏上的位置，这时候就作为"减压拱"将重量从过梁分配到两侧没有开洞的墙体。把二者混淆的话，特别是弄错了减压拱，就有可能造成轻微风险，因为它们所在之处并非墙体所开孔洞的上方，而是某个岩石裂缝的上方（见图23）。对于大量建在山崖之上的城堡，一定要先通过跨接的方式避开岩石裂缝，因为高大的建筑只有在稳定的地基上才可能

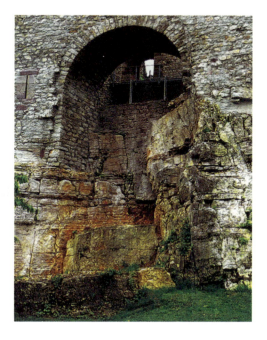

图23 兰德克（巴登），岩石裂缝上方的减压拱，原本用墙堵住了，这样的拱形结构一再被错认为大门

稳固。在实际研究工作中,把孔洞复原的案例一再出现,原因就在于把减压拱当成了用墙体砌住的门拱。

研究建筑物时,施工缝有着特殊意义(见图24)。所谓施工缝,就是墙体上的接缝,它出现于不同的而且几乎总是建于不同时期的建筑部分彼此接合的地方,需要与单独的对接缝和水平缝区分开来。它们之间不同的地方就在于,施工缝跨越了多个砌层,而且施工缝两侧的砌体结构通常是不一样的。[44]但是,施工缝不仅仅存在于不同的建筑部分之间,需要堵上墙体上的孔洞或者孔洞在建成后出现坍塌时,也都会有施工缝出现,因为在上述两种情况下,孔洞所在的墙体都得新建。有施工缝的地方,原始的边框或者建筑物的边缘部分经常会保留下来,它们是建筑史方面的重要参考信息,因为可以就此确定建筑部分的相对顺序。

修建城堡所需的木材要么来自周边的林地,要么由筏子运送而来。刚砍伐或者刚运到的树干被送至建筑工地附近的一个木工场,趁"汁液新鲜"锯成或者砍成木方,即横截面是矩形的木头。也就是说,建筑用木在加工前并未晒干或烘干。[45]随后,木匠根据预定用途,将木方按长度均匀截成两段或

图24 施塔加德城堡,城堡主楼,旧城垛和中世纪晚期加盖部分之间的施工缝

者四段。如果需要特别长的木头，尤其是用于顶梁的木头，则一定要保证木方的厚度。接着将它们"切割"，即按照需要锯成相应的长度。最后必须对木方的对接部分进行加工，完工的接口需彼此契合。备齐一整面墙所需的木方后，木匠会在每根木头上标注符号或者数字，这样在建墙时就能够再找到这些为数不菲的零散木方，并且把它们安置在正确的地方。

对于石砌建筑，可以在砌墙的过程中将屋顶的托梁[46]嵌入墙体或者砌好墙后再安置上去（见图25）。如果梁木原本是嵌在墙体内的，那么其周围都会砌有石头。在一些废墟中，如果所有的木建部分都毁掉了，那么今天就可以看到一排排间隔均匀、排列紧密的方孔，这就是从前托梁所在的位置，依此也就能够确定房屋的层高了。这类木梁基本上不可能是后来砌入的；因此，精心砌就的梁孔暗示了一种原初的建筑状态。屋顶托梁的另外一种搭建方法是，哪里需要架入托梁，就在墙体相应的位置开凿出一个浅凹槽，用来支撑托梁；如果选用这种方法，托梁也可以后安上去。

图25 博伊蒙特（南蒂罗尔），大厅建筑，内部包括大厅的窗户、梁孔以及用于支撑地梁的柱基

许多现存的城堡都是由大且开阔的空间组成。然而今天的状态不一定就是中世纪时期的样子。相反，可以认为这些空间往往会由内墙分隔成多个小空间。不管在哪个时期，城堡中用木头搭建的内部结构主要是桁架隔墙。由板梁结构组成的木制内隔间可能从 13 世纪就存在了（博伊蒙特/南蒂罗尔）；现存的实例直到 15 世纪才出现。这种内隔间的墙壁首先需要用上、下两根横木或者侧边两根立柱搭建一个框架。然后在框架上开槽，再将厚木板，也就是结实的方形条木，嵌进凹槽。若是以后对城堡进行改建，往往会拆除这些墙壁，但把用于承重的木头（立柱，上下横木）保留下来，如果今天要复原已经不复存在的木板房，承重木上的凹槽可以给出一定的提示。搭建好隔墙以后，至少要在它的背面（朝着隔壁房间的那面）抹上一层厚厚的黏土，为了加固，还会在上面钉上木钉。对于需要靠隔壁的火炉采暖的房间来说，这种隔热材料可以起到保温作用。修筑某座石头建筑的时候，如果同时搭建这样一个木板房，即便这个房间被毁了，还可以在石头建筑的墙面辨认出涂抹过黏土的痕迹（如卡尔斯克罗内）。

为墙壁和房屋立面抹灰并粉刷属于建筑施工的最后阶段。这些泥灰、石灰浆和涂料具有历史意义，但在很长时间里都未被当成研究课题而受到足够的重视。其结果是，它们经常被草率地清理掉或者人们根本就没有尽力去重现原貌。今天，抹灰厚度通常远大于以前，因为薄石灰浆的耐久性（低），建筑公司的保修期还未过，就有可能出问题。在中世纪，抹灰也有不同的技术和花样。在 12 世纪至 14 世纪早期，泥瓦匠砌筑好毛石墙以后，会用抹泥刀把填缝的灰泥抹平，然后要么用抹泥刀的刀尖徒手操作，要么拿一个特制铁器抵在一块当尺子用的笔直木板上，在灰泥里勾出石头接缝（"勾缝"，见图 26）。14 世纪（地区之间时间存在差异）就不是在抹平了的灰泥上勾出这种造型缝了，而是在薄石灰浆上用颜料描画出石头接缝（如位于南蒂罗尔霍赫埃潘附近的白垩塔楼）。15 世纪晚期起，才有迹象表明，灰泥层的厚度加大了，可以达几毫米，而且是因为石头砌的门窗框显露泥灰边，房屋立面的泥灰层必须跟这个边一抹平。

第四章　城堡建筑的组成部分

图 26　巴登（下奥地利），劳厄内克，城堡祈祷室，泥灰墙上的勾缝，13世纪初

　　建筑过程的最后一步是加盖屋顶。个别塔楼不再使用木头搭建屋架，而是用石头砌成盔式屋顶（如齐萨尔），带有排水口的石平台在城堡主楼上也更加常见。不过一般的屋顶还是木头搭建屋架，再在上面铺设砖、天然石材（片岩、索灵山的砂岩、板状石灰岩）、木瓦或者砖瓦。这样铺就的屋顶与桁架建筑的屋顶别无二致。[47] 只有辅楼才会有茅草屋顶，而且主要出现于早期修建的城堡。

　　从以上概述中可以看出，修建一座城堡需要有大量的专业工匠，它们大部分来自当地，很少一部分是招徕自其他地区的熟练匠人（石匠经常出现这种情况，木匠则比较少见——16世纪汉恩明登的城堡搭建屋架时，所需的木匠就是招募来的，有证据表明他们来自荷兰）。用石头砌筑一栋多层的居住建筑或者一座塔楼，通常需要两到五年的时间。石砌的建筑部分必须用灰泥黏合，因此有可能降低施工速度，而桁架结构在一年之内就可以搭建起来。冬季不适合建筑施工，但是可以用于开凿石料或者砍伐和切割木材。因此，短短几天之内，甚至一夜之间就建成一座城堡或者塔楼的故事（瓦尔特堡，1067年，纽伦堡城堡前的瞭望塔）纯属传说，或许只是想借此说明施工过程的迅速——对于一座中等规模且几乎没有布置的纯桁架建筑来说，一年的施工时间已经很快了。据估算，修建一座包括居住用楼、环状城墙、城堡主楼以及一到两栋辅楼的城堡，平均工期至少是五年，像盖尔恩豪森皇帝行宫这种规模的建筑群，至少得需要十年。

防御性建筑和防御功能

城堡要么毗邻居民点而建，要么坐落在远离它们的地方，靠近道路、桥梁、浅滩、海峡和关卡。城堡所在之地需要尽可能加以防护，例如通过减少攻击面的数量，使之易于监控和保卫。**位置**因此成为防御设计的一部分。与世隔绝的城堡经常修建在山嘴或者山顶以及山坡上，从而山崖处的环状城墙会尽量依循陡峭的岩石而建。在丘陵地带或者平原地区，人们偏爱把城堡建于山丘上或者地势较高之处。相反在水资源丰富的地区，人们会选址于岛屿或者岬角。如果城堡跟城市连通，人们又会把它们的位置选定在郊区，这样的话，它们就没有完全被城市包围；但是城市的城墙和城堡的城墙往往交叠在一起。

没有天然屏障的地方，需要人为设置保护。其中包括干涸的壕沟和护城河。在平原地区，尤其是中世纪鼎盛时期，人们通过堆筑人造丘陵（土丘），至少在高度上实现了最低保障。另外还可以设置障碍物，例如用浓密的荆棘丛围成树篱（篱障），有时候它们会跟土围和壕沟连在一起使用。这类占地面积庞大并且带有单独的瞭望台的边界堡垒（Landwehr），大部分是由城市修建的（如赫克斯特尔、法兰克福）。

今天，许多位于城市之外的城堡，尤其是城堡废墟，就像森林中与世隔绝的屋宇，孑然独立于其他建筑物。这样的印象在大多数情况下具有欺骗性，因为城堡通常有一座外堡，还有农庄，它们的位置可能跟城堡有一段距离，特别是当城堡建在山上时（例如黑尔德堡，坐落在山脚；又如马尔堡，下方有财庄）。同样需要意识到的是，中世纪和近代早期街道的走向跟今天往往截然不同。它们不会通向潮湿的山谷，大多是依山而建，与今天相比，通常距离城堡更近。不过，现今的情况与中世纪的情况之间最显著的区别大概在于，是否有森林覆盖。今天，许多城堡废墟坐落在丛林深处或者树木茂密的山脊，经常只有靠近了才看得到，但中世纪的时候，这些城堡周围是没有森林的。它们的位置并不隐蔽，反而很显眼，有着良好的视野，可以看清四周。所以，当时不可能有人悄悄穿过密林潜近城堡。

第四章 城堡建筑的组成部分

作为可以居住的防御性建筑，城堡在各个方向都需要设置保护，随着时间的推移，为了迅速应对武器技术的发展，这些保护措施变得越来越复杂，越来越不同。城堡从外到内都有防御设施，它们历经几百年的发展，不断扩大，形成了一定体系。今天去参观城堡，有时候会先看到外部的棱堡，偶尔是一座瓮城，接着（取决于城堡的位置）是一道壕沟，也有可能是多道壕沟和土围连成一体，随后会见到城堡的回廊围墙，继而是回廊[①]本身，最后才能到达环状城墙。

每一个坐落在山腹或者山嘴的城堡都修有一道**锁喉壕**[②]（见图27），它把城堡跟山脊隔断开来。这也是今天参观大部分城堡时，引起人们注意的第一道防御线。锁喉壕的任务是，截断直接易行的上山通道并且阻挡入侵者。若想进入城堡，必须通过架设在壕沟上方的一座桥，出现危机的时候，可以将这座桥撤走。上山通道最初常建在山脊中间并且跨过锁喉壕；后来，也有可能修在山脊的一侧，诸如在奥登林山的维尔登贝格城堡和拉尼斯城堡所见的样子。此时，锁喉壕会挖得很深，即使通道建在山脊侧面，要想越过壕沟，也必须通过上面的桥。

外围防御工事，诸如独立设防的**外围堡垒**，在德国鲜少能够找到实证。或许在中世纪鼎盛时期以及晚期，简单的围墙和大门或者土垒构筑而成的防卫措施往往建在距离城堡大门很远的地方——只不过现在几乎荡然无存了。例如奥登林山的维尔登贝格城堡就有一个外围防御工事，它位于城堡以外，可能建于中世纪晚期。相对较新的是近代的棱堡，它们修筑在中世纪城堡的前方，这类防御工事是按照要塞建筑的原则设立的（如17世纪建于黑尔德堡），被考虑用作额外的外部保卫措施。对于它们，城堡研究至今关注很少，或许因为如今只余留有少量遗迹。

[①] 回廊（Zwinger）：在中世纪和近代早期为加固城堡而建，为防御工事的一部分，指城堡内外两道防御墙中间的开放区域，敌人即使越过外墙，也会在这里遭到内外夹击。

[②] 锁喉壕（Halsgraben）：一种不完全包围城堡的人工壕沟，用于阻断天然屏障无法保护到的城堡区域，最初只应用于山嘴城堡，而且出于实际考虑总是建在山嘴最窄处，即咽喉扼要之处，故称锁喉壕。

图27 热布拉克(捷克),中心城堡以及吊具和重建的踏轮,有一扇小门和吊桥的外堡,再往右是进入外堡的主城门

一个在德国更加少见的防御要素是**瓮城**(Barbakane)。所谓瓮城,指的是位于壕沟前、但是直接连通城堡城门的一座设防的大门。瓮城由一座大门和一个用城墙围住的小庭院组成;它背邻壕沟,壕沟之后即是城堡主城门以及相连的环状城墙。可以利用吊桥将主城门与瓮城连为一体。"瓮城"这个名称可能源于阿拉伯语;可以证明该表达存在的一个早期证据是叙利亚境内最重要的十字军城堡骑士堡内的一段铭文,不过铭文所指的并非我们所谓的瓮城,而是城堡的回廊。[48] 我们对中欧的瓮城的了解,大部分来自于城市的

第四章　城堡建筑的组成部分

图 28　基纳斯特（西里西亚），环状城墙（左侧），回廊和相对低矮的回廊围墙

城墙（克拉科夫的瑙姆堡、巴伐利亚州的魏森堡）。中欧城堡建筑中的一个例子是坐落在奥特罗特附近的拉特扎姆豪森（阿尔萨斯，15世纪），瓮城更常见于英国的城堡（如多佛城堡和古德里奇城堡）。

从13世纪起，中欧防御建筑的一个典型要素是城堡的**回廊**（见图28）：位于环状城墙和外围另一道防御墙，即回廊围墙之间的一段没有建筑物的狭长地带。回廊围墙大多位于环状城墙以外几米远处，而且相形之下更矮一些。回廊围墙可以配备跟环状城墙一样的防御要素，例如防御通道、雉堞、铳眼和塔楼。进犯者攻克了回廊围墙后，会发现自己置身于环状城墙对面一个没有防护的狭长区域，找不到任何掩体，有可能遭到来自环状城墙的射杀或者投石袭击。回廊围城堡而建，主要建在特别容易遭到攻击的地方，必要时也会环围整座城堡。回廊的大门在结构上往往跟环状城墙的大门一致，不过也有可能更简单一些，而且它们跟回廊一样，通常建得比较晚，因为在很多情况下，都是先有的环状城墙，后来才在其前方砌筑了回廊。由于外围防御工事和回廊的存在，城堡可能拥有多座大门；一个极端的例子是霍赫奥斯特维茨城堡（克恩顿），从城堡山的山脚到主城堡，一共有十四座门楼。若是为了保卫城堡，不需要建数量如此之多的大门。它们的主要用途或许是彰显气派，因为修建城堡的人是克恩顿的行政长官。

现存的一段早期的回廊建于上文提到的骑士堡，根据新近的研究[49]，骑士堡大概是在13世纪中叶建成的。它的建造者主要是法国人，很可能就是这些人把对这种建筑类型的认识传到了法国和英国。因此，布局规整的回廊大概可以追溯到参加十字军东征的人的经历。不过，在神圣罗马帝国的土地上，自11世纪起，有些城堡会在环状城墙的外围区域加筑外郭（Vormauer）给予保护（哈尔茨堡、哈布斯堡、诺伊恩堡、施勒塞尔）[50]。它们被视作回廊的前身，然而后来的回廊是否就是仿照其样式而建的，这一点有待商榷。**城门回廊**（Torzwinger）是指建于城堡城门前的一种小型防御工事，在那里可以对进堡者进行额外检查。它由自己的防御墙三面环围，墙上另设一座大门，背后则是城堡的环状城墙。不同于瓮城的是，城门回廊直接毗连环状城墙，中间也没有壕沟将它跟城堡分隔开。

环状城墙是城堡的首要防卫措施，它从四面将中心城堡围在中间。如果有外堡，那么可以把这个区域安设在中心城堡环状城墙的外围，此外，外堡也有自己的环状城墙。环状城墙与普通围墙的不同体现在高度、坚固程度以及是否可以对城堡实施主动防御上。也就是说，环状城墙都有防御通道，而且至少一条。虽然"环状城墙"一词让人联想到的是整体且连贯的墙体，但它也有可能是分段修建的。恰恰是一些早期的城堡或者规模较小的建筑群，有可能没有立刻用石头砌就完整的环状城墙，而是在不易受到进犯并且不太需要彰显气派的地方，用木头搭建起防御工事，它们也可以起到安全防卫的作用（如明岑贝格，建于1151—1175年）。原则上，环状城墙要尽可能呈直线形，尤其在地势平坦的时候。墙体要避免出现大幅度的凸出或凹进，因为进行防御时,这些地方难以监控。在险峻的陡坡上,除了普通的围墙,可以不用再建其他防御设施。

环状城墙的设计与施工因修建时间的不同而存在巨大的差异,特别是在筑墙技术方面,此外也体现在防御要素上。环状城墙总是用当地现有的岩石砌筑而成。在可以开采到砂岩或者石灰岩的地方,人们在12世纪中叶至13世纪中叶这段时间特别喜欢使用毛面方石。为了节约石材,同时能够加快施工进度,而且不会影响墙体必须具备的坚固性,从13世纪晚期起,人们会间或在墙体内侧嵌入式砌筑一些所谓的经济拱(Sparbogen)(布鲁尼科,纽伦堡的城市城墙,莱茵费尔斯):这种拱形结构下方的墙体相对较薄,但上方墙体的强度足以承载防御通道。

防御通道(见图29)构成了环状城墙的顶部,防御者站在上面能够监控到城堡四周的地区。中世纪鼎盛时期,基本上都是从这个相对更高的地方保卫环状城墙的。站在地面也很少能看到铳眼,例如新莱宁根(约1240年,

图29 博贝尔勒尔斯多夫,居住塔楼,屋架下的防御通道

城堡的世界：历史、建筑与文化

图 30　新莱宁根，不带凹间的早期铳眼，约建于 1240 年

见图 30）。防御通道的构造有不同形式。如果环状城墙特别厚，就会把它建在墙帽上，而且在外侧筑起一截薄墙当作**胸墙**（Brustwehr），为防御者提供掩护。胸墙上需开凿孔洞，以便防御者居高临下，俯瞰城堡的前沿地带并且攻击进犯者。为此，墙体上每隔一定距离就会有开孔，诸如雉堞和铳眼。如果环状城墙比较窄，可以将防御通道架在梁托之上，向内侧伸出一截。为了更好地监控墙脚，减少防御者有可能面临的危险，后来又进行了改进，设计出**堞眼**，它建于梁托石上，呈狭长状且向外凸出于墙体，中间留有空隙，可用于射箭发矢或者投掷石块，以此保障墙脚处的安全。例外的是完全架设在环状城墙外侧的木防御通道，也就是所谓的**木栈道**（Hourden）（1890 年修复于卡尔施泰因）。它的优势在于，可以直接从上方击退墙脚处的进犯者，但是防御者也更容易被敌人的枪炮箭矢击中。

第四章　城堡建筑的组成部分

历史上的进攻武器和防御武器

中世纪的常规武器是用于近身作战的砍击兵器和刺杀兵器，例如刀剑、长矛和匕首，也被视为骑士决斗时使用的主要武器。能够精准击中目标的远程武器是弓和弩。弩的射程更远，但是弩弦也更难张紧（需要使用双臂或者自配的拉弓器），因此发射速度也更慢。出于进攻和防御的需求，弩的尺寸不断被改进，达到了之前的两到三倍，从而可以发射更重的弩箭攻击木结构的建筑部分（攻城弩）。为了保护自己，交战双方的士兵会使用轻型盾牌。攻击方使用的是立盾，即一人高的盾牌，在它们的掩护下既可以向城堡或者敌军推进，同时还能瞄准目标发射弩箭。训练有素的弩兵能够在 30 米远的地方射中铳眼。士兵攻城时，一旦攻至墙下，为了攀上城墙，大概在中世纪鼎盛时期就使用云梯了。保存下来的云梯看似长矛，实际上却是由软梯上一根根结实的横木彼此插连而成。使用云梯时，先将上部的一个钩子牢牢卡在城墙上方，然后使劲儿向下一拉，横木便会散落下来，形成梯子。守城者会投掷石头进行防御，尤其在攻击方抵达墙脚以后。没有使用沸水或者滚烫的沥青，或许是因为把它们加热再从环状城墙上倾倒下去，太过于浪费。

1200 年前后的几年里，一种主要用于攻城拔寨的新型投石器研发成功，这就是所谓的重力抛石机（见图 31）。使用抛石机时，需借助于平衡锤将杠杆臂弹起，投掷出的石头可以远达数百米。其作用在于，造成环状城墙某一处坍塌，从而更容易攻克它。据史料证实，1212 年神圣罗马帝国皇帝奥托四世率大军攻击图林根方伯所辖的魏森塞城堡时，业已使用这种或许发明于近东的机器。加农炮[①]发明并投入使用以后，重力抛石机在很长一段时间并没有退出历史舞台，因为它既不需要铁也不需要火药。但是

[①] 加农炮：最早起源于 14 世纪，由一位德国僧侣发明，其发展引起了攻城战的重大变革。加农炮使用伊始，通常装有轮子并发射较重的石弹或铁弹，虽牺牲了射程和精确性，却换来较大的机动性，又没有降低威力，射速也比较理想。

城堡的世界：历史、建筑与文化

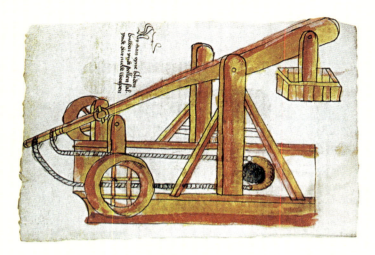

图31　北黑森军械师约翰·本格丹斯（Johann Bengedans）的手稿，1450年前后，现收藏于哥本哈根，哥本哈根大学的奥尔尼·马格努松手稿收藏①。这份编码为Fol.55v的手稿展示的是一辆准备投射石头的重力抛石机

需要对操作它的人进行特殊培训；弗兰肯画家汉斯·普莱登伍尔夫（Hans Pleydenwurff）的名字暗示了他的祖父或者曾祖父可能是一名重力抛石机的投射手。除了突击武器和投射机，还有一种不那么引人瞩目的攻城方式：挖掘坑道。倘若地面没有岩石，就可以从地下挖一条地道一直通到环状城墙的下方，然后在墙底下堆满木头，接着点燃它们，从而造成墙体的坍塌。

不言而喻，城堡建设的变化一定顺应了武器技术的发展，然而很难证明它们在实际情况下存在何种直接联系，因为进攻方和防御方不会只使用一种武器作战。于是，加厚的墙体跟塔楼出现倾斜一样可以被解释为，重力抛石机使用得越来越多，塔楼设计为圆形可能也归因于此。相反，坡面，也就是斜砌的墙体提高了抗挖掘稳定性。从今天的角度来看，在15世纪和16世纪，因为火器日益广泛的使用（例如火绳枪和加农炮），防御技术方面才出现了最引人瞩目的变化。

---

① 奥尔尼·马格努松手稿收藏（Arna-Magnäanische Sammlung）：以冰岛文物收藏家、语言学家奥尔尼·马格努松命名，是中世纪冰岛手稿最重要的收藏之一，收藏范围也包括其他国家的手稿。

如果城堡建筑群规模比较大，环状城墙往往配有**城墙塔楼**（Mauerturm），一种附加的防御措施。它们要么以固定的间距分布于整个城墙，要么只建在特别危险的地方，例如拐角处、攻击面或者城门近旁。在德国，城墙塔楼出现于12世纪后半叶，例如修建年代比较早的下弗兰肯地区的萨尔茨堡（建于1167—1199）。并非所有的城墙塔楼都骑墙而建，并向外凸出，高耸于墙体之上，它们也有可能矗立在环状城墙的内侧。然而，建在内侧只能更好地观察城堡的前沿地带以及为相连的城墙提供掩护（如罗赫利茨城堡，12世纪末）；城墙塔楼的作用若是保卫城墙，它就必须立于城墙外侧。在这里，防御者可以从侧面攻击打算借助于云梯爬上城墙的进攻者。拐角塔楼甚至可以实现两面攻击。

城墙塔楼最初主要具有防御功能，即使它对外总会彰显着某种权势和身份。有可能为了节省建筑材料和人工成本，许多城墙塔楼的内侧面朝城堡庭院的方向是开放式的。进犯者因而不能牢牢占据这些塔楼，这或许是一个令人欣喜的连带后果。若是城墙塔楼后来有了其他用途，例如用作城堡住民或者工匠居住或工作的空间，开放的那一侧便会被封闭。16世纪和17世纪，纽伦堡的城市城墙就接受了这样的改建，一部分砌筑了石墙，一部分修建了桁架墙。

城墙塔楼的一种特殊形式是"外连塔"（torre albarrana）。这种塔楼几乎只存在于西班牙的城堡建筑中，它位于环状城墙前方几米远处，通过一座桥与城堡连成一体，可以从侧面掩护环状城墙。相反在中欧，位于环状城墙前并且有一定距离的塔楼有着其他功能：在西普鲁士，它们被用作厕所（如条顿骑士团城堡马林堡、主教城堡马林韦尔德）；在特里菲尔斯，它们被用作水井塔。这些塔楼之所以建于此处，主要原因在于，它们的用途是供水和排污，而非防御。

所谓的**盾墙**可以被视作环状城墙的一种特殊形式。若是属于这类墙体，环状城墙中抵御敌军进攻的那一段会建得特别高、特别坚固，就像盾牌一样掩护着背后的城堡。盾墙除了可以是直墙（如巴特利本采尔，1200年前后；贝尔内克，13世纪中叶），还可以随地势起伏而建，看上去蜿蜒曲折，这样

图 32　上韦塞尔，舍恩堡，14 世纪的套式墙和 19 世纪的新罗马式风格的居住建筑

的盾墙也被称作套式墙①（上韦塞尔附近的舍恩堡，14 世纪，见图 32）。这两种类型的城墙有一个共同点：它们高出于城堡的其他部分，包括余下的环状城墙以及除城堡主楼外的所有建筑。紧挨着山坡而建的城堡，必须修筑盾墙，否则的话站在山坡顶上就可以俯视城堡，而且居高临下更容易向城堡射击并发动进攻。

　　今天对于许多人来说，环状城墙最显著的特征就是**雉堞**。12 世纪后半叶，修建雉堞似乎已经成为惯例。由于现存的相关建筑数量极其有限，我们只能推测说，该世纪上半叶情况已然如此，但很难找到实际证据。[51]11 世纪的文书中第一次提到了防御要素，雉堞或许就是其中之一。现存的最古老的雉堞可以追溯到 12 世纪，它们大多出现在环状城墙和城堡主楼，因为后来在其上方加盖了建筑而保存下来（如明岑贝格，东侧的环状城墙，1151—1175 年；

---

① 套式墙（Mantelmauer）：一种特别高的环状城墙，像保护套一样环绕着中心城堡。

萨尔茨堡／下弗兰肯，环状城墙，12世纪后半叶；普伦城堡／阿尔特米尔河谷，城堡主楼，1200年前后）。雉堞上的射击孔有一部分被活动木板盖住，只在射击时才打开，这也提高了防御者的安全性。

中欧流行的雉堞上的垛口形状为矩形，但宽度会各有不同。还有一种雉堞，垛口中间留有"V"形凹槽，这就是所谓的燕尾堞，最迟13世纪流行于意大利，主要出现在阿尔卑斯山地区（在南蒂罗尔和特伦蒂诺，如阿维奥、特里安、霍赫埃潘）。理论上，这样会造成射击区域比较狭窄，很难在实际上提高防御效果，因而，这样的形状纯粹是为了装饰。一般来说，雉堞属于突出强调城堡代表性印象的建筑部分之一，尤其是文艺复兴时期的半圆拱雉堞（如博尔科堡／西里西亚）以及不具备任何防御功能的市政厅和市民住宅上的雉堞（如布鲁尼科、哈尔）。

今天在我们看来，**铳眼**也是中世纪防御性建筑的标志，尽管它们至少不是中世纪鼎盛时期施陶芬王朝城堡建筑的典型特征。铳眼是一种尽可能狭长、大多为槽型的孔洞，如若用于火器，也有可能修成稍宽一些的矩形孔洞，而且墙体内侧的开口要宽于外侧。铳眼的高度和宽度，要能保证防御者不仅可以鸟瞰城堡前沿的宽阔地带，还可以俯视到墙脚，而且这些区域还要在他们武器的射程之内。铳眼位于环状城墙、塔楼和城门建筑，却很少出现在防御大宅的防御楼层。作为防御地点，必须能够快速到达铳眼的位置。铳眼所在的墙体内侧经常有一个凹间，这样的话射击手就可以站在射击孔的旁边，只有在需要射击的时候才出现在它后面。否则，射击手必须在一堵封闭的墙体后面找到一个掩体，因为进犯城堡的射击手如若训练有素，也可以从外部射进狭长的铳眼，在法国西部的库德雷-萨尔巴尔特城堡进行的一次实验证实了这一点。[52] 铳眼凹间的外墙要建得尽可能薄，从而尽可能少地阻碍射手的视野和射界；只有防御通道上的铳眼不需要有凹间，因为胸墙可以提供掩护。

铳眼和狭缝窗①并不是总能从外部区分清楚。后者只用于室内采光和通

---

① 狭缝窗（Schlitzfenster）：又长又窄的窗户，为了更好地采光，可以将窗户内侧加宽。

风，而且因为造型设计狭长，仅能够阻止非法闯入。此外，这种形状既可以抵御严寒，又可以防止酷热。一般情况下，如果是狭缝窗的话，窗框最窄处与墙体外侧并不是齐平的，而是有些许靠内，以便光线能够更好地照进来。另一方面，外窗台，特别是地下室的外窗台，也经常砌有一定斜度，这也排除了它用作铳眼的可能性。

铳眼是根据形状进行区分的。铳眼用作武器的射击孔，因此其形状跟武器类型紧密相关。中世纪最常见的铳眼形状是竖直狭缝，适用于弩或者弓，也经常两种武器通用。射手通过架高或者放低武器，可以充分利用铳眼的全部高度进行瞄准。若铳眼的外边框倾斜得比较厉害，则可以认为它原本是供弓箭手使用的（如新莱宁根）。为早期火器设计的铳眼的形状完全不同。由于射击时会产生很强的后坐力，所以在发射时需要有缓冲木，也就是一根横插在铳眼里的方木，武器（火绳枪）的弯钩也可以挂在上面。因此，用火器进行瞄准时，高度不能随意调整。适用于早期火器的铳眼中，大多数有一个圆形的射击孔，射击孔的上方还留有一道短且窄的狭缝用于瞄准目标，这种形状的铳眼由此得名为锁孔铳眼。

15世纪，还出现了一些特殊形式的铳眼。例如在南蒂罗尔的陶费尔斯城堡，用于发射火器的铳眼凹间里有多个射击孔（见图33）。这种铳眼由两个射击孔组成，下方的是圆形，上方的为半圆形，中间是一道观察用的狭缝。那儿还有几个铳眼凹间，里面甚至有三个射击孔。但是这样的形式并没有赋予明显的功能上的优势，而且其产生可能主要是以装饰为目的。另一种不同形式的铳眼出现在下弗兰肯地区的利希滕施泰因城堡（约1430年），在它的一个城墙塔楼上有一个纵跨两层楼的细长铳眼。这个三米长的铳眼展延到了两层楼，每一层都有一根发射火绳枪所需的缓冲木。[53] 这个铳眼的长度和结构设计说明，有两个射手共同使用它，一个持火绳枪，另一个拿弓或者弩，因为如果两个射手都用火绳枪的话，这个铳眼太长，因此也会带来很大的危险。在一个使用这两种类型的武器进行防御的变革的年代，利希滕施泰因城堡的铳眼在建筑结构上是一种相当聪明的解决方案。

第四章　城堡建筑的组成部分

图 33　位于阿尔恩山谷的陶费尔斯（南蒂罗尔），用于火绳枪的铳眼，凹间内两侧墙体上的孔洞用于放置两根缓冲木（左）

图 34　沙夫豪森的米诺要塞，嘴形铳眼，造型为一张有着宽阔兽嘴的脸，1566 年（右）

大约同一时期，在这个地区也可以找到最古老的适用于加农炮的铳眼。它们位于科堡碉堡（约 1426 年）的回廊围墙。早期的加农炮，如果是架设在塔楼或者城墙上发射，只有中等大小。与之相应，最早的铳眼是比较小的圆拱形孔洞，而且可以用活动盖板将它们遮住。不过这种形式的铳眼可容许的射击半径很小。加农炮架在宽阔凹间里的木头托板（活动炮架）上，它在高度上几乎无法调节，但是在射击半径的范围或许是可活动的，从而保卫城堡前方尽可能宽阔的区域。为了达到这个目的，人们从 1500 年前后这段时间起，开始修建宽度大、高度低、更倾向于矩形的铳眼，也就是所谓的嘴形铳眼。1566 年，在沙夫豪森的米诺要塞，一座俯瞰城市的圆形防御工事，这种形式被弄巧成拙，一个嘴形铳眼被建成了张开的兽嘴的形状（见图 34）。因为大炮需要一定空间用来缓冲后坐力，所以不能把它们架在过于狭仄的防御通道上。不过可以把它们安置在更古老的塔楼上，特别是城堡主楼上。最后必须设法清除烟雾，因为硝烟是有毒的。从 15 世纪起，特意为大炮修建了所谓的炮楼，里面可以架设好几台加农炮。

城堡的**主城门**作为环状城墙的一个组成部分，不管在防御技术上，还是彰显气派方面都很重要，它贯穿环状城墙直通城堡的内庭。主城门极其醒目，是因为它有一个格外高大的门楼或者城门塔楼。真正的城门总是位于环状城墙的外侧，因而城门后方的墙体中间会形成一个比较小的门洞，不过要足以容纳敞开的门扇。最简单的城门形式就是一个门洞加上一个半圆拱形的门框，哥特式时代也会有尖拱门框。门洞为矩形的城门相对来说比较少见（阿格施泰因／下奥地利，通往中心城堡的狭窄的城门，14世纪）。若要整座城门显得气势恢宏，除了规模以外，建筑结构和雕塑方面的设计也很重要。因此可以利用富有层次变化的边框来强调大门的边缘，更加精致的、带有柱头和圆凸线脚的柱子也会使它显得更加突出。从13世纪晚期起，中欧才开始流行使用纹章和铭文，它们除了装饰作用，还会提供有关占有者和施工数据的信息。如果所在位置允许，许多城堡除了主城门外，还有第二个窄一些的出口，也就是所谓的便门。

许多城门建筑都有两个互不相通的门洞。这两个门洞被区分为一个供车辆出入的大门和一个供行人通行的小门，在中世纪鼎盛时期的城堡建筑中还很少见，不过从14、15世纪起，却比较常见了，或许是出现了吊桥的缘故。若城堡所在的位置地势陡峭，有些根本就没有修筑可供车辆通行的城门，而是只有一个供行人通过的小门。如果门扇很大，经常在它上面另开一扇专供行人通行的小门，也就是所谓的便门。这种门一方面有助于保障城堡的安全，因为更容易对行人进行盘问检查，更重要的好处是方便，因为放行人通行时，不必再开启整扇沉重的大门，开小门就可以了。

城门的门扇通常都是相对较重的木结构，外侧还会额外钉上结实的厚木板加以装饰（见图35）。为防止破门而入以及火灾而采取的进一步安全保卫措施是，镶嵌比较宽的金属铆钉或者金属片来增加门扇的强度。这样的金属饰层同时也更加彰显威严气势。门扇一侧连着一个活动的木头门轴，它可以在一下一上两个"轴套"里转动，这两个"轴套"一个是支座，一个是石头顶套或者木头顶套。从17、18世纪起，才用铁合页代替门轴将门扇固定在门框上。这时候的大门不再紧贴着地面，而是挂在门框上的钩扣里。

确保城门的安全，尤为重要的是门锁装置。锁住门扇有不同的方式。应

第四章 城堡建筑的组成部分

图 35 瓦尔特堡，城门建筑，有两扇（敞开）的木门，木门上带有便门

用最广的是用一根水平的横木作门闩将门关死，门闩安置在门的内侧，抽拉范围要超出整个门的宽度。此外还需要在城门背后其中一侧墙体上挖一个槽，槽的大小足以让门闩在里面轻松移动。这种推拉门闩加大了撞破城门的难度。它的另外一个好处是，木匠和石匠通过简单工作就能生产出来，无须锻造。因而它是中世纪最常见的锁门方式，也被使用于教堂的大门以及建筑物内部的房门和窗户（如凯泽斯韦尔特，瓦尔特堡）。

锻造的门锁和锻造的推拉门闩的出现，日益取代了这种锁门方式或者在其基础上再加一道锁，直至今日，依然有人在使用它们。大概从中世纪晚期和近代早期起，铁制推入式门闩才被应用于城堡大门（如瓦尔特堡，门楼内侧的大门），而在城堡内部，它的使用显然要早得多。据已知情况，12 世纪时城堡就已经使用锻造的钥匙了。使用锻造的门锁，可以从外面打开门，但在正常情况下，这并非城堡大门所必需的。这种锻造的门锁必然要配有钥匙，能够开门的人数也因此大大减少，而推入式门闩是每个人都可以操作的。

为了抵御入侵，许多城门还有其他的建筑设计及力学方面的防护措施。在中世纪早期的防御工事中，门洞中的"内室门"（Kammertor）被移到环状城墙的内侧，于是大门的前方就会出现一个"内室"，也就是一个在环状城墙上可以从两翼监控的前庭（如马尔堡附近的克里斯滕贝格，8世纪）。中世纪鼎盛时期的一个发明却与之相反，它是"侧翼门"（Flankentor），这时，城门区域的环状城墙向外伸出，城门并非直线通入城堡，而是跟环状城墙平行，这样就能够从侧面监控进堡者（如陶伯河上游的罗滕堡，奥登林山的维尔登贝格）。没有塔楼的简单城门主要是利用横跨城门上方的防御通道进行保护。在中世纪晚期，为了进一步加强安全保卫措施，有可能在城门上方的防御通道里或者城门建筑某层楼的外侧再建一个防御挑楼。另外，城门正上方或者城门背后某个空间也会修有防御用的投掷洞（英语称为"屠孔"[①]），它是很晚才应用于德国城堡建筑中的。另一个中世纪晚期的创新设计是门闸房（Torkammer），它建于城门旁边，内设对准城门的铳眼。

利用机械原理保障城门安全的措施中，除了锁具和门闩，值得一提的主要还有**吊闸**和**吊桥**（见图36）。在中欧城堡建筑中，这两者出现得相对较晚：已知最早的吊闸在中欧地区可以追溯到1240年前后这段时期（新莱宁根），1300年前后才比较常见。现存的最早的吊桥源于13世纪后半叶（施塔加德城堡，1270年前后）。吊闸由大约10厘米厚的方木构成，它们相互交错组成一个孔眼紧密的栅栏，透过栅孔仍可以看到里面，必要时也能向里面射击。吊闸安装在一根导轨里，导轨需在修建城门建筑时提前预置，而且大多安在城门内侧，紧挨在门扇之后。另外楼上装有绞车，借助于它更加容易升起又沉又重的木头吊闸。后装的吊闸，只能安在门楼外侧，并且通过落石来保护，

[①] 屠孔（murderhole）：一种防御工事，通常是位于城堡中城门或者过道顶部的一个小洞，可用来将火、滚油、箭等杀伤性武器投射在敌人身上。

图36 霍恩雷希贝格，门楼，原本有两座吊桥，宽的可以行车，窄的只能过人，墙体中的凹槽用于摆动杆

如今更常见于城市的城门。若要安装吊闸，城门建筑至少得建两层楼，吊闸升起后，城门正上方的空间就无法再使用。因而，带有吊闸的城门建筑往往至少有三层高。

如果有吊桥的话，放下吊桥，城门则洞开，吊桥则横跨于城门前的壕沟之上，也兼顾了木桥的功能。为此须得在壕沟里立一根与吊桥高度一致的柱桩作为支撑（如古滕贝格，龙内堡）。通常情况下，城门外墙有一个扁平的矩形凹间，处于收起状态的吊桥立于其中并与之齐平，这样就能够避免被人从外部拿钩子拉拽下来。城门上若有这类凹间，通常表明此处曾经建有吊桥（如德林根贝格）。

吊桥有多种类型。最简单的一种是桥的前端固定有铁链或者绳索。城门凹间上方的两个边角处安装了滑轮，绞车则置放于门房之中，在那里可以收放铁链，从而关闭或者开启城门（如伦茨堡/瑞士，1500年前后）。另一种类型的吊桥，需要在城门上方的凹槽中安装长木杆，本质上就是一个形似绞架的木头脚手架；然后用铁链将这个支架跟桥的两翼连接在一起，松开铁链，城门便可打开。这一类型的"摆动杆城门"最初在意大利特别流行；出现于中欧地区的一个例子是霍恩雷希贝格城堡的外门楼（符腾堡，15世纪，见图36）。位于城堡城门前的吊桥，跟荷兰运河上的开合桥[①]有相似之处，它们的存在只能通过所剩无几的建筑遗迹得以证实。我们也只是从中世纪的插图中了解到这种类型，或许在比丁根还可以见到这样一座吊桥的遗迹。

城堡内庭通常只有一座具有防御功能的建筑：**城堡主楼**（见图37）。在现代研究中，它指的是有别于居住塔楼、通常无人居住的主塔楼。它明显高出于城堡的其他建筑，几乎都是空置的，而且入口不在底层。[54] 特别在中欧和意大利的城堡建筑中，城堡主楼具有典型性，而在法国和英国的城堡中，更常见的是有人居住的主塔楼。经证实，最早的城堡主楼出现于11世纪（哈尔茨堡）。最迟从12世纪中叶起，几乎所有的城堡都建有城堡主楼（其中一个例外是黑尔德堡）。直到16世纪以后，城堡主楼依旧是城堡的一个主要组成部分。有的城堡有两个城堡主楼（如纽伦堡），有的甚至有三个（奎尔富尔特，温普芬），它们可能建于不同的时期（如纽伦堡，1150/1170年前后和1275年前后），亦可能同时兴建（如温普芬，12世纪末）。

城堡主楼可以孑然矗立在庭院之中，也可以紧挨在环状城墙后面或者前面，还可以跟环状城墙连成一体。它在城堡内部的位置也要取决于城堡所在的地点：通常情况下，它会面朝主要攻击面。在丘陵地带，城堡主楼的任务包括监控周围的山丘，因而修建时要尽可能高于山脊。坐落在山顶以及山谷的城堡，大多没有主要攻击面，因此城堡主楼可以建在庭院中间（布罗伊贝格，施泰因斯贝格，贝尔齐希）、城门旁边（拜尔施泰因，盖尔恩豪森）、城门旁边

[①] 开合桥（Klappbrücke）：指为通航需要，桥身能以直升、立转、平转等方式开合的桥梁。

第四章 城堡建筑的组成部分

图 37 克林根明斯特，通往城堡回廊的外部防御工事，原本有吊桥，其后是旧防御工事的盾墙和城堡主楼

环状城墙之前（古滕贝格），或者紧挨着城堡背面看似不那么安全的某个地方（比丁根，最初的城堡主楼；盖尔恩豪森，第二座城堡主楼；齐萨尔）。[55]

城堡主楼的平面结构大多是圆形或者方形的。除了这些简单的基本形状以外，也有异形的，例如杏仁形或者椭圆形（泽本施泰因/下奥地利）、三角形（巴登附近的劳厄内克/奥地利）、五角形（拜尔施泰因）、多边形（里内克）和半圆形（霍恩贝格/内卡尔）。这些形状的城堡主楼中，没有一个在防御技术方面具有明显的优势，因此可以认为，地方传统或者对特殊建筑造型的个性化需求更有可能是选择某一种平面结构的原因。

城堡主楼至少有三层（施托尔佩，"粥罐"城堡，1200年前后），常见的是四层（奈佩格，1225—1250年），个别情况下甚至还会有更多楼层。一个极罕见的例子是骑士团城堡斯特拉斯堡（托伦附近的布罗德尼察，14世纪）的城堡主楼，它的高度达到55米，内部总计13层。城堡主楼会随着周边居住建筑的加高而一再加高，这在中世纪晚期屡见不鲜，16世纪还时常如此。在任何时候都高于其他建筑的城堡主楼是不存在的。楼内各层大多用木搁栅[①]隔层；拱顶比较常见于底层（斯特拉斯堡，"粥罐"城堡）和顶层（奈佩格），有时候也会出现在几层楼以上（特里菲尔斯，中间楼层），但是很少用于所有楼层（贝西格海姆，上城堡）。如果房间为木搁栅铺就的平顶，就会有梯子一样的楼梯从内部通向楼上各层，如果房顶为拱顶，楼梯大多砌在墙体里，从拱顶边上经过（特里菲尔斯，贝西格海姆）。

虽然城堡主楼基本上不是为了长期居住而修建的，但是壁炉和厕所可以表明，塔楼里常设有岗哨。鲜有证据能够证明，有一些建筑设施是城堡主临时居住时使用的。例如在温普芬，城堡主楼里有一个豪华的壁炉、一个睡觉的地方和一个厕所，在博伊蒙特有一间起居室和一间寝室。基本上只有在比较新的塔楼或者塔楼的增建部分才会出现包括灶台、起居室和卧室的供守卫居住的真正的房间（费尔登施泰因，16世纪增建部分）。

城堡主楼的顶端是一个防御平台，大多为露天的。不过也有其他封顶形式，诸如砖石砌筑的（齐萨尔，16世纪中叶；克莱姆佩瑙，16世纪早期）或者木头搭建的盔式屋顶，这些屋顶要么外侧留有一条步道或者防御通道（莱姆戈－布拉克，1586—1592年），要么（如果是木头搭建的屋顶）紧贴外墙而建（纽伦堡：1299年改建后的教堂塔楼和1561/1563年改建后的辛威尔塔楼）。

在城堡研究中，人们对城堡主楼的确切功能有不同的观点。除了建筑理论家莱昂·巴蒂斯塔·阿尔贝蒂（Leon Battista Alberti）在15世纪指出的军

---

① 木搁栅（Balkenlage）：墙到墙平行布置或支承地板的木架。

事上的主要功能以外,[56]探讨最多的是一种象征意义。此外,地下室偶尔被用作地牢也可以算在其中,不过很少有具体的档案证据证明这种用途。[57]若城堡有一个明显的攻击面,城堡主楼总会面向攻击面而建,这也证明了它具有基本的军事功能。从高度上看,城堡主楼或许首先作为瞭望塔用来监控周边地区;一旦城堡遭到攻击,可以在这里指挥部署防御措施。[58]正如经常可以在书中读到的那样,城堡主楼可能并不适合用作战略上"最后一个退守地点",因为它的空间很局促,除了顶部的防御平台,它没有防御用的孔洞,而且也几乎从未建有供水通道。之所以有这样一种说法,或许是因为人们把对可以居住的主塔楼——例如骑士堡(1271年)或者加亚尔城堡的主塔楼(1205年)——的认知转嫁到了城堡主楼上。上文提到城堡主楼有多种基本形状,而且部分属于精心设计,也说明了其功能为何会被解释为"有代表性的身份象征"[59]。对主动防御功能的质疑也是有原因的:进犯者基本上都会遭到来自环状城墙的反击,而且在那么高的城堡主楼上几乎不可能精确地射中或者掷到目标。然而,断定城堡主楼的军事性功能和代表性功能之间有着截然的差异,是一种错误认知。看与被看大多时候是并行发生的,从这个角度上说,城堡主楼的军事功能跟它的代表性作用原则上并不矛盾。作为城堡中最高的建筑,每一座塔楼,也包括城堡主楼,本身就是一种统治符号,中世纪时也是这么认为的。

居住建筑、居住空间和居住功能

防御要素和居住要素在建筑方面的广泛结合被视作城堡的一个主要特征。随着城堡建筑的不断发展,这样一种结合在不同的建筑物中表现得大为不同,而且也出现了这两种功能的明确分离。如果中心城堡的单个建筑跟环状城墙直接连为一体,在连接处就经常可以看到防御通道被纳入了居住建筑。从居住建筑的平面图上看,在防御通道的高度上,未标有通道。因此,在御敌的时候,可以快速从居住空间抵达防御通道。

图 38 图尔瑙,居住塔楼,右半边建于中世纪鼎盛时期,建于 16 世纪的左半边带有厕所挑楼和左配楼

居住功能和防御功能结合得最明显的地方在**居住塔楼**和所谓的**防御大宅**,这两者都是可以长期居住的建筑,同时也要进行防御(见图 38)。居住塔楼是指平面图为正方形或圆形的建筑物,此外(即使没有屋顶)它的高度大于宽度,而且是城堡的主体建筑,通常也是最高建筑。[60] 相反,高三层或三层以上的长方形石头建筑,可以被称作"防御大宅",由此它们作为主体建筑可以跟单一的居住建筑以及大厅建筑区别开来。不过居住塔楼和防御大宅之间,甚至防御大宅和居住建筑之间的转变并没有明显标志。但前两者显然不同于城堡主楼。一般来说,城堡主楼的墙体特别厚,内部面积相形之下却比较小,但居住塔楼和防御大宅的室内面积显然大得多,墙体厚度通常要小一些。这表明,对于这些建筑而言,居住用途优先于军事用途,或者二者至少同等

重要。与城堡主楼相比，在这些建筑物中发现的可以长期居住的迹象远远更多，因为它们给家庭的日常驻足提供了足够的空间。其标志就是房间的数量更多以及空间结构的差别更大。

与居住用途相反，居住塔楼和防御大宅的实际防御能力通常很难得到证实。很多防御大宅没有防御平台（沙拉堡，11 世纪），就算是居住塔楼，也有相当一部分无法确证它们拥有防御楼层，即便防御楼层往往出现在改建的建筑物中（图尔瑙，1200 年前后）。甚至常常没有主动防御所需的铳眼（贝费伦根，1330 年前后）。在博贝尔勒尔斯多夫（西里西亚）的居住塔楼，带有雉堞的防御楼层保存了下来，高高的木头屋架让它免受天气影响。作为独立建筑的防御塔楼和防御大宅，并非为了抵御某次比较猛烈的进攻而修建。但是需要知道的是，这些建筑物中有许多最初是由环状城墙围起来的。后来，它们的防御线由兼具居住和防御功能的建筑向外转移了。类似的居住功能和防御功能的分离也出现于文艺复兴时期的宫殿上。

每一座城堡至少有一栋**居住建筑**——有居住塔楼和防御大宅的城堡，则由它们承担相应的功能。在居住建筑中，房间主要用于最重要的非军事功能：供多人聚集和休闲娱乐的大厅，用作更加私密的居住空间的起居室和寝室，一个或多个厕所，通常还有厨房和比较小的储藏室以及一个祈祷室。在比较大的城堡里，也会有多座居住建筑用于不同的用途。针对少数几个功能，偶尔也会有单独的建筑，尤其是大厅建筑、祈祷室和厨房建筑。

作为统治处所的城堡，基本上都会有一个**大厅**，也就是一个很大的类似于礼堂的主要房间。[61] 在中世纪鼎盛时期的原始资料里，不仅有"宫殿"① 这个名称，也已经出现了大厅这一概念。除了有由多个大厅组成的建筑（**大厅建筑**）以外，还有把整个一层楼用作大厅的居住建筑。它们被称作"连厅楼"（Saalgeschosshaus）（如瓦尔特堡，伦茨堡/瑞士），而且不同于那些有多个小厅的居住建筑[62]。在 19 世纪的城堡研究中，特别是罗马式连厅楼经常被

---

① 宫殿（Aula）：专指罗马帝国时期的宫殿。

称作"厅殿"（如瓦尔特堡、盖尔恩豪森、蒂罗尔），但这并不是一个历史上做出了明确定义的概念。后来，"厅殿"这种说法非常受欢迎，以至在通俗城堡文学中，城堡里普通的居住建筑有时候也会被升格为厅殿或宫殿。事实上，鉴于这个概念模糊不清，应该尽可能避免使用它。

一般情况下，大厅都位于居住建筑的最顶层，特殊情况下，它们也会出现在底层（罗滕堡/富尔达，1570—1581年；因斯布鲁克附近的安布拉斯，1570—1572年）以及中间楼层（霍亨格罗尔德塞克，1251—1275年）。通俗一点儿说，"大厅"首先指的仅是一个比普通居住空间更大并且经常更气派的房间。如果一座城堡里有多个大厅或者面对的是一座大厅建筑（如海牙的马尔堡），那么一定要从各个大厅的不同功能着手，例如在迈森和因戈尔施塔特，它们可能是宴会大厅，还可能用于非正式接待和会见，也可能是扩建成大厅样子的"宫廷客厅"。[63]

如果城堡只有唯一的大厅，那么它就跟城堡其他居住空间一样具有多种功能——大到宴会厅，小到卧室。它究竟做何用途，可以从中世纪的原始资料中推断出来，主要是财产目录和叙事文学中的描述，以及绘画作品，特别是图书插图。财产目录可提供一个房间中可移动家具的相关信息，大厅中的家具少得可怜，因为宴会所需的桌子是用简单的支架和放在上面的木板随用随搭的，一旦铺上华贵的桌布，摆上餐具，就变成了一张豪华的宴会桌；银餐具在使用后仍被放回银器室。与之相应，在大量出版的15—16世纪蒂罗尔地区的财产目录中很少会出现大厅，特里安的大厅名下列有三个床架。德国中西部大厅的相关原始资料情况相对好一些。[64] 对于了解中世纪的大厅家具，马尔堡1604年的一份财产目录绝对具有代表性。新楼（der Neue Bau，又称威廉楼，1493—1497年）登记在册的大厅家具有长餐桌、桌子、长椅以及一个火炉，中世纪的宏厅（der Große Saal）登记有两张贵族餐桌、六张带有长椅的桌子，多副鹿角以及两个火炉。从家具上看，这些大厅是为接待和宴请众多宾客而修建的。

中世纪的小说和史诗也把大厅描述为主人接待客人、召开会议和宴请宫臣及客人的场所。一个早期的例子是沃尔夫拉姆·冯·埃申巴赫（Wolfram von Eschenbach）在《帕西法尔》中对圣杯城堡的大厅的描述（1200/1210年前后）。主人安福塔斯在宫臣的陪同下首先在大厅里接待了帕西法尔，在展示圣杯的时候，这个房间变成了奢华的饭厅，撤去桌子以后又变为会议厅。[65] 至少在举行宴会的时候，习惯于使用大厅，但对于日常用餐来说，却很少用它。14、15世纪宫廷客厅流行以前，在中欧大部分的城堡中，可能要有一个房间用作宫廷侍从和主人一起就餐的饭厅；从16世纪起，随着家宴厅（Tafelstube）越来越普及，饭厅才分离出来。[66]

在中世纪的绘画艺术中，大厅通常被刻画成充满节日气氛的餐厅的形象，诸如鲁道夫·冯·埃姆斯（Rudolf von Ems）的手稿《维勒哈尔姆》中的宴会[67]或者"迦拿的婚礼"相关主题的插图，例如乔托在帕多瓦的斯克罗维尼礼拜堂中所绘的湿壁画（1305年前后）。普通的桌子铺上桌布后立马提升了格调，客人坐在桌子的一侧，另一侧用于上餐及服务（见图39）。经常出现在画作

图39　鲁道夫·冯·埃姆斯的手稿《维勒哈尔姆》，1440/1441年前后，纽伦堡，日耳曼民族博物馆，就餐场景

中的大厅场景还有接待、谒见和宣誓；中世纪鼎盛时期的图书插画中（如《埃希特纳赫法典》，1050年前后，现藏于日耳曼民族博物馆，纽伦堡），大厅里经常有一个王座。此外，宫廷庆典和舞会也在大厅里举行。与之相应，有些大厅里还有为乐师和歌手专设的楼厅或楼厢（"歌手演出台"），或者至少遗留有这类舞台的痕迹（如瓦尔特堡、黑尔德堡）。

　　城堡研究需要解决的一个问题是，如何进入大厅，因为我们对于一些12—14世纪的大型顶层大厅的原始楼梯或者其他通道毫无所知。马尔堡宫殿早期哥特式大厅里靠庭院一侧曾经有一个楼梯，大概是木头的，但是15世纪时为了修建包括螺旋楼梯和前室在内的内部通道，把它拆除了，也就是说放弃了直达大厅的通道。气派的内部楼梯，如从近代宫殿了解到的那样，很少出现于城堡之中，例如凯泽斯韦尔特的皇帝行宫或者图林根方伯的魏森塞城堡，1225年前后，在魏森塞城堡，一个宽阔的楼梯建筑取代了先前的通往大厅的狭窄通道。有时候大厅前方还会有一个前室或者过道（如瓦尔特堡，顶楼的大厅，1170年前后）。

　　有证据表明，上文提到的**宫廷客厅**（德国南部，骑士大厅）出现于中世纪晚期，用作城堡居民共同使用的饭厅，利用火炉来取暖，它经常位于底层，紧邻着厨房。宫廷客厅大小各异，可以很小（龙内堡），也可以大到状似大厅，跟大厅几乎没有什么区别（因戈尔施塔特）。选帝侯建于迈森的阿尔布雷希特堡里，宫廷客厅居然远离厨房，位于中间楼层的大厅旁边，跟这个庄严的楼层中一间间气派的房间连成一体。直到近代早期，才出现家宴厅，即领主一家专用的独立就餐空间（黑尔德堡，1560年前后；施马尔卡尔登，1585—1592）。

　　与大厅和宫廷客厅相反，寝室和起居室更多是指领主一家的私人居住空间，它们被用于日常休息、家庭活动、处理公事以及睡觉。直到18世纪，除了个别特例，并没有今天意义上的单独的起居室和卧室。寝室和起居室之间最重要的区别是取暖：寝室要么没有采暖，要么可以通过壁炉，一种开放式火炉，适度供暖。燃烧产生的烟会从烟囱排出，但也有一些渗入了室内。在中世纪的原始资料里已经出现了"内宅"这一名称，它是利用一个或多个壁炉采暖的居住建筑的同义词；因此这一术语并非指女眷的居住空间，那不过是19世纪时错误的认知。与寝室不同，起居室的特点是，原则上采用无烟供暖，要么是地板供暖，要么是12世纪起通常采用的火炉供暖。当然，早期有些房间可能承担着起居室的功能，但利用壁炉供暖（施陶芬家族的势力范围，如帕特诺/西西里岛，1240年前后），晚期有的起居室不仅有一个火炉，还有一个壁炉（如黑尔德堡，法式楼，1560年前后）。

火炉是一个封闭的供暖系统，因为烟会直接从烟囱排出。中世纪的火炉砌有瓷砖，而且通常从背面，即从邻室或者过道添加燃料。如果是地板供暖（炕式供暖），需要采暖的房间下方会有一个生火用的加热室。火点燃以后，加热的空气便通过地板上的孔洞传送到该房间。

寝室（Kammer）（见图40）的概念在古高地德语中便已存在，它源于拉

图40 伯锡格/贝兹杰兹（波希米亚），城堡，两层的居住建筑（托梁已毁），上层的拱顶卧室，还遗留有一个墙角（边角）壁炉的痕迹

丁语的"camera"一词，原本指的是带拱顶的房间，但是在中世纪鼎盛时期，一般被认为是一个（附属）房间。它是一座城堡最常见的并且肯定是功能最多的房间。财产目录中列出的家具暗示了它的各种主要用途：卧室一般至少有一张床，有时候是一张四帷柱床，此外最少有一个衣箱，经常有几个坐具，并且往往有一张桌子，从中世纪晚期起又多了小柜子。厕所离它很近，经常可以一眼望到，这也证实了它最重要的功能是睡觉，有时候也用于休闲活动。不仅城堡里的统治者们有自己的寝室，佣人和随从也有自己的卧房。按照今天的标准，城堡主的寝室并非绝对的私人空间：在许多财产目录中，寝室里的物件除了主人的四帷柱床外，还有活动床，这暗示着，至少贴身仆从晚上会宿在主人的卧室里。有些寝室里陈设着艺术品，这也表明，寝室也具有代表性功能（劳夫/中弗兰肯，1353 年起，寝室里的浅浮雕刻有波希米亚纹章；伦克尔施泰因的组画，1400 年前后）。

在许多比较古老的城堡和城堡废墟中，经常无法准确地界定单个房间的功能；顶多能够辨别出房间里是否有壁炉。从中世纪晚期起，建筑的保存状况往往更好，不仅如此，房间结构也更具差异性，尤其在起居室和寝室的排列布局上。如果二者连成一体，则称之为**套房**。[68] 在中世纪晚期和文艺复兴时期，套房构成了城堡统治阶层的居住一体空间；业已证实的迄今最早的套房可以追溯到 13 世纪，但是并不排除还存在比它更古老的前身。已知最早的套房之一出现在南蒂罗尔的博伊蒙特城堡。城堡大门旁的主塔楼有一个大的连拱廊，建于平台下那层楼，朝向埃奇山谷，今天仍可用于眺望全景，但是已找寻不到昔日栏杆的痕迹了。不过，拱洞的方石边框和墙体内侧有明显的火烧的痕迹。被烧毁的一定是内部的木结构建筑，有可能是一间木板房（Bohlenstube），这种推测源于对 13 世纪波希米亚建筑的了解，然而并非塔楼。这个可能存在过的板房下面那层楼有一间寝室，里面有一个壁炉和一条通往厕所的通道。把这些发现联系在一起，很容易联想到这是城堡主的套房。但是主塔楼对面还坐落着一栋高大的居住建筑。它的中间楼层有一个大厅般大小的房间，但它直接连通厕所，这更像是寝室的特点，而非大厅。紧挨着这个房间的还有一个同样特别大的起居室。也就是说这座城堡里有两个规模大小截然不同的套房,它们都属于迄今能够确证的中欧最古老的套房。

特别是大型城堡往往有多个这样的套房,所用者既可为城堡的统治阶层(诸侯、诸侯夫人,也可能是其孩子或者储君),也可为内臣要员(顾问、贴身侍从、厨师长)。经证实,卡塞尔王宫在16世纪晚期有30多个套房。寝室和起居室往往直接相连,很少需要共用一个前室,如果是这种组合,原则上起居室构成了通道间,寝室则是相对封闭、更加私密的休息室,夫妇二人的寝室若毗邻,中间会通过一扇门连通。

起居室(Stube)(见图41)是居住、休闲和工作的空间,而且如上文所说是无烟采暖的。起居室的概念[69]出现于12世纪,原本指的是可以采暖的房间;跟其词语同源的有"暖炉"(Stövchen)这个名称。在发掘过程中发现的炉砖同样可以追溯到12世纪,它是起居室存在的确凿证据,然而起居室出现

图41 特罗斯特堡,楼上的起居室,屋顶呈弧形,为板梁结构,15世纪末

如此之早，在建筑施工方面迄今无法得到确认，只能依据档案和文学作品中的名称。在阿尔卑斯山地区、德国南部、波希米亚以及图林根和萨克森，起居室往往是全木结构建筑（板梁结构），它就像一个大箱子被装进城堡的石头建筑中。在房屋立面，可以通过砌成拱形的一小组交错的窗户识别出木板房（卡尔斯克罗内、博伊蒙特、利希滕施泰因/弗兰肯）。有木板房的地方，要么将起居室的一面木板墙直接嵌入房屋立面，要么用很薄的毛石墙将起居室的木板墙遮盖住。根据中世纪晚期的财产目录，起居室里摆放的主要有桌子和坐具，有时也有衣箱。此外，或许会充分利用空间，以卡座形式将木头长凳和炉边长凳直接跟房间的墙壁或者固定的设施连在一起——这时，墙壁或者火炉就充当了靠背。内置家具的类型还包括壁龛、壁橱和架子——在起居室里，也可以直接将它们跟墙壁集成一体。

起居室的一种特殊形式是**浴室**。根据考古发现，克林根明斯特附近的施勒塞尔在11世纪时就已经有了一间浴室，采暖靠的是砌在地板里的热气供暖设施。从12世纪起，有关浴室的信息在书面资料中越来越多——城堡里的人似乎已经注重身体护理了。浴室通常位于底层，因为必须把水运送过去，而使用过的水也得快速排走。此外，隔壁的房间得能够烧水，要么是厨房，要么是装有炉灶的专门的房间。最迟在15—16世纪，便有了真正的带浴室的套房（如安布拉斯宫殿或者黑尔德堡）。

城堡的卫生设施还包括**厕所**。它几乎总是以挑楼的形式建在楼体的外立面，这样的话排泄物可以直接或者通过下水道快速下排到城堡的壕沟或者化粪池里。厕所的位置大多紧邻居住空间，特别是寝室和大厅；当然，它绝不会被建在窗户和门的上方。有一些城堡，厕所是嵌入墙体的（如米施泰尔修道院的普兰塔塔楼/瑞士，9世纪），因此外观上看没那么明显；不过这种厕所的缺点是气味比较大。无法修建厕所的地方，人们不得不考虑使用夜壶，近代也会用便携式坐便器。

每座城堡都有一个**厨房**（见图42）或者至少有一个固定做饭的地方。理论上可以在任何明火上煮饭。固定的灶台比只是用于供暖的壁炉更大。它们

第四章 城堡建筑的组成部分

图42 布尔克，位于厨房中央的灶台

可以三面、有时候甚至四面走动，因此若是贴墙而建，宽度要超过壁炉，但是也可以安置在房间中央。大灶台上方的烟道一定得高，这样的话烟就不会蔓延到厨房里了。所以修有灶台的房间需要位于底层，而且层高要高，有时候甚至会为此专门修建一个单独的厨房建筑（阿格施泰因，卡多尔茨堡）。厨房的墙壁要尽可能结实，以降低火灾的危险。厨房会优先考虑建在离水源近的地方，在需要水的时候，可以快速抵达水井或者蓄水池。阴凉的储藏室，也就是食物贮藏室和地窖，也要建在厨房附近。所有食物，从面粉到动物油脂和食用油，直至肉类以及葡萄酒和啤酒，都储存在中心城堡。

除了灶台，厨房里还有一个用于准备和摆放饭菜的区域，此外还得有清洗餐具的地方，其位置可以通过排水沟辨别出来。尽管有这些典型的特征，也并非在所有的城堡里都能识别出厨房。因此，在城堡废墟中，往往只有灶台达到了特定的大小，才能跟大厅里的壁炉区分开来。在近代早期的诸侯城堡，例如在施马尔卡尔登，也可能有多个厨房，分别用于为主人和其他人员烹饪食物。

另一种为人熟知的也可是独立建筑的空间类型是**祈祷室**（见图43）。中世纪的中欧社会建立于基督教信仰之上，对上帝的敬畏属于骑士美德之一，这些美德对于社会的很多方面都具有决定性。因此，每座城堡中都必须有一个祷告的地方，对于行宫而言，祈祷室是必不可少的。在许多城堡中，可能只有一个带活动祭坛的区域或者一个祈祷室挑楼[70]，但常常也会专设一个房间，有些还很奢华，诸侯城堡里甚至会建有多层的祈祷室。骑士团城堡一个不可或缺的组成部分就是祈祷室以及城堡教堂。它们用于早晚定时做祷告和弥撒，就像在修道院里一样。打理祈祷室的神职人员往往是特地雇请的，他们也就属于城堡的人了；不过也可以委托外面的神职人员或者修道士主持每天或者每周的弥撒（15—16世纪的伦克尔施泰因）。财产目录列出的祈祷室

图43 埃格尔，皇帝行宫，双层祈祷室，下层教堂祭坛一瞥

第四章 城堡建筑的组成部分

里的陈设品经常有弥撒书、做弥撒时穿的十字褡和圣餐杯。这就要求有一个举行宗教仪式所需的祭坛，此外还需要主教依教规给予许可，这时主教也会关注，新建的祈祷室是否有经济能力保障神职人员定时做弥撒。[71]

祈祷室可以建在很多地方，建筑样式也会有所不同。[72] 简陋的祈祷室挑楼经常跟大厅相连。如果有必要，可以把祈祷室挑楼的门朝向大厅开，这样宴会大厅就能转用为举行礼拜仪式的房间（如龙内堡、埃尔茨堡）。规模较大的、有时候是多层的祈祷室要么会构成一个独立的建筑部分，入口通常连通居住建筑或者大厅（布格洛拉，伯锡格/贝兹杰兹，蒂罗尔宫，见图44），要么本身是一栋单独的建筑（奎尔富尔特，埃格尔皇帝行宫，哈雷附近的兰茨贝格）。建于居住建筑内部的祈祷室有因戈尔施塔特以及迈森的豪华拱形双层祈祷室。祈祷室还有可能跟城门建筑相连而建，如雷达、马尔堡和德林根贝格的双层祈祷室。祈祷室不仅是祈祷的地方，而且也是彰显身份气派的场所，因为城堡里的所有人通常都可以进到里面，城堡的访客也可以。一般来说，行宫、邦侯的城堡，当然还有主教城堡（齐萨尔）都建有规模宏

图44 蒂罗尔宫，祈祷室的罗马式浮雕大门，1138年前后

大并且设计相对奢华的祈祷室,而下层贵族的城堡大多建有祈祷室挑楼,就算建有祈祷室,在建筑设计方面也没有亮点。

关于各种居住建筑和居住空间的分配和准确用途,在过去几年间才有了更加深入的研究。在此期间,发现了几个更容易确认早期居住功能的原则。例如我们可以通过空间序列得到重要信息,所谓空间序列就是从一个房间进入下一个房间的顺序,包括门的闭合方向。窗户的形状、大小和顺序也指向了特定的空间,例如大厅经常会装上一排特别大且造型具有代表性的窗户。另外,像火炉、壁炉和厕所这些设施也很重要,因为即使内墙遭到严重破坏,也常常会遗留有它们的痕迹。

门是通往建筑物和房间最重要的交界点。中世纪鼎盛时期的城堡建筑中,防御塔楼和居住建筑的门通常位于一楼①,要进去很可能得通过梯子或者狭窄的木门廊("地上入口")。马尔堡宫殿有代表性的大厅建筑也将大门设在了上层(1295年前后)。门由边框和可开合部分,即门框和门扇组成。门扇始终安装在门洞外侧;门闩紧贴在门扇之后位于门洞里面。因此基本上都能明确地判断出门的外侧、内侧以及闭合方向,这也为推断房间结构以及相应的房间功能提供了重要证据。因为很少有房间是通过走廊进入的,大多是通过其他房间,所以很容易识别出寝室这类比较私密的房间,其根据在于,这些房间对着前一个房间,例如起居室的房门,通常可以从里面上锁。

另一种形式的孔洞是**窗户**[73]。它们置于窗洞内,窗框大多有一定斜度。如果窗户比较大,例如大厅或者观察哨的窗户,会在窗洞内装上石头座位("可坐窗洞"),尤其是中世纪晚期。窗户的造型和大小因时代和功能的不同有着巨大的差异。窗洞若是很狭仄,也就是所谓的狭缝窗,从外部看,有时候会跟铳眼类似。窗框的形状和样式可以用作确定窗户年代的依据,同时也暗示了通过它采光的房间的重要性。原则上,防御建筑的窗洞都存在危险,因为它们一方面降低了墙体的坚固性和稳定性,另一方面箭弩枪弹更容易通过

---

① 德语中的底层(Erdgeschoss)是我们的一楼,一楼则相当于我们的二楼,所以此处的一楼实际上对应我们的二楼,下文中如若涉及楼层,以此类推。

它们射进来。然而几个世纪以来，窗户越建越大，其原因首先是建筑技术的发展，其次是防御线日益外移（例如移入回廊之内），再次是生产玻璃的成本比较低——但在中世纪，大窗户被视作奢华的象征。因此极少有窗户全部装上了玻璃，更多的是使用活动木板或者木百叶进行封闭。或许还有可能使用羊皮纸替代玻璃，但是这样的窗户并没有保存下来。在这方面，城堡跟城市里的市民住宅没有明显的区别。

起到重要连接功能的还有**楼梯**。[74] 中世纪鼎盛时期的城堡中，大部分楼梯都是直线形的，不管是外部的露天台阶，例如大部分的围墙步道，还是室内的木头楼梯，全都如此。尤其是城堡主楼这样的防御性建筑，直到中世纪晚期，内部跟外部一样使用的也是梯子。螺旋形楼梯似乎出现得比较晚，最初只建于附属位置，也就是说，要么砌在墙体里，要么建于建筑物的侧面。现存最古老的具有代表性的螺旋形楼梯间塔楼位于巴本豪森（1189 年前后），明岑贝格领主的一处住所，这座塔楼建于厅住一体建筑的正前方。然而直到 13 世纪晚期，更宽阔、造型气派、分隔了房屋立面的螺旋楼梯才普及起来（如马尔堡，1288 年）。楼梯间塔楼可以建在房屋外立面的前方，一座建筑物的正前方或者两栋楼之间的僻角处，以确保通达尽可能多的楼层。修建狭仄的螺旋楼梯主要是为了节约空间，并非如一些中世纪电影展现的做防御之用。

充足的**供水**是城堡建筑的核心问题。[75] 施工时就需要用水，但是对水的需求最主要还是来自日常需要。理论上，淡水可以通过水井获取或者通过远程管道（瓦尔特堡）输送到城堡；不过主要还是靠蓄水池贮积水，中欧的城堡建筑中习惯上都会有这样的储水装置。这里的蓄水池指的是一个砌起来的池子，里面注满雨水或者输送来的淡水。为了避免病菌和污染，要么得让固体物质慢慢沉积（洛肯豪斯/布尔根兰），要么得安装一个砾石组成的过滤系统（所谓的过滤式蓄水池，如万德斯莱本/德赖格莱兴，明岑贝格）。设计修建蓄水池的时候，要保证雨水能够很好地流入，也就是说，尽可能选择城堡中地势较低的地方（明岑贝格），或者将蓄水池建在建筑物之间，这样便于把屋顶的水引流下来（伦克尔施泰因）。雨水不充足的时候，可以利用驮畜从附近的蓄水池把水运送到城堡里。深井在中世纪极为少见（屈夫霍伊泽①，176米，12世纪；特里菲尔斯，60米，无塔楼建筑，1200年前后），原因在于当时不具备必要的挖掘技术。因此，城堡里的大部分深井都是在15—16世纪才挖掘的。

管理用房、附属房屋、城堡伯爵住所

许多城堡都拥有一些具有特殊功能的房间，尤其是管理用房，如文书室，还有用于保管贵重文件和财物的房间，例如档案室或者珍宝库。对于这些房间，我们大多是通过中世纪晚期以来的财产目录才有了更详尽的了解，但在此之前，肯定有许多房间类型已然存在了。

国王和诸侯的城堡通常是由城堡伯爵（Burggraf）或者城堡军事长官（Burghauptmann）统领的，尤其当领主不在的时候，此人会代为管辖这一领地。城堡伯爵拥有自己的套房，有时候甚至拥有一栋单独的城堡伯爵大宅。这样一处**城堡伯爵住所**可以在中心城堡或者外堡形成自己的建筑群落，而且原则上跟领主居住使用的那部分城堡建筑有同样的空间结构。与此不同，堡民②住宅是供在城堡里工作的贵族居住的房子；它们大多坐落在城堡前方的道路边上（马尔堡，骑士大街），有时候也建于外堡里（埃尔巴赫，"施泰特尔"③，见图45）。堡民住宅往往类似于规模比较大的市民住宅，只是不需要任何贸易和商业用房，但这却是市民住宅的典型特征。

在此不再一一赘述城堡中其他必需的或者至少比较常见的房间，只做简单介绍。城门守卫的房间通常是最容易确定的，它们一般都位于城门边上并且通过一扇门连通；城门上方还有一个警卫室，主要用于安全防御，因为这

---

① 屈夫霍伊泽（Kyffhäuser）：哈尔茨山东南部的小山，当地的城堡名为屈夫豪森（Kyffhausen）。
② 堡民（Burgmann）：从12世纪起在中欧指的是骑士出身的封臣和贵族成员，他们被城堡主委托以防卫城堡的义务。
③ 施泰特尔（Städtl）：中世纪城堡具有历史意义的中心地，被当地人亲切地称作施泰特尔，意思是"小城"。

第四章 城堡建筑的组成部分

图 45 埃尔巴赫,"施泰特尔"的堡民住宅

个房间设置有射击孔,从那里可以清楚地看到城门前方或者后方的区域。比较难以确认的是用于安全存放贵重物品的房间,一旦它们被清空,就再也显露不出独特的结构设计。银器室用于存放银器、银烛台和宴桌上的装饰品,火烛室放置蜡烛或者动物油脂等照明用品。档案室里保存有文书契据和其他文件,它们对于证明权利、财产或者家庭关系非常重要。规模较大的城堡可能会有用于保管金银钱币和首饰的珍宝库。军械库专门存放武器、甲胄和弹药。房间的形式和房门的闭合方向暗示了这些需要特殊保护的房间的相关信息。例如在巴伐利亚州的布格豪森（13世纪后半叶）,中心城堡的底层有一个原本是拱顶的无窗房间,而且只能从外面关闭。[76] 在纽伦堡皇帝堡的底层,发现了

一个直径大约 5 米的圆形房间，它大概是被设计用作保险库的，有可能用于存放王权象征物，它位于底层大厅的中间，距离城堡祈祷室不到 10 米远。[77] 还有一些国王城堡，诸如特里菲尔斯和卡尔施泰因，为了保管王权象征物，也专门配备了可以上锁的圣物房和可以采暖的警卫室。

外堡：杂用建筑及勤杂房

城堡基本上都会有贮存区域和勤杂区域，它们几乎总是被安置在外堡。外堡一般都位于城堡的入口侧，这也对城堡起到了额外保护作用。比较少见的是城堡背面还有第二个农庄（比尔施泰因，16 世纪）。如果城堡周边地区没有足够的空间，也可以把农庄安置在更远一些的地方，例如在城堡下方的山谷里（黑尔德堡）。外堡以及农庄构成了城堡的经济命脉。

如果城堡所辖范围有手工**作坊**，它们会集中在外堡里或者外堡附近。尤其是早期的行宫可能会跟比较大的居民点连在一起，那里除了农业种植，还从事手工业生产。在萨克森-安哈尔特的蒂勒达行宫，从一座外堡里发掘出了 9/10 世纪的铁匠铺、陶匠铺和织造坊，这座外堡的规模差不多赶上城郊了。铁匠铺属于城堡中最常见的手工作坊，那里可以打造马蹄铁和日常所需的比较简单的器物，也能修修补补。

不管是在民用领域，还是在军事战争中，马都是贵族和骑士最重要的代步工具。因此，只要城堡的位置允许，马厩（**宫厩**）便是城堡建筑不可或缺的一个组成部分。根据城堡的规模和马匹的数量，宫厩会被安设在中心城堡（如海默尔申堡，1600 年前后）或者外堡（如马尔堡，15/16 世纪），后者主要是针对马匹数量比较多的情况。[78]

为了给城堡的统治阶层和所有人员供给日常所需的牛奶、黄油、鸡蛋，必须在城堡里饲养禽畜。山羊和奶牛等产奶动物主要生活在外堡或者农庄中。所以，那里总会建有一栋**厩房**。肉类很少靠狩猎所得，大多来自于厩房：考古学家如果能够找到食物残余（填埋坑中的骨头）并且对其进行分析，就会发现很少有兽骨，但是有猪、羊和牛的骨头。根据地区不同，鱼也是主要食物之一，此外它还是可在四旬斋期间食用的一种重要食物。为了存放储备粮、饲料还有麦秆，外堡里还建有**谷仓**。[79] 基本农具——犁、耙、磨刀石、镰刀、干草叉和车——也属于外堡的物资，不是保管在仓库里，就是存放谷仓里。

储藏也很重要，因为农产品作为商品在许多城堡获得收益方面起到了举足轻重的作用。举例来说，若是想把粮食以高额利润卖到出现经济危机的地区，就需要储备粮食，这一点在16世纪威悉河流域的一些贵族物资中已经得到了证实，而且绝非例外。[80] 据记载——不过从17世纪才开始——美因河畔的罗滕费尔斯城堡储藏有"专供酒"，它产自领主的葡萄园，城堡治下各地的餐馆老板必须供应它。在16世纪早期，那些地方中心城堡里居住建筑的屋顶层就已经用于储藏粮食了。迄今，对外堡里中世纪杂用建筑的研究屈指可数，鲜有的例外主要是15世纪的建筑（帕彭海姆/阿尔特米尔）。[81]

最后要说一下**磨坊**，它坐落于外堡的外部（在施泰因巴赫/南黑森，它直接建在城堡大门前），因为要让它运转起来，不仅需要水，还需要一片空地。当然，对于贵族的厨房来说，磨坊也是必不可少的。需求量不大的话，城堡内本身也有手动磨盘；一般情况下会使用水磨坊，它会建在城堡外，例如附近的一个河谷中。在德国的低地地区，也可以使用风磨。城堡周边的农民一定也使用这些磨坊，因为磨坊权是一种领主特权（磨坊独家开设权）。领地的所有农民必须在某个特定的磨坊碾磨粮食，封建领主则从中获取部分收益。[82]

第五章

中世纪的城堡

修建城堡的阶段性和延续性：以马尔堡为例

从事城堡研究的人很快就会发现，城堡实际上并非浑然一体的，而是融合了不同时期的建筑物和建筑构件。另外在许多情况下，比较古老的部分要么掩藏在地表以下，要么只能通过档案中的原始资料推断出它们曾经存在过。有些城堡就像一座纪念碑，展现了自身的历史和不断变化的功能，其中典型的例子就是持续不断、一直使用到今天的马尔堡，它是一座高地城堡，俯瞰着马尔堡老城并且在南北方向上控制着兰河河谷（见图46、图47、图48）。[83]这座城堡最初在11世纪时属于地方贵族吉索南家族（Gisonen）（得名于主导名Giso①），随后在1122年，通过继承落入图林根方伯路铎温格家族（Ludowinger）手中。1248年，它成为新的黑森方伯领地的发端地以及黑森方伯的王宫，黑森方伯对它也进行了多次改造和翻新。近代早期，这座城堡逐渐变成政务城堡，到了现代，则主要用作监狱、博物馆、学校建筑和档案馆。

马尔堡最古老的部分是在中心城堡西翼下方发掘出的一个长方形石屋。[84]

---

① 主导名（Leitname）：在欧洲历史上，尤其是早期，欧洲人常用父辈、祖辈和其他长辈或祖先的名字给孩子取名，以表明"死者未逝，而是在后代血脉中继续留存"，这种一个家族中反复出现的名字在德语中被称作主导名。因父子同名、爷孙同名的情况司空见惯，为了区分，会在名字后面带上数字，尤其是帝王家族，例如查理四世、查理五世。

第五章　中世纪的城堡

图46　马尔堡，宫殿南翼，右侧是威廉楼，中间是宫殿的祈祷室（1288年行落成礼）以及账房

保存下来的只有下端局部墙体，它们是由大小适中的碎方石，即开凿成四方形、但并没有打磨平整的毛石，精心砌筑而成的。如此一层层将石头堆砌成墙是11世纪和12世纪的典型特征。可惜没有发掘出能够更准确界定施工年代的文物。基于现有的遗迹无法断定这座最古老的建筑是防御大宅还是连厅楼，也不能判断出当时还有哪些建筑物。但是将它的平面图跟11世纪或12世纪

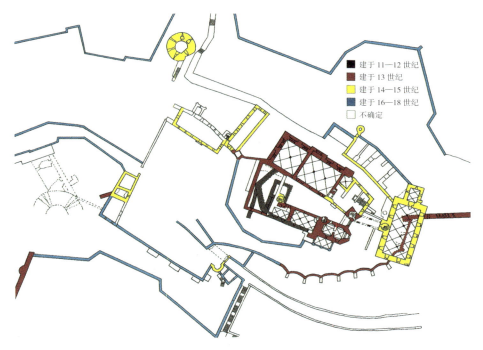

图 47　马尔堡，宫殿，标有建筑年代的平面图

早期的其他城堡进行比较，其相似性表明这很可能是一座防御大宅。

　　第二阶段，大概 12 世纪晚期，这座长方形建筑的地基上建起了一座平面结构几近正方形、比较细长的建筑，大概是一座塔楼。保存下来的三面墙体大约有 7 米高，然而在这个高度以下并没有发现门洞或者窗洞。将该建筑改建成塔楼的同时，在其西侧出现了最初的环状城墙。同样在这个阶段，城堡下方教区礼拜堂的西侧修筑了城市城墙，年代基本上可以确定为 12 世纪晚期，环状城墙跟新建的城市城墙连在了一起。随后在 1226—1250 年或者 13 世纪中期，修建了今天的南翼建筑，这也是城堡建设的第三阶段。城堡的南侧就此延伸到早前建成的环状城墙以外。同一时代或许还修建了从宫殿庭院通往这部分建筑的拱形大门，砌筑大门的石头切割得简单、平整，马尔堡多座建成于 1226—1250 年的大门也采用了同样的石头切割工艺（条顿骑士团的领主大宅,卡尔布斯门)。

黑森方伯领地于1248年从图林根分离出来,它在方伯夫人索菲·冯·布拉班特(Sophie von Brabant)的领导下获得了独立。1292年,她的儿子亨利一世晋升为神圣罗马帝国的帝国诸侯(Reichsfürst),也就是说由皇帝直接加封,并且因此拥有了政治上的独立。亨利在1290年前后对马尔堡城堡及城市进行了扩建,其规模之大堪称王宫,在时间上远早于神圣罗马帝国的其他邦国。中心城堡也就是在这个建筑阶段达到了今天的规模:直到大约1288年(宫殿祈祷室的落成典礼),南翼建筑才完工并且扩建了祈祷室,直到今天,这个祈祷室仍在很大程度上决定了城堡建筑群给人留下的印象。兴建祈祷室

图48 马尔堡,宫殿祈祷室和楼梯间塔楼,庭院方向,1288年

的同时，还修筑了通往中心城堡的新城门以及其上方的圣器收藏室。当时用于日常生活和工作的居住空间可能被安置在了南翼建筑。1295年前后，又在北面扩建了城堡建筑群，修建了一座带地下室的两层高的大厅建筑，它的规模很大，延伸到环状城墙以外，直至山的北坡。这座建筑里有一个大厅是中世纪德国最重要的世俗大厅之一，体现了方伯的权利主张。

15世纪后半叶，马尔堡因遗产分配再次被赋予了除卡塞尔以外的主王宫的职能，随后城堡建筑群再次经历了大规模扩建。这一阶段的营造工程包括：在西北方修建了一座炮楼（1479年），改建南翼的居住用楼并为其加盖一个小型的大厅（1481年），在东部增建了四层的威廉楼（1492—1497年），又一次把建筑修到了城堡城墙以外。接下来是宽宏者菲利普（Philipp der Großmütige）的统治时期，马尔堡在此期间被用作第二王宫，随后在1567年，马尔堡又因为一次遗产分配，最后一次成为主王宫，一直用到1604年，不过是分割后一小部分黑森伯爵领地的主王宫。建筑方面最重要的新事物是建于南侧祈祷室前方的账房（Rentkammer），也就是财政官的办公地（1572年），以及方伯的文书处（Kanzlei），它是一座独立的管理用建筑，远离宫殿建筑群，位于其南侧通往市集广场的道路中段。16世纪，建筑方面没有引人注目的变化，此后的17世纪和18世纪，大规模加强了防御建筑的建设，尤其是在年代比较久远的宫殿花园的西侧，修筑了一个占地面积庞大的堡垒式要塞，以便保卫马尔堡的这个"阿喀琉斯之踵"。然而在七年战争期间（1756—1763），它却没能抵挡住法国军队的攻击，随后便被拆除了。

从17世纪起，马尔堡充当了居住在卡塞尔的黑森方伯的第二王宫，主要用作管理机构驻地，直到1866年黑森被普鲁士吞并。到了19世纪，城堡（特别是1479年修建的炮楼）被改用作监狱并且在1869年改建成国家档案馆。总归还是延续了中世纪的用途，因为尽管方伯领地一再四分五裂，"总档案馆"一直保留在马尔堡。此外，这里第一次用作了博物馆，再次作博物馆用已然是1978年的事情了。[85]

在马尔堡，城堡跟城市之间的相互关系尤为清晰，城市为城堡提供至关重要的资源，也包括人力资源。城堡有一条直接通往城市的通道，此外还有两个入口位于城市管控范围以外。最古老的城堡建筑群肯定是有一座外堡的，今天的外堡建筑群始建于 13 世纪，在 14 世纪或者 15 世纪扩建成了现在的规模。外堡旁边，宫殿下方偏北的地方有一个财庄（Renthof），从 13 世纪中叶起，税收所得，即赋税（什一税）会收归那里。如果把马尔堡城堡的发展过程通观考量，虽然乍一看，它给人的印象主要是一座经典时期哥特式建筑，仔细琢磨，更合理的说法或许是将其称为后萨利安王朝时期、施陶芬王朝时期、后哥特时期以及文艺复兴时期的城堡，甚至也可以称之为巴洛克建筑风格的要塞。如果在下文中，描述很多城堡的时候特别强调了个别的尤为与众不同的建筑阶段，那么必须意识到的是，大部分城堡之所以有今天这个形态，也要归功于其他时期的建筑施工。实际上，不断地改建和扩建是城堡建设的惯例。

早期的城堡和行宫

中世纪以前的防御工事

早在公元前 1000 年的凯尔特人时期，中欧有些地方就已经筑起了防御工事。它们一部分是暂时的避难城堡，一部分是可以长期居住的场所。这些防御工事中，有的一直使用到中世纪。在恺撒时代晚期（2—4 世纪）和中世纪初期（5—7 世纪），日耳曼部落主要在山脊上修建了由土堤、壕沟和寨栅构成的大型环状土墙（Ringwall），环在其中的很可能是居民点。同样在这个时期，环状土墙的旁边还有用石头砌筑的营地，其标志特征是立于两侧的防御塔楼，它们是罗马人在后几百年间修建的。罗马帝国倾覆的时候，在曾经的罗马人的土地上，特别是罗马界墙①沿线，还矗立着一些防御工事，它们有可能是此后的防御性建筑的样板，而且其中一部分也可以继续使用。坐落在下巴伐利亚地区艾宁附近的阿布希纳营地建于公元 89—91 年，最初是一座土木

---

① 罗马界墙（Limes）：罗马帝国用以抵御外族入侵的边界城墙，建于 1 世纪末，在德国的两个界墙部分覆盖长度为 550 公里，从德国西北部直至东南部的多瑙河。

防御工事，环围的土地面积为1.8公顷。125年一场大火以后，它被改建成石头建筑。经历了3世纪的激烈战争和屡次损毁，营地的一角在300年左右被改建成一个小营地，从平面图看，它的作用类似于中世纪的城堡，450年前后，这座小营地被废弃。在中欧地区，古罗马营地的建筑模式得以延续，其中一个例子是位于博登湖南侧的小型营地费利克斯阿尔邦（3世纪末），5世纪罗马人撤走以后，它被用作一个小型基督教社区的居住点，13世纪又在这里加盖了一座保存至今的城堡。"城堡"（Burg）一词派生于拉丁语的"burgus"（在德语中的意思是规模较小的城堡塔楼），这或许也证明了中世纪早期的城堡是以罗马建筑为样板的。罗马时期规模较小的城堡塔楼可能更多地保存在罗马界墙沿线。

迄今尚不清楚的问题是，从什么时候起得以在古代日耳曼人和斯拉夫人的居民点区分出属于贵族阶层的建筑，它们是跟居民点的其余区域分隔开的，显得格外醒目并且受到特别保卫。费德森维尔德（库克斯港县）等日耳曼人的居民点可以被视作发端地，这些居民点在最古老的阶段[86]由大小基本相同的农舍组成，也就是说最初并没有哪个院落因大小和防御设施而超群逸类。可以确定的一点是，在费德森维尔德的第二或第三阶段，2世纪时就已经有一个用寨栅围住的建筑了。中世纪早期，才在大型环状土墙内部专门将设防区域清楚地分隔出来，这些地方可以被认为是领主大宅。同样的情况也出现于乌拉赫附近"圆形山"相对较晚的建筑阶段，即500年前后的几十年，上珀灵的"比尔格"（8世纪）也是如此。确凿证据表明，斯拉夫地区直到8世纪晚期和9世纪才出现类似的分隔出来的领主大宅。

中世纪早期

真正的城堡建筑包括国王的行宫以及筑有防御工事的贵族和侍从的统治处所，对其产生起到决定性作用的是墨洛温王朝和法兰克王国[①]王权的扩张以

---

① 法兰克王国，前后分为墨洛温王朝和加洛林王朝两个时期。法兰克人克洛维成立了法兰克王国，并以自己祖父的名字将王国命名为墨洛温王朝，此处的法兰克王国专指矮子丕平篡位后创立的加洛林王朝。

第五章　中世纪的城堡

及随之逐渐发展起来的新的统治结构。486 年，克洛维（Chlodwig）打败了最后一位罗马帝国的统帅，从而成立墨洛温王朝，其领土从莱茵河延伸到今天法国北部和中部的大部分地区。国事政务由最高侍从"宫相"（Hausmeier）执管。8 世纪，政权实际上掌握在宫相铁锤查理（Karl Martell）和"高人"丕平[①]手中。丕平最终取代了墨洛温王朝的国王，以这种方式开创了法兰克王国，自己成为唯一的统治者。他的儿子查理大帝鏖战四方，征服了毗邻的诸侯国，从而向东北、东方和南方大规模扩张了法兰克王国的疆土，最终也将萨克森人、巴伐利亚人以及意大利伦巴德人的王国收入囊中。843 年，通过签订《凡尔登条约》，对法兰克王国的分割达成了一致；东法兰克王国成为以后神圣罗马帝国的前身。

已经查实的墨洛温王朝时期的防御工事首先有今天法国境内的墨洛温王朝的国王行宫。它们主要坐落在有罗马防御工事[87]的地方，包括阿蒂尼、克利希、贡比涅、桑斯附近的马莱以及基耶尔济（法国东北部）。不过对它们的了解大多只是源于档案资料；只有在基耶尔济，于 1916 年德国占领期间进行了发掘工作。然而这次发掘主要是出于政治目的，而且并没有发现任何具体线索可以表明那里曾经有一座行宫。[88]

大规模修筑防御工事的阶段最初出现在墨洛温王朝晚期和加洛林王朝早期（7—8 世纪），自 8 世纪中期直至 10 世纪日益加强。[89] 在过去的几十年间，考古发掘证实了 1000 多座长期有人居住的防御工事。墨洛温王朝修筑防御工事的第一阶段跟法兰克王国在墨洛温家族的统治下向东扩张有关。[90] 罗马界墙以南，罗马帝国的防御工事也被用于一些新建的防御设施。在安德纳赫、巴哈拉赫、雷根斯堡和特里尔，都保存有罗马帝国防御工事的围墙，其中至少有一部分（安德纳赫）也用于了领主庄园（Herrenhof）。[91] 相反，在罗马界墙的北部和东部，建起了全新的防御工事。于是就出现了一些高地城堡，例如弗里茨拉尔附近的比拉堡。在这些地区，古代的防御工事也会被继续使

---

① "高人"丕平：即矮子丕平（Pippin der Kleine 或 Pippin der Jüngere），出于戏谑之故，文中使用的是 Pippen "der Große"。

用或者再次使用，不过规模很小。在比丁根附近的格劳贝格，7 世纪起开始修缮一座已被弃置两百年的防御工事，在明希豪森附近的克里斯滕贝格（黑森），加洛林王朝时期新建的防御工事甚至利用了一座拉坦诺文明[①]时期（大约公元前 420 年）的土围工事（Wallenanlage）。

  法兰克王国早期的城堡，大多是高地城堡，而且邻近交通线（水道或者陆路）。根据地形的不同，有一些会配备一个层层迭进的环形防御工事体系，整个体系由壕沟、土堤组成，有时也包括外堡和其他可阻止敌人靠近的障碍物（环状土墙工事，如科尔巴赫附近的伦格费尔德，吕本山麓诺伊施塔特附近的吕宁斯堡）。城堡若是坐落在山嘴处，则只需借助于土堤或者围墙对攻击面进行特别防护。拥有这种分段式防御工事的城堡包括蒂勒达行宫（见图 49）以及霍恩施莱夫特拉恩附近的"比尔克"（巴伐利亚）。这二者三面都充分利用了自然地形，第四面借助于一个或者多个土堤进行防御。这个时期当然也有规则的城堡建筑群，它们并非依照地形结构而建，墙体往往是直线走向，例如巴特基辛根附近的艾林斯堡（8 世纪中期），它可能是一座贵族城堡，归一个名为伊林的自由民所有。那里有一个圆形的山顶，一半被包在城堡之中，其余部分则被一道直线形围墙切断。在加洛林－奥托王朝时期，尽可能将围墙建成直线形走向绝非个例。这些建筑物也会设有防御工事，有的利用土堤和壕沟以及寨栅，也有的利用干砌墙体或者坚固（"浆砌"）的墙体。

  这些城堡中有许多占地面积广阔，高达 2 公顷或者更多；比拉堡[92]占地甚至大约 8 公顷。它兴建于 8 世纪中叶，主要用于抵御萨克森人。发掘结果表明，它是利用环状城墙和拐角处的塔楼加强防御的。比拉堡的内部建筑结构由 21 根排列整齐的支柱组成，它们构成多间约 7 米长、3 米宽的房子，里面分别有两个房间和一处炉灶。[93]由此可见，这座城堡与艾林斯堡这类个别贵族的比较小的住所不同，显然是为多个社会等级大致相同的住户修建的。城堡研究将这些曾经是经济和贸易中心的防御工事也称作中心地（Zentralort）。

---

① 拉坦诺文明：得名于瑞士纳沙泰尔湖东端的考古遗址，用于概括欧洲凯尔特人铁器时代晚期的文化，存在于前 450 年至前 1 世纪。

第五章　中世纪的城堡

图 49　蒂勒达，行宫，在主城堡中挖掘出的"厅殿"的地基

同时，它们也是一个重要的教会所在地。例如 741/742 年，圣波尼法爵①用捐赠的财产在比拉堡创建了一个教会机构；此外，这里还有一座为敬奉圣女布里吉达②而建的修道院，这座城堡因此成为重要的布道中心。

法兰克国王修建和扩建城堡，不仅为了抵御萨克森人，而且也为了防止 9 世纪诺曼人以及 10 世纪匈牙利人的入侵。亨利一世于 929 年颁布了一道旨令（《城堡建设法令》），修道士、编年史家维杜金德·冯·科维（Widukind von Corvey）[94]的描述让它流传于世，根据这道旨令，每九名农耕士兵③中有一人居住在城堡里并且由其他八人供养，作为回报，此人要确保其他人受到

---

① 圣波尼法爵（hl. Bonifatius）：中世纪天主教传教士和殉道者，史称"日耳曼使徒"，德国基督教化的奠基人，积极开展促使日耳曼人皈依天主教的传道活动，后遭异教徒袭击殉难。

② 圣女布里吉达（hl. Brigida）：欧洲主要保护神之一，出生于瑞典贵族家庭，她创立了女修会，以祈祷和行动竭力劝教皇返回罗马，并致信英法两国国王，要求他们结束两国之间的战争，1391 年被册封为圣人。

③ 农耕士兵（Bauernkrieger）：列入兵籍，平日从事农业生产，战时应征入伍的农民。

图 50　亚琛，皇帝行宫，大厅建筑，格拉努斯塔楼（楼梯间塔楼）

保护并且更有效地组织抵抗匈牙利人。"海因里希斯堡"①显然都是为了保护普通民众[95]而建的，回溯过去，古代防御性建筑也有这一功能。上普法尔茨地区卡尔明茨的土围工事或许也属于这类占地面积庞大的防御工事，它的修建时间被确定为匈牙利人入侵时期，即便有一些源于凯尔特文化的出土物暗示此前还有一座更古老的防御工事。12世纪，这座土围工事被改用于从外部保护一座明显小得多的贵族城堡。美因河畔的卡尔堡前方以及坐落于下弗兰肯地区卡斯泰尔小镇上方与其同名的城堡边上也发现了同一时期的土围工事。

　　查理大帝在亚琛修建的行宫是另一种完全不同的建筑类型（见图50）。在中欧地区没有发现可供其参照修建的建筑物。设计灵感似乎来源于拉韦纳（东哥特国王狄奥多里克大帝的宫殿，邻近新圣阿波利奈尔教堂，6世纪初）

---

① 海因里希斯堡（Heinrichsburg）：意为"海因里希的城堡"，亨利一世按照德语应译作海因里希一世，因约定俗成，使用亨利一世。下文的亨利二世、亨利三世、亨利四世、亨利五世、亨利六世、亨利七世同此。

或者君士坦丁堡等地的大型宫殿建筑，也有可能是罗马帕拉蒂尼山上的古代宫殿，特别是拉特兰宫，它作为教皇行宫在史料中被称作"宫殿"。[96] 这座加洛林王朝的行宫建筑群占地面积广阔，南边是带有一个宽敞中庭的行宫教堂（今天的亚琛主教座堂），北边坐落着一座两层高的大厅建筑，位置就在今天的（哥特式）市政厅所在之处；这两座建筑相距超过 150 米。大厅建筑的两个纵墙和西侧横墙边上各建有一个半圆形后堂，究竟作何用途，现在已经无从知晓了。现存的正方形的格拉努斯塔楼坐落在大厅建筑的东南角，以前用作彰显身份的楼梯间塔楼。其他加洛林王朝的居住建筑只发掘出很少一部分遗迹，而且无法进一步确证。[97] 行宫的建筑布局似乎并没有遵循一种外部防御结构，所有的防御建筑已经无迹可寻了，而且它们很可能至少在局部采用的是当时流行的土木结构。相反，不管上文提到的意大利及君士坦丁堡的宫殿对行宫的修建产生了多大影响，其内部各个建筑之间有代表性的关系才是普遍关注的重点。作为查理大帝的主王宫和选定的墓葬地，亚琛行宫同时也是加洛林王朝的统治中心。

研究相对深入的第二座加洛林王朝时期的行宫位于美因河畔的因格尔海姆。[98] 中世纪晚期，它曾经占据了这座城市的大片地方。复原后的行宫是一座规模非常宏大的建筑，占地面积长约 140 米、宽约 110 米。它的内庭几近正方形，三面都有建筑，其中之一可能是国王大厅，国王大厅的前方是一个类似于修道院回廊的小院子。在余下那一面，跟宽阔的内庭相连的是一个半圆形的建筑群，其外侧配有多座小型圆形建筑（塔楼？）。从今天的角度来看，就整体印象而言，这片建筑群主要是作宫殿之用，而非侧重防御，与亚琛的行宫类似，尽管这里极可能存在防御工事，但没有研究成果能够证实。有行宫必然会想到防御工事，法兰克福的行宫验证它的存在。[99] 这座行宫包括今天大教堂的所在地及其西侧的区域，修建它的时候利用了一处罗马军事定居点的遗址。整个建筑群建于加洛林王朝时期，拥有厚度超过 2.5 米的环状城墙，美因河的岸边以及大教堂广场北侧仍存留有大段城墙遗址。

其他早期的行宫位于法兰克王国的东部。有的修建时仍处于加洛林家族的统治时期,如9世纪的蒂勒达、900年前后的格龙德,还有的修建时亨利一世已经开启了奥托王朝,如10世纪前三十年间的韦尔拉。所有这些行宫都配备有开阔的外堡,里面住着手工匠人,他们可能不仅直接为行宫提供物资给养,而且还让行宫成为名副其实的经济中心,类似于以前的中心地。这些中心建筑群布局松散,内有多座大型的大厅建筑、居住建筑和一座祈祷室,由于它们建于山坡之上,并且拥有环状城墙和外堡,因而显然比亚琛或者因格尔海姆的行宫保存得更好。之所以要修筑比较坚固的防御工事,原因之一可能是它们建于法兰克人和斯拉夫人之间的边境地带。

除了行宫以外,还有为供养国王及其扈从而建的大型的王室庄园。在原始资料中,它们主要被称作"农庄"(curtis),个别情况下,证明文书中的名称会有所不同,例如珀尔德行宫曾被称为"curia regia"。与行宫类似,王室庄园也是由供君主使用的居住建筑、大厅建筑以及一座祈祷室组成(如马尔堡附近的德赖豪森),因此可用于接待君主及其扈从。不同于行宫的是,它们更多地以(农业)经济功能为特征,只不过是被围墙整个围了起来。以前曾认为,庄园出现于加洛林王朝时期,一直使用到12世纪早期,但有些农庄,例如明希豪森附近的克里斯滕贝格,使用的时间显然更久,而且一再被扩建。[100]

在神圣罗马帝国的统治结构中,起重要作用的还有教会的封建领主,尤其是主教管区和修道院。8世纪晚期以及800年前后,在萨克森人的土地上短时间内出现了多个主教管区(如帕德博恩、不来梅、汉堡),而且每个管区都配有一处世俗的封建领地。此外,帝国修道院(Reichsabtei)是由国王兴建的,所得封赠非常慷慨,而且因为私人捐赠,它们的资产也在不断增加。以帝国修道院赫斯费尔德为例,庄园目录列出的地产,所涉区域超过了今天的黑森,一直延伸至萨克森 - 安哈尔特。目录中提到的主要是"hubas"和"mansus"两种有纳贡义务的农庄形式,归根结底,它们都建立于领主庄园的基础之上。科维修道院也拥有很大的封建领地。对于国王来说,主教管区和帝国修道院同时

第五章 中世纪的城堡

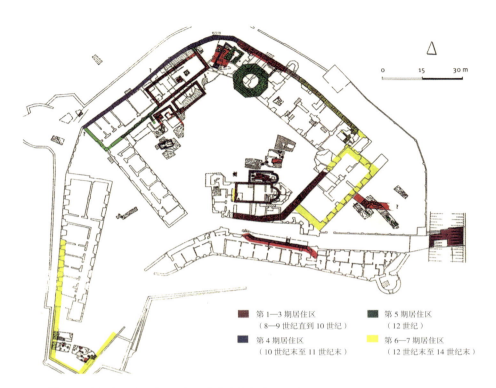

■ 第1—3期居住区
（8—9世纪直到10世纪）

■ 第4期居住区
（10世纪末至11世纪末）

■ 第5期居住区
（12世纪）

■ 第6—7期居住区
（12世纪末至14世纪末）

图51 苏尔茨巴赫，城堡，标记有修建年代的平面图

也是他巡游王权①期间的根据地。修道院和邦君会委派地方长官（Vogt）和封臣管理他们的领地，他们属于非自由民，在城堡里管理这些产业。8—10世纪，有关用作封臣驻地的城堡的信息越来越多，例如埃希特纳赫修道院和普吕姆修道院，它们很早就把管理财产的工作委托给了地方长官。原始资料中提到的赫斯费尔德帝国修道院的财产包括18座城堡，分别位于哈尔茨山东麓和今天的图林根州。

加洛林王朝晚期和奥托王朝时期，高等贵族的城堡在规模上以及建筑结构上与国王的行宫几乎没有差别，例如苏尔茨巴赫－罗森贝格城堡（见图51）。[101]

---

① 巡游王权（Reiseherrschaft）：从法兰克王国时期直至中世纪晚期常见的一种施政形式，中世纪的德意志国王并不是在某个都城里进行统治，而是带着家人和宫臣扈从巡游王国各地，同时施展王权。

109

显然，它早在8世纪晚期就已归王室所有，大概在9世纪或10世纪落入苏尔茨巴赫伯爵手中。如今，修建于7/8世纪的最早的建筑几乎已无迹可寻。相反，却越来越清楚地查实，在今天这个巴洛克建筑群的几乎整个区域，曾经有一座包括环状城墙在内的9/10世纪的石头防御工事。这片建筑与外堡加在一起占地面积总计大约4公顷。农庄内的所有建筑物在修建时全都与环状城墙保持一定距离。防御工事内，除了比较小的木头建筑以外，至少还有一座比较大的石砌居住建筑和一座单独的祈祷室——祈祷室和居住建筑在空间上连成一体，是中世纪鼎盛时期才形成的惯例。10世纪和11世纪的改建工程涉及的是那些可能作居住用的建筑和祈祷室，主要对它们进行了扩建。12世纪增建了一座八角形的城堡主楼，14世纪在环状城墙外面建起了一座防御大宅；文艺复兴时期和巴洛克时期又加入了其他的建筑项目。苏尔茨巴赫跟马尔堡一样，体现了城堡建设的持续性，即城堡可以从中世纪早期一直扩建并使用至现代。

下弗兰肯地区的卡尔堡[102]是国王丕平封赠给维尔茨堡主教管区的，自从751/753年以来一直属于该教区。这座城堡位于一处山嘴上，距离名为卡尔堡的地方大约2公里。我们虽然对城堡的内部构造几乎一无所知，但是可以确定，外部土围是奥托王朝时期增建的，而且可能跟匈牙利人的入侵有关。研究比较深入的还有中弗兰肯地区的罗斯塔尔城堡的防御工事，这座城堡大约是在800年前后由柳多尔芬格家族，也就是后来的"奥托"家族修建的。954年，皇帝奥托一世为了平息他的儿子柳多尔夫发动的诸侯叛乱，围击了这座城堡，但没有攻克。当时，已经对城堡的防御工事进行了加强，在原有的土围、壕沟和比较薄的环状城墙的基础上另筑了比较厚的城墙和侧翼塔楼（Flankenturm）。内部结构由多个大小不同的基柱建筑①和基坑建筑②组成，它们可能用于居住、杂用和储藏。基坑建筑主要用于手工业生产。[103]随着有助于贵族扩张其统治地位的私人城堡不断增加[104]，这些中世纪早期典型的、

---

① 基柱建筑（Pfostenbau）：桁架建筑的前身，是一种将房子的垂直木头支柱埋入地里的简单的支柱性建筑。
② 基坑建筑（Grubenbau）：不同于基柱建筑，是指在地面深挖土坑从而进行建筑物基础与地下室施工的建筑。

占地面积广，并且经常供一大群人使用的城堡逐渐消失了。

正如上文所述，加洛林时代就已经开始修建规模比较小的高地城堡，尽管在中世纪鼎盛时期，它们才具有典型性。准确地断定它们存在的时间并非易事，因为往往只有出土的陶器可以用作断代的依据，而这些陶器的制造时间通常只能大致确定在 8 世纪到 11 世纪间。有可能修筑于加洛林王朝或者奥托王朝时期的早期高地城堡，包括施泰德巴赫附近的里克尔斯科普夫城堡和卡尔德恩附近的塔堡[①]。原始资料里提到的这类城堡主要用于侍从的住地，大多数可能都是用木头修建的小型建筑。毫无疑问，在前罗马式建筑风格的城堡中，它们属于"标配"。可以证实的是，自 9 世纪早期起，这类建筑越来越多，而且修建它们显然未经国王授权。[105]

下莱茵河地区得到全面发掘的早期城堡之一是胡斯特克努普（格雷文布罗伊希县，见图 52），早在 1080 年，霍赫施塔登伯爵的财产中就已提到过它。根据对出土物的最新研究结果，最早期的建筑可能出自 10 世纪。[106] 在最初的两个建设阶段，这座城堡建于平地之上，由木头房屋组成，利用注满了水的壕沟加以防护；其中一道壕沟将建筑群分隔成外堡和主城堡。在第三个施工阶段，即 11 世纪晚期，堆筑出一座"丘堡"，也就是说，人工堆造了一座几米高的山丘，而且丘顶很可能用木头搭建了一座塔楼状建筑，然而文献资料中只记载了一根坚实的支柱。[107]

上文提到，梅尔大宅附近有一座城堡，它的修筑过程也与之类似。[108] 城堡的修建者是梅尔伯爵，管理城堡和居住在里面的人是伯爵的封臣，即图伦[②]的封臣。城堡建设的第一阶段（1000 年前后），这里也是一个平地居民点[109]，其标志特征是多座木头房屋或者桁架房屋紧密相邻，为了加以保护还修建有寨栅和一道护城河。在第二阶段，也就是 12 世纪中叶堆建起了一座丘堡。恰逢同一时期，希尔德贡德·冯·阿雷 – 梅尔（Hildegunde von Are-Meer）在

---

① 塔堡（Turmburg）：即塔楼城堡，指主要由一座防御性塔楼或者塔楼状建筑组成的小型城堡。
② 图伦（Turren）：这个地方已经不复存在，曾经属于梅尔伯爵，拥有自己的森林。

图 52　胡斯特克努普，高地丘堡阶段的复原图

近旁修建了普赖蒙特莱修道院（1166年），这座城堡也因此很快失去了意义；显然它是因为修道院的存在遭到了废弃。

如果把弗兰肯地区和萨克森地区中世纪早期的城堡建设联系在一起看，就可以断定，它并不是一个线性的、统一的发展过程，而是在类型上具有多样性，在这个早期阶段出现了极其众多的城堡类型。从发展趋势来看，在9/10世纪以前，规则的大型建筑群似乎占据了上风，同样的趋势还体现在偏爱建于高处。城堡跟行宫一样，主要也是利用土围和壕沟以及木头寨栅设防，偶尔也会建有石墙和角楼。不管环状城墙是否先期存在,将建筑物跟它直接连成一体,显然是不常见的。复杂的城门建筑至今仍未曾发现。中世纪早期的城堡内部,大多有一组布局或密集或松散的建筑,外围筑有防御工事,彼此间的距离或多或少有些促狭。在建筑物的外形方面,行宫和城堡之间没有根本的区别;二者都建有长方形居住建筑以及祈祷室。因此在这个时期,行宫跟城堡之间的区别主要体现在它们的功能和占有者上:行宫是具有防御能力的帝国统治阶层或者邦侯的宫殿,大型城堡是具有防御能力的地方统治阶层的住地(胡斯特克努普),小型城堡则是具有防御能力的地方贵族或者封臣的住地。

萨利安王朝时期的城堡建设

奥托王朝最后一位君主亨利二世去世后,萨利安家族接管了对帝国的统治,萨利安王朝始于1024年(康拉德二世开始执政,1027年加冕为皇帝),终于1125年(亨利五世卒)。这个时期的特点是经济、文化高度繁荣,伴随着这种繁荣,罗马式艺术风格开始在中欧兴起。不过,爆发于1071年的皇帝和教皇之间的主教叙任权之争[①]恰恰也发生在萨利安王朝时期,这场争夺表面上看涉及的是主教的任命权,实际上却令整个帝国的统治体系岌岌可危,因为主教不仅仅是教会诸侯,而且手中掌握着大部分的世俗权力。尤其在推选国王时,他们起到了至关重要的作用。

自奥托大帝于963年加冕为皇帝以来,只有罗马-德意志国王才有权登上帝位[②]。罗马-德意志国王是由一小群诸侯(公爵、大主教)推选而出或者

---

① 主教叙任权之争(Investiturstreit):主教叙任权指授予天主教主教封地和职权的一种特殊权力。11世纪末叶前,主教叙任权实际上操纵于德意志皇帝或国王之手,后来教皇势力明显增强,力争由教皇任命主教,从而出现了中世纪教皇与德意志国王争夺主教叙任权的斗争。为争夺对米兰大主教区的授予权,亨利四世与教皇格列高利七世发生冲突,史称主教叙任权之争。

② 奥托大帝加冕为皇帝以后,德意志的国王(König)和德意志的皇帝(Kaiser)是两个并存的称谓,并且规定君主只有在加冕为德意志国王之后才能加冕为德意志皇帝,加冕礼必须在罗马举行;因此,新即位的国王并不等于就是皇帝,只有在罗马接受了加冕礼后才能称为皇帝。Reich一词既可以翻译为"王国",也可以翻译为"帝国",要视君主是否加冕为国王或皇帝而定。

表决确定的；直到查理四世颁布《黄金诏书》①（1356年），才明确了由七名选帝侯共同选举出新的国王这一有约束力的人数。与此同时，参与国王选举的公爵和大主教作为权力的竞争者跟国王处于一种对立关系，即使他们在形式上隶属于国王。也正是因此，国王寄希望于将领主封臣拉拢到自己身边，人数越多、实力越强越好。由此，采邑权在10—13世纪经历了一段空前繁荣的时期。它一方面保障领主封臣从大片地产中获取收益，另一方面保障国王或邦君拥有自己的扈从。如上文所述，采邑制度在相当长的时间内造成了事实上的统治的分化。尤其是伯爵这一等级的贵族在萨利安王朝时期竭力谋求扩张他们的势力，其中就包括以采邑的形式接管领地。通过垦殖开辟新的农业用地和适合定居的区域，也有助于扩大统治范围。

根据史料记载，自11世纪中叶起，有些贵族家庭，特别是在帝国的西南部，建造了越来越多的城堡，而且把位置选在距离他们先前居住的地方不远的高地上。研究认为，这种情况很可能是一种普遍的发展变化，并且将之称作城堡向"高地迁移"。也就是说，这些城堡不再建于山谷里的居民点附近，相较于以前，它们更常建在高地或者山坡上，因为那里视野更加开阔，此外天然的地理位置可以更好地保护城堡所在地。显然，许多贵族在这个时期成功扩大了自己的领地，并且随之修建了自己的城堡。在同一个时期也可以清楚地看出，很多家族首次以其城堡所在的新地点给自己命名。[110]此外，许多家族最迟在这个时候升级为城堡的长期占有人并最终成为所有人②。

在其他地方，新建城堡的数量在11世纪也明显增加。在这个时期，不仅伯爵不断开辟新的家产，上层贵族也在致力于通过修建新城堡扩张其领地。首当其冲的就是国王自己，尤其是亨利四世，他修建了许多城堡。特别是在哈尔茨山，这个主要因为矿山开采而格外重要的地区，他试图通过修建城堡

---

① 黄金诏书（Goldene Bulle）：又称金玺诏书，指神圣罗马帝国皇帝查理四世于1356年在纽伦堡颁布的确定帝国皇帝选举制和诸侯分权的法律文件。

② 德语中，特别是法律上，对占有人（Besitzer）和所有人（Eigentümer）有着明确的区分，占有人实际支配和管理某物，但必须经由所有人的许可，也就是说所有人才具有该物的法定所有权、占有权和使用权。

第五章 中世纪的城堡

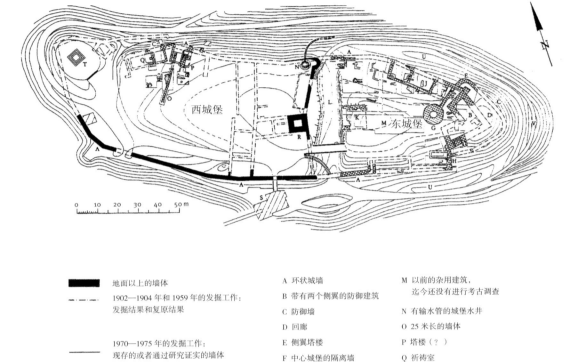

■	地面以上的墙体
- - -	1902—1904年和1959年的发掘工作：发掘结果和复原结果
──	1970—1975年的发掘工作：现存的或者通过研究证实的墙体
⋯	复原结果
▨	罗马式墙体
▧	较晚施工阶段的墙体
▱	无缝地面
⌐⌐	发掘范围
≋	水平等高线

A 环状城墙
B 带有两个侧翼的防御建筑
C 防御墙
D 回廊
E 侧翼塔楼
F 中心城堡的隔离墙
G 圆形塔楼
H 带有门闸房的城堡大门
J 厅殿
K 地基遗迹的人工岩石切面
L 隔离沟

M 以前的杂用建筑，迄今还没有进行考古调查
N 有输水管的城堡水井
O 25米长的墙体
P 塔楼（？）
Q 祈祷室
R 方形塔楼
S 缆车站
T 方尖塔（所谓的卡诺莎柱①）
U 壕沟
V 环绕东城堡的土围（今天是环形路）

图53 哈尔茨堡，根据考古发掘绘制的平面图

---

① 卡诺莎柱（Canossasäule）："卡诺莎之行"在西方文化中是屈辱投降的代名词，1877年是亨利四世卡诺莎之行八百周年，为纪念这个日子，人们在以前由亨利四世修建的哈尔茨堡竖起了一座"卡诺莎柱"，今天这座纪念柱的一侧印有俾斯麦的画像，另一侧刻有他的名言："我们再也不会去卡诺莎了。"

确保他在当地的影响力,并且以此保障他的统治;为此他不得不限制地方贵族的家族势力,例如诺特海姆伯爵。[111]

为达到这些目的,从1065年开始在一个狭窄的山脊上兴建了哈尔茨堡(见图53),从所在位置以及建筑形式上看,它是一座设防极其牢固的国王城堡,城堡主楼和回廊都属于建筑上的创新。这座建筑群东边有一个圆形的城堡主楼,通往城堡西侧的道路中间则是一个方形的城堡主楼。东侧的山顶处除了环状城墙外又建了一道窄回廊加以防护,这也是中欧最早的回廊之一。尽管已经发掘出居住建筑的遗迹,但是却无法对其本身进行更准确的识别。方形城堡主楼附近有一处水井,此外还有远程供水管道,这表明,城堡不仅用于军事战争,而且用于和平时期,因为一旦出现战事,这样的供水管道很快就会被围攻者切断,也就没多大作用了。然而这座城堡应该没有经历过和平时期。为抵制亨利四世而爆发的萨克森贵族起义最终以国王的失败宣告结束。1074年签订《盖斯通根和平条约》①以后,哈尔茨堡以及亨利四世在萨克森修建的其他所有建筑都被拆除了。[112]

11世纪最重要的新建行宫出现在戈斯拉尔(见图54)。这座行宫是在10世纪晚期开辟的一处与哈尔茨山矿山开采有关的地方全新修建的。在行宫建成后不久,亨利三世于1040年修建了戈斯拉尔主教座堂作为"capella regis"(王室祈祷室)。这座1819年才被拆除的教堂就位于行宫所在区域的下方。两层高的"皇帝楼"是一个大厅建筑,很大一部分墙体还是萨利安王朝时期的小方石墙,不过在1180年前后以及18—19世纪进行了改建。这座建筑物两端各连着一座祈祷室,其中一座两层高的乌尔里希祈祷室是施陶芬王朝时期加建的,祈祷室的底层为十字形,顶层则为八角形。有关防御功能,目前尚不清楚,城市和行宫之间是否存在过防御工事,也没有任何史料流传下来。不过,行宫所在的位置是城市的最高点,而主教座堂所占之地以前可能是它的外堡区。

---

① 《盖斯通根和平条约》:1074年2月2日签订于德国盖斯通根城堡。亨利四世许诺将巴伐利亚公国归还萨克森贵族起义的领导者诺特海姆伯爵,被迫在很大程度上承认了萨克森人的要求,答应拆除城堡。

第五章 中世纪的城堡

图 54　戈斯拉尔，皇帝行宫，大厅建筑的外观和双层祈祷室

与中世纪早期相比，从 11 世纪开始，更多石头建筑的遗迹保存了下来，即使直到施陶芬王朝时期，依然会以土木结构建造的方式修建城堡。日益"砖石化"并非仅是城堡建设中的一种现象，而是在 11—12 世纪普遍可以注意到的。因此，在许多罗马式石结构教堂的下方，都有可能发掘出它们的前身——木头建筑的遗迹。[113] 随着石造建筑越来越多，从 11 世纪中叶起，显而易见出现了建筑上的革新，然而也只能从档案中的名称推断出这些新生事物的存在。其中包括某种防御工事（propognaculum），它兴起自大约 1040 年，在这个时代背景下指的应该是雉堞。此外，在原始资料中也经常提到石墙和塔楼。[114]

汉斯-威廉·海涅（Hans-Wilhelm Heine）对 11 世纪城堡建筑中的传统建筑形式和先进建筑形式进行了区分。属于传统建筑形式的主要有利用土围和壕沟设防的庄园，它由一座中心城堡和一个外堡组成，不管是建于山谷中还是山嘴上，里面的建筑物几乎都是平层的；其中一个例子就是约塞德附近的巴尔登堡（奥斯纳布吕克县），11世纪晚期或者12世纪，这座城堡就已经废弃了。海涅主要把丘堡和塔堡算作先进建筑。值得注意的是，在巴特茨维申安湖畔的德赖贝尔根发掘出的埃勒门多夫城堡，这座城堡就像今天当地地名的含义一样，由三座山丘组成，它们彼此之间由壕沟隔开。两座主丘上各有一栋木头建筑，第三座山丘大概是外堡，山顶甚至有多座建筑。[115]

从现存的城堡和建筑部分以及发掘规模比较大的建筑群来看，常见的建筑类型有三种：丘堡、防御大宅和居住塔楼。丘堡尤其常见于地势平坦的地区。它通常是由人工堆砌而成的一座小土丘，高度在2米到10米不定。在德语区，丘堡的建筑基本上都是木结构，只有特殊情况下才用石头砌筑居住塔楼，而在荷兰（莱顿）、法国（日索尔）和英国（约克、林肯、达勒姆、温莎），不管是以前还是现在，丘堡的土丘上往往都是石头建筑。无须人工堆筑，把周边的土地挖沟掘壕，也会形成一个"天然"丘堡，例如现存有三条壕沟的盖瑟尔贝格（下奥地利）。在那里的中心土丘上，有一座长方形的居住建筑和两个以杂用为目的的基坑建筑。然而这座丘堡大概是在12世纪后半叶才出现的，也就是说已经属于施陶芬王朝了。它一直被使用到16世纪，中间历经了多次修葺。采邑主是帕绍的主教，受领采邑者有一段时间是出身屈恩林家族的重要的下奥地利贵族，绝不可能出自下层贵族。[116]

对丘堡的土丘进行发掘，其成果表明，堡内的建筑物具有一定的多样性，既可能是塔楼式桁架房屋，也可能是比较低矮的居住建筑。就目前的研究水平来说，尚无法判断，作为许多丘堡典型特征的塔楼主要是用作领主的住所还是——作为木结构的城堡主楼的前身——首先实现其军事目的。[117] 也有可能如对德国最有名的两座丘堡——胡斯特克努普城堡和梅尔大宅——考察得出的结果那样，这两种功能兼具。它们属于小型城堡群，有证据显示这类城堡在10世纪就已是"贵族家庭的永久居所"[118]，11世纪，有可能为了提高它们的防御能力，将它们改造成了丘堡。

早期的丘堡主要由木头或者木头和黏土修建而成，如今几乎完全不复存在了。只要在随后的几个世纪里，没有将这些木结构建筑改建成石头建筑，就能通过土基证实它们的存在。这也就导致人们主要是从"砖石化"这个角度来观察萨利安王朝时期的城堡建筑的，其片面性在于：木结构建筑在11世纪和12世纪的城堡建设中依然很重要。

现存更多、所涉地区更广的是另外两种早期的建筑类型：石砌的居住塔楼以及防御大宅。具有代表性的一座**居住塔楼**坐落在普法尔茨地区克林根明斯特附近的"施勒塞尔"城堡。在中世纪早期（9世纪或者更可能是10世纪），已经建成了一座开阔的环形防御工事，其实就是一道土围，不过核心部分是由泥浆砌石筑成。将近11世纪中叶，不知是哪一位修建者在这个工事的最高点修了一个平面结构为椭圆形的小得多的城堡。城堡有自己的环状城墙，城墙内部就是上文提到的居住塔楼。还有一道围墙将一个等同于农庄的小前院跟城堡其他部分隔开。前院里坐落着多座辅楼，它们在11世纪后半叶遭到破坏，但之后又重新改建。其中包括一座厨房建筑和一个浴堂，厨房里有砌就的灶台和单独的烤炉，浴堂里的地板供暖设施保存了下来。因为这两座建筑的墙基都比较窄，所以可以判断出，它们都是桁架建筑。居住塔楼既宽敞又坚固，还有两层保存了下来。它的建筑设计非常精巧，配有罗马式双扇对开窗（Biforien-Fenster）。边上一座比较大的配楼是作厕所用的，这也进一步表明，塔楼长期有人居住。城堡额外还有一道由土围和壕沟组成的防御工事，土围的作用类似于回廊。显然这里继续使用了早前内部为石头砌筑的土围，而且由此建成了中欧最早的回廊之一。在施勒塞尔的研究发现让我们清楚地认识了个别对于持续居住来说至关重要的房间或者房间类型。这个相对较小的建筑群有厨房、有浴室，塔楼里起居室、卧室分明，展现居住上的舒适性，按照原先的推测，这种舒适性要在好几百年以后才会出现，现在看来，它很可能也提前存在于其他城堡。[119]

德国现存最大的居住塔楼之一位于南黑森的德赖艾兴海因城堡，它大概建成于1051—1075年（见图55）。这座正方形建筑边长约13米，墙基层[①]为拱顶，其上方有四层楼，可能还有一个防御平台，入口位于一楼。因为塔楼只有一面墙保存了下来，所以无法准确地了解其内部空间分配。居住塔楼外有环状城墙包围，二者间距离很窄，塔楼还带有一个面积很大的外堡，外堡里原本建有杂用建筑，但是大部分都被12/13世纪修建的城堡建筑群给覆盖了，这个建筑群现在同样只剩下了废墟。城堡的修建者是哈根的领主（后来是哈根－明岑贝格的领主），他们有可能是根据德赖艾兴海因给自己取了姓氏，并且作为国王的地方长官管理这片王室森林。

莱茵兰地区的丘堡吕尔肯（1965年拆除）表明，居住塔楼与丘堡也有一定关联。在第一个建设阶段，吕尔肯只有寨栅这一个防御措施；在第二个建设阶段，即11世纪修建了环状城墙和一座额外的防御塔楼，用作入口的是一个简单的侧翼门。[120]这座丘堡还有两个外堡，它们分别建在一座独立的小岛上。其中一个外堡里发掘出了一个熔炼炉，也就是说这座城堡也曾用作过制铁基地。也有相反的情况：霍尔特罗普城堡（贝格海姆）在人工堆砌成丘堡以前，在11世纪可能就建成了主体建筑——一座桁架结构的居住塔楼，这座塔楼在12世纪时被大规模翻新。

马尔堡附近的魏森施泰因城堡只保留下了墙基。[121]在修建的第一个阶段，它主要由一座矩形的居住建筑组成，这座建筑可能像塔楼一样兀然矗立，于是在其两侧各建了一堵防御墙加以防护。在第二个阶段，大概是12世纪早期，它被扩建成一座五角形塔楼，这在当时是一种不寻常的建筑形式。塔楼现在完全由环状城墙包住，墙内还有一座有两个房间的建筑。对于那些平面结构往往很小的11世纪的城堡来说，魏森施泰因是具有代表性的，它同时也表明，防御大宅和居住塔楼之间的过渡标志并不明显。

业已证实，除了几近正方形的居住塔楼，德国中部还有一些早期的圆形塔楼，因为使用面积大，或许同样也用作居住塔楼。其中包括位于格罗伊奇的11世纪的维普雷希特堡的塔楼（1080年前后）[122]以及哈尔茨格罗德的安

[①] 墙基层（Sockelgeschoss）：指构成建筑物墙基的楼层，主要起到美观的作用，它是建筑整体的基础，强调承重能力，从而修建得比较坚实。

第五章　中世纪的城堡

图 55　德赖艾希，德赖艾兴海因城堡，居住塔楼，现存塔楼方向建筑的内侧（左）
图 56　沙拉堡，防御大宅，内部可以看到中间层的居住空间和次顶层的一个大厅（右）

哈尔特城堡的圆形塔楼（11世纪中叶）。后者建于一座椭圆形建筑群的中心，而其他几座圆形塔楼（例如维普雷希特堡的塔楼）紧挨在防御性土围或者环状城墙后面，这很像后来的城堡主楼的位置。上述情况下，居住功能和防御功能结合的紧密程度，可能超过基于城堡建筑在随后几个世纪产生的分化做出的推测。[123]

除了居住塔楼，长方形多层**防御大宅**也分布很广。中欧地区现存最为完好的11世纪以及12世纪初期的居住建筑之一是下奥地利的沙拉堡（见图56）。[124] 它的主体建筑是一个长方形的四层石头建筑。内部墙壁由于是木头或桁架结构，今天全然不复存在了，尽管如此，在烟道、支撑木梁的石孔以及窗洞和门洞处还保留有以前的空间使用的痕迹。由此可以推断出最顶层是一个颇具规模的大厅，八扇形状相同的拱窗建于一排，光线非常充足。一楼的一个比较大的烟道暗示这里或许是一个厨房，二楼的两个烟道属于居住空间。这些烟道倾斜着穿过墙体伸到外部——由此可见当时还没有烟囱。总体来说，包括多个可采暖的居住空间在内的一个细致的平面结构已经得到了确证。这座建筑作为独立的房屋距离环状城墙很近，在它入口侧的前方有一个由环状城墙围成的比较大的庭院。12世纪，那里建起了一座正方形的城堡主楼。

有清楚文献记载的一座防御大宅位于奎尔富尔特城堡（萨克森－安哈尔特），它是同名贵族领主[①]的氏族城堡，原本属于赫斯费尔德修道院。确凿证据表明，这里有两座11世纪早期的不同的石头建筑，从平面结构看，其中一座像是防御大宅，另一座作用类似于紧邻环状城墙而建的居住建筑或者大厅建筑。这座建筑旁边还有一个门楼，它以一个中央支柱为依托建有四个十字拱顶，一般认为，只有在施陶芬王朝时期才会耗资修建如此多的拱顶。[125]

有些中欧城堡可以根据发掘结果复原平面结构，如果与那些年代确定为11世纪的城堡进行比较，就会注意到，几乎没有一座城堡有城堡主楼。在很多城堡中，塔楼建筑的确切外观和各楼层的功能仍然不明晰，因为保存下来的墙基无法解答是否有人长期居住这个问题。原则上，墙体厚且内部面积小的塔楼被视作城堡主楼，墙体比较薄且内部面积比较大的塔楼被视作居住塔楼。[126] 据此判断，上文提到的哈尔茨堡有可能建了两座年代特别久远的城堡主楼。

总而言之，在整个11世纪，尽管石材的重要性日益增加，但相对于纯石头建筑，黏土筑墙的桁架结构建筑和木板结构建筑还是占主流。用木头修建的不仅有居住建筑和杂用建筑，还有防御工事。几乎总是木结构的丘堡在11—12世纪最为盛行，这与从书面史料中获取的"砖石化"的印象相矛盾。用石头砌筑的主要是居住塔楼和防御大宅，而且往往会跟石砌的环状城墙连成一体，但并非总是如此。为数不多的城堡主楼始终是个例。在今天看来属于中世纪城堡建筑典型特征的许多现象，在萨利安王朝时期似乎尚未出现，或者只是罕见的例外。然而，通过现存的规模较大的城堡，诸如沙拉堡、施

[①] 贵族领主（Edelherr）：指中世纪的男爵以及非诸侯等级的伯爵。

勒塞尔或者戈斯拉尔行宫，可以看出空间结构上已经出现了分化。施勒塞尔的浴室或者至少在档案上有据可循的起居室体现了居住上的舒适性。戈斯拉尔行宫和沙拉堡等城堡里的大型居住建筑和大厅建筑或者多瑙施陶夫的城门祈祷室（1060年前后）表明了对气派建筑的追求和新兴建筑形式的接受。

施陶芬王朝时期的城堡和行宫

施陶芬王朝，也就是从康拉德三世登基至腓特烈二世逝世这段时期（1138—1250），被许多城堡研究者称作城堡建筑的"古典时期"，在这个时期，"一种形式上的表象"达到了"它的最高水平或者一种'古典的'和谐"。[127] 从今天的角度看，在数量方面突出表现为一种明显的"建筑热潮"，尤其是修建石头建筑。然而形式似乎也固定了：从许多城堡的整体设计以及一些卓越的建筑细节可以看出，这个时期的城堡并非在外形上依循外部条件设计的偶然的功能性建筑，而是不管施工地的选择，还是基础形式，甚至建筑细节，都基于一定的设计意图。建筑形式和建筑类型的多样性绝对不亚于先前的时代。虽然在这个时代，整个建筑群还是习惯性地用一道环状城墙将一群不同的建筑物围在里面，但是在其他所有方面，却因历史背景或者地理环境表现很大的不同。与萨利安王朝时期相比，首要变化就是，可以确定外部防御工事和内部主体建筑在12世纪和13世纪早期全部"砖石化"。此外，从这一时期起，几乎所有的城堡都会修筑不能长期住人的城堡主楼。于是，萨利安王朝时期居住塔楼或者防御大宅可以集于一身的功能分配给了两座建筑：一座居住建筑和一座单独的塔楼。[128]

究其原因，有可能出自政治、经济和社会等方面，还可能源于建筑技术和防御技术的发展。从政治上看，这个时代主要由来自施陶芬家族的国王统治，然而他们绝非稳稳地掌控着统治权，而是不得不应对内部以及外部的反对者。直至1180年，红胡子大帝腓特烈一世（Friedrich I）在跟他的领主封臣、出身韦尔夫家族的公爵狮子亨利（Heinrich der Löwe）的冲突中历经多次诸侯叛乱。腓特烈二世在跟他的儿子亨利（七世）[129]的争端中也经历了类似的事情。此外，腓特烈二世在他人生的最后几年主要待在意大利南部，这使得在阿尔卑斯山的另一侧，大空位时期（Interregnum）之前，邦侯的地位就已经明显增强了。所谓大空位时期，指的是没有一位国王得到普遍认可的时期。每一派都试图将尽可能多的支持者聚集自己身边，其结果是采邑制的扩大和分化。这也是城堡数量急剧增长的原因之一。此外，相对的经济繁荣带来农业和贸易的发展，也同样有利于城堡的建设。[130] 在施陶芬王朝时期，除了国王、公爵和伯爵以外，越来越多的下层贵族的代表人物也开始投资修建城堡。[131]

在这一时期修建的新行宫也表明，尽管有权力纷争，国王仍在继续谋求扩张和巩固自己的地位。陶伯河上游的罗滕堡行宫（见图57）[132]作为施陶芬

图57 陶伯河上游的罗滕堡，皇帝行宫，祈祷室连同由毛面方石砌就的部分环状城墙，1140年前后

王朝最早的新修建筑，或许在1138/1142年前后，国王康拉德三世的统治时期就已经落成了。这座曾经一眼望不到头的国王行宫是一片狭长的长方形建筑群，保存下来的只有环状城墙、城门建筑和祈祷室，其余所有区域都已被夷为平地，建成了今天的城市公园。这段环状城墙别具一格之处就是砌墙的毛面方石，它们体积大且打凿粗糙，属于同一类型中最古老的可以确定年代的方石。行宫的防御体系还包括建于南侧环状城墙的带有门楼的侧翼门。墙体在门房高度处向内跃进，由此将城门前的区域置于环状城墙的保护之下。墙体之内保存完好的祈祷室是1170年前后建于环状城墙上方的，它占据了行宫东南角的位置。位于祈祷室前方的锁喉壕将罗滕堡的行宫同城市分隔开，城市那一侧是在修建行宫以后才逐渐有了城市的样子。

康拉德的继任者红胡子大帝腓特烈一世让人修建的行宫中，尤其是位于法兰克福东边的盖尔恩豪森（1170年前后），被视作施陶芬王朝时期行宫的缩影。这座规模相对较小的椭圆形行宫是一座水上城堡，坐落于沿河的一处低地上，四周围绕着由毛面方石砌成的环状城墙。城门通向双跨拱顶门厅，庭院一侧的柱子配有鹰饰柱头。类似的鹰饰柱头也出现在施陶芬王朝时期的其他行宫和邦君的城堡里。因为鹰被视作尊贵、威猛的鸟类，所以这种柱头可以被阐释为统治阶级的标志。盖尔恩豪森行宫门厅的上层是一间祈祷室，可以从相邻的"厅殿"进入。门房旁边矗立着一座正方形的城堡主楼；第二座平面结构为圆形、但有可能一直未完工的城堡主楼位于庭院的后部，正对着空旷的河谷，也就是说它所在的位置可能是攻击面。有代表性的城堡主建筑是"厅殿"，它有一个墙基层，上方又建有两层楼。可以对一楼多个比较小的内部空间进行复原，也能推断出顶层是一间大厅。

同样由腓特烈一世修建的还有位于杜塞尔多夫附近凯泽斯韦尔特行宫（12世纪末）。[133]与盖尔恩豪森类似，它也有一个宏伟的三层"厅殿"，内有居住空间以及管理内外事务必需的储藏室。进入这座主建筑需要先穿过位于其北侧的所谓的克莱沃（城门）塔楼，然后经过一座桥，这座桥直通位于主建筑底层和一层之间的入口区域。沿着一段宽阔的楼梯向下便可到达底层。值得注意的是，这一层楼的室内房门内外都可以用笨重的推入式门闩闩死。还有一段同样宽阔的直线形楼梯从入口区域向上通往用于居住的主楼层和大厅层，这段楼梯建于厚度几乎达到 6 米的西墙上。主楼层有三个房间，南边连着一个砌筑了两层高的过滤式蓄水池。在这三个房间中，中间一个作为前室可以进入旁边两个房间。北侧的房间还有其他外部入口，并且跟厕所连在一起；它可能是供皇帝使用的一个居住空间（可能是寝室）。只有这个房间里面还有一个狭窄的螺旋楼梯，通过它可以快速抵达各楼层。凯泽斯韦尔特行宫不仅拥有宏伟的厅殿建筑，同时也是一个紧凑的防御系统，面向莱茵河的一侧由城堡主楼保障安全，城堡主楼曾经耸立于所有的建筑物之上，并且占地面积极大；1702 年，它在一次围攻后被炸毁。

内卡河畔的温普芬行宫（见图 58）是腓特烈一世的第三座行宫，它大概建于 12 世纪的后三十年间，主要用作皇帝本人巡游的中间站。它与盖尔恩豪

图 58　温普芬，皇帝行宫，红色塔楼

森和凯泽斯韦尔特行宫的不同之处在于,它的规模特别庞大,环状城墙像腰带一样将它围在其中。三座城堡主楼——其中两座保存了下来——保障着整座行宫的安全,还可以登高眺远,用作必要的瞭望点。这座行宫占地面积广阔,不仅建有皇帝的"厅殿"和祈祷室,而且也容纳了堡民的房屋,在盖尔恩豪森行宫,堡民都是住在独立的外堡里的。东侧城堡主楼的入口层有一个非常气派的居住空间,其特别之处是,里面有一个方石砌的大壁炉、一个可能打算用于搭建床架的宽阔壁龛和一个厕所。如果里面住的是塔楼守卫,建筑开支似乎就过高了,因此有理由认为,这个奢华的栖身之处要么属于国王本人,要么属于他的重要随从。

纽伦堡行宫(见图59)始建于萨利安王朝时期,扩建工程主要开展于腓特烈二世统治时期以及13世纪晚期。整座行宫的特点是皇帝堡和城堡伯爵堡并存,城堡伯爵堡位于皇帝堡的正前方,控制了所有的进出通道。城堡伯爵最晚受封于1138年,最早的城堡伯爵来自领主拉布斯家族(下奥地利);1192年,(霍亨)索伦伯爵[①]接任了这一职务。早期的城堡伯爵堡只有外部的城堡主楼,也就是位于城堡朝向城市一侧主城门旁边的所谓的五角塔楼(12世纪中叶)。塔楼由毛面方石砌成,同陶伯河上游的罗滕堡一样,这里也属于特别早使用毛面方石的地方。在纽伦堡,社会等级的差别在皇帝堡的祈祷室表现得特别明显。祈祷室从"厅殿"的建筑群延伸到外堡内,是修建于1210年前后的双层祈祷室。[134]"厅殿"的下层大厅有通道,可以直达祈祷室的主楼层,上层大厅则有一扇窄门通向祈祷室的楼厢,这间大厅的背后就是国王的居住空间。祈祷室的最底层只能从外堡进入。因此,下层祈祷室供外堡里的人使用,上层祈祷室供皇帝的扈从使用,皇帝自己使用的是祈祷室的楼厢。若皇帝在,城堡伯爵可能也会在楼厢做礼拜。不过他在城堡伯爵堡里也有一个自己的祈祷室。

[①] (霍亨)索伦伯爵:大约在10世纪起源于施瓦本公国的霍亨索伦堡,其始祖约在11世纪受封为索伦伯爵,14世纪中叶,该家族在"索伦(Zollern)"前冠以"霍亨(Hohen)"字样,称为霍亨索伦家族,意为高贵的索伦家族,索伦伯爵也就改称为霍亨索伦伯爵。

城堡的世界：历史、建筑与文化

图 59　纽伦堡，皇帝行宫，从外堡看祈祷室和皇帝堡的城门

　　施陶芬王朝时期，邦君城堡在基本特征上跟国王的行宫没有根本区别。属于同名伯爵的蒂罗尔城堡于1140年前后开始兴建。蒂罗尔伯爵作为邦君以及特里安主教区的地方长官，控制着阿尔卑斯山最重要的通道。这座城堡依椭圆形山脊而建，其中最重要的建筑是南侧面向山谷的"厅殿"和位于北侧的城堡主楼，北侧相对狭长，同时也是攻击面。最初，"厅殿"只有一层，而且带有一间宏伟的大厅，大厅的门朝向庭院，上面装饰着大量浮雕。大厅上方是带有雉堞垛口的防御通道。1221年，才在大厅以及相连的祈祷室上方

128

加盖了一层楼，祈祷室由此变成了一座双层祈祷室。[135] 在这个阶段，城堡北侧毗邻古老的"厅殿"处，也增建了一座居住建筑，建于峭壁上方的早前的环状城墙则被用作了外墙。

图林根的瓦尔特堡（见图60）也属于邦侯城堡这一类别。今天，这个长条形的建筑群被一座有历史意义的建筑划分成外堡和主城堡。中世纪时是否也存在这样的分隔，尚不清楚。原来的城堡可能只是今天这个建筑群中间的那三分之一。"厅殿"作为主城堡最重要的建筑修建于1160年前后，古老的椭圆形建筑群从而得到了扩建。受地理位置所限，不得不越过环状城墙将"厅殿"建于一个斜坡上。这座"厅殿"在1850年前后，由胡戈·冯·里特根主持进行了历史性的修复，从而改变了原有面貌。它最初是由墙基层、一个高架底层①和一个上层组成，上层带有一间小厅；短期停工以后，大概在1170/1180年前后，在上方加盖了顶层，内设大厅。只有室内房门的闭合方向给出了一定线索，可以由此判断出进入内部各房间的顺序。可以确定的是，地下室层的大门处有一段狭窄的楼梯通向高架底层的走道。从那里可以进入高架底层正中的房间，然而此外是否曾经有过一个更便捷的入口，尚不清楚。高架底层北侧带有转角壁炉的房间可以直接通到地下室，房间里还有一个厕所——这一层可能用作厨房，不过也可能是一间卧房，例如某位重要的王室随从的卧房。从这里经由一段室内楼梯，可以进入上层的大厅，也就能够快速把饭菜端上去。

除了居住文化的各个方面，瓦尔特堡尤其体现了施陶芬王朝时期城堡的美学要求。多个房间的柱子上都有精雕细琢装饰了图案的柱头，顶层的大厅沿边有一道走廊，走廊上饰有小柱子和柱头的一个个小拱门朝向大厅开放。建筑风格的华贵程度不亚于修道院里的罗马式回廊。这座城堡的所有者路铎温格家族是图林根方伯，其地位等同于公爵，这一点要通过建筑彰显。

然而图林根的方伯们并不是在每座城堡上都投入了同样巨大的建筑开支，

---

① 高架底层（Hocherdgeschoss）：即升高的底层，高于地面修建的底层。

图 60 瓦尔特堡，"厅殿"和 19 世纪上半叶增建的居住建筑的东侧

例如图林根的方伯城堡魏森塞（后来被称作伦内堡）。[136] 建于 12 世纪后三十年的"厅殿"基本保存完整。这座毗邻正方形城堡主楼的建筑原本有三层：地下室、底层和一楼，13 世纪的上半叶又加盖了一层，不过只建了东侧这一半。一楼的大厅最初需要通过露天台阶从外面进入。大概在 1226—1250 年，它被一座楼梯间塔楼取代，里面的楼梯为直线形。通过底层西侧的房间可以进入城堡主楼，通过城堡主楼的墙梯（Mauertreppe）也可以进入"厅殿"上层的大厅。这里没有发现真正的居住建筑；也许它隐没在已发掘的一座建筑物的遗迹中了，这座建筑在北面直接跟"厅殿"的西侧和城堡主楼连为一体，而且它有地板供暖设施。据此，"厅殿"面朝庭院的房屋立面以前一定是被另一座（建于现存的三个配楼旁边的）建筑挡住的。这座"厅殿"因而很可能在朝向庭院的方向从未对房屋立面进行精心设计，这是不同于瓦尔特堡或者盖尔恩豪森行宫的。

施陶芬王朝时期，即使是规模较小的贵族城堡和家臣城堡，也呈现石头建筑日益气派这一特点。距离盖尔恩豪森不远的地方坐落着比丁根领主的家臣城堡比丁根城堡。它修建于 1130 年前后，并且于 12 世纪最后三十年进行了扩建。从石匠印记可以看出，修筑这座城堡的石匠中有一部分也参与了盖尔恩豪森行宫的修建工程。这座城堡的环状城墙由毛面方石精心砌就，城墙内现存有"厅殿"、祈祷室以及连同城门守卫小屋在内的城门，它们在个别形式上具有典型的罗马风格。类似于盖尔恩豪森行宫，旧的城堡主楼坐落在城堡的东侧，大概修建于 1240 年前后的新城堡主楼位于城堡西侧靠近城门处——至于是用作旧主楼的替代品还是补充，就无从知晓了。尽管跟盖尔恩豪森行宫有很多不同，但是可以看出，比丁根城堡还是借鉴了它的模式修建的。二者间的内在联系体现了城堡修建者的要求。

韦特劳地区的明岑贝格城堡（见图 61）属于哈根的封臣家族，城堡内现存有两座城堡主楼，分别建于 12 世纪晚期和 13 世纪早期。城堡本身是在 1170/1180 年前后修筑的。围在城堡南侧和东侧的环状城墙由毛面方石砌就，北侧和西侧这两段则是用玄武岩所筑。大概 1260/1270 年前后，又用玄武岩

城堡的世界：历史、建筑与文化

图 61 明岑贝格，城堡，居住建筑的内侧，高架底层有托梁和壁炉遗留的痕迹，12 世纪后半叶

在城堡建筑群中加盖了一座厅住一体建筑。[137] 翻新于 14 世纪的城门通往中心城堡，那里有一座高于城门的哥特式祈祷室，城门东侧有一座厨房建筑，西侧是一座三层高的居住建筑；它被一道横墙分成两半。这座居住建筑（"厅殿"）有一层地下室，地下室上方两侧各有一间靠壁炉采暖的房间，至少西侧的房间有个厕所，再往上一层两侧各有一间小厅；东侧的小厅利用一排连拱门采光。这四个房间似乎都是通过露天台阶从庭院进入的，而且内部互不相通。这说明这座居住建筑很少用于彰显身份，基本上是供私人使用。[138]

萨勒河畔诺伊施塔特附近的萨尔茨堡建成于 12 世纪中叶，此后又分若干个施工阶段进行了扩建，主要工程集中在 12 世纪的最后二十五年。多个受领采邑者应维尔茨堡主教的委托，作为共同继承人一起居住在城堡中；13 世纪，他们各自的住所被翻修，并且用围墙彼此隔离开。这座城堡引人注意的地方主要是它的防御工事修筑技术。[139] 庞大的建筑群为不规则的五角形，其外部的环状城墙建有四座长方形侧翼塔楼，它们不管在内侧还是外侧，都高耸于墙体之上。城门塔楼被加高成了城堡主楼的样子，而且配有一条气派的行车通道，门拱周边的锯齿形缘饰表明，它的修建时间为 12 世纪末。不过，两侧位置却没有得到充分利用。当时还没有铳眼，因此只能从塔楼顶部的平台抵御进犯者。

上述施陶芬王朝时期的贵族城堡中，许多城堡的规模在建设初期都很有限。1200 年前后建于南蒂罗尔的霍赫埃潘城堡同样如此（见图 62）。这座城堡属于埃潘伯爵，它的环状城墙沿山崖而建，内部只有两栋建筑和一座五角形的城堡主楼。城堡主楼是 13 世纪初才增盖的，属于城堡的第二个建设阶段。围在环状城墙里的还有一座 12 世纪就已建成的祈祷室，随后也被用作了城堡祈祷室。第二座居住建筑（1250/1270 年前后）位于原先的城堡的壕沟里，因此它是增建于环状城墙外侧的，而且下层建筑需依循地势修建得比较高。

同样小的还有阿尔萨斯地区兰茨贝格城堡最古老的建筑群，它是在 1200 年前后由下层贵族出身的同名领主修建的。[140] 耸立于边角之上的城堡主楼背后，毛面方石墙围成一个局促的矩形庭院，院子是加高修建的。现存的状似山墙的遗迹分属于毗邻城堡主楼的两座建筑物，其中一座是居住建筑。此外，与环状城墙入口立面相连的房屋的痕迹也保存了下来；同样在这个位置，靠近城堡小门的地方，还有一个用作祈祷室的挑楼。几乎不到一代人的时间，兰茨贝格城堡就扩大了四倍：新建的环状城墙将旧城堡围在其中，并且在东、南、西三个方向圈入了大片土地。它的布局大体为矩形，中心城堡的城堡主楼朝向西侧的攻击面，攻击面的两翼各建有一座圆形塔楼；两座塔楼中间的墙体上有铳眼凹间以及射击孔。扩建后的城堡的门房上也建有一个祈祷室挑楼；最迟从 1234 年起，直至 16 世纪，这座祈祷室由家庭神甫专门负责打理，因此，家庭

城堡的世界：历史、建筑与文化

图 62 霍赫埃潘，城堡建筑群：城堡主楼，右侧为最初的环状城墙和比较新的居住建筑，左侧为城门回廊，前方是外堡和锁喉壕

神甫留下的文献资料也证明了城堡修建者的经济能力超出了平均水平。

建于 13 世纪上半叶的多座城堡都有一个独特之处，平面结构为特别规则的几何形状。尤其是在平坦的施工场地，无须斥巨资便可建起规则的城堡。对于这类城堡，在施陶芬王朝时期有不同的例子，如比丁根城堡（多边形）、巴本豪森城堡（正方形）、奥沙茨（正方形）和埃吉斯海姆（八角形）。当然，在地势崎岖之处也可以见到规则的城堡。其中之一就是位于莱茵河畔考布市上方的古滕费尔斯城堡，它是法尔肯施泰因领主在 1226—1250 年修建的。[141] 为

第五章　中世纪的城堡

此必须把山坡平为梯地，因为该城堡的平面结构是一个规规矩矩的方形，而且它的前方，一座宏伟的城堡主楼朝山而向。两个侧翼用作居住建筑，其间是一个庭院，高耸的城堡主楼保护了庭院免受来自山坡方向的窥视和射击。南翼建筑的居住空间中，大概一楼有两间用壁炉取暖的寝室，二层有一间用壁炉取暖的大厅。另一座尽管位于山上，但几近规则的建筑群是南蒂罗尔的博伊蒙特城堡（见图63、图64）。根据文献记载，这座城堡建于1235/1240年前后。为了实现整体设计，圆形的山顶被夷平，这样就可以在一个差不多矩形的平地上修建城堡了；这种规则的整体外观，从几公里以外的埃潘高地

图63　博伊蒙特，从后部望向前面的城堡主楼和居住建筑

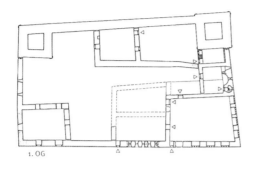

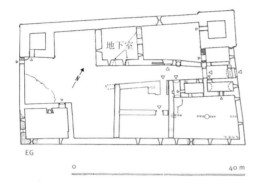

图64 博伊蒙特,城堡主楼层的平面图,图上标有(完全对接在一起的墙体的)施工缝

就可以看出来。这个建筑群由两座城堡主楼和多栋居住建筑以及一个厨房组成,分布在一条狭长的、纵向穿过城堡的庭院通道的两侧。

规则建筑还包括一类城堡,它们除了基本形状为矩形以外,四角都建有塔楼,这就会让人联想到古罗马营地("营地式城堡")。[142] 坐落在拉尔(巴登)的格罗尔德塞克领主的城堡就是这样一座(此种情况下为正方形的)城堡,它的中心建有一座城堡主楼,侧翼为圆形拐角塔楼,利用塔楼上的铳眼可以对城墙进行防御,这座城堡建于1215/1220年前后,其原貌可以复原(见图65)。[143] 这座带有拐角塔楼的整体建筑群在神圣罗马帝国是一项创新;然而保存下来的居住建筑仅剩下一截外墙,墙上有多扇双联窗、一扇三开窗的窗柱和一个厕所挑楼。1240年前后,普法尔茨地区的新莱宁根城堡被赋予了一个四边形的平面结构,并且建有敦壮的圆形拐角塔楼。环状城墙上有许多铳眼,

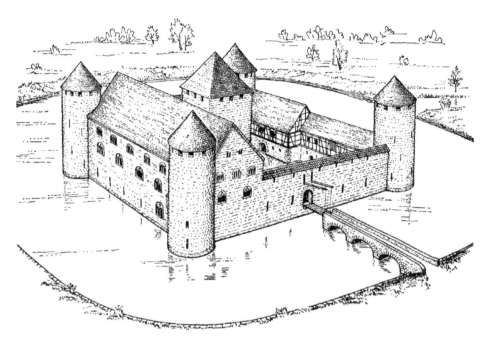

图 65 拉尔（巴登），1215/1220 年前后城堡状况的等比例复原图

位置大抵在今天的庭院的高度，但是没有铳眼凹间；此外，攻击面并没有铳眼，因为那里建有一座居住建筑（见图 30、图 66）。拉尔城堡的铳眼则配有铳眼凹间。

这两座城堡以圆形拐角塔楼为标志，其灵感来源或许是兴建于 1200 年前后的法国的王室城堡。然而，也并没有全然借鉴这些蓝本，例如新莱宁根城堡就没有铳眼凹间。法国城堡也不过只是在外观上产生影响，即建筑群分为四翼，有拐角塔楼和铳眼；其他所有建筑物以及从城门到居住建筑的细节设计都不具备法国城堡的特征。只有建于意大利的施陶芬王朝时期的"营地"，基本形状才会更加规则，1226—1250 年，那里同样采用了修建可以侧翼掩护的拐角塔楼的设计原则（锡拉库扎，八角形；蒙特城堡）。这些建筑设计可以追溯到皇帝腓特烈二世时期并且受到罗马建筑的启发。

总结上述内容就会发现，与"古典城堡建筑"这一关键词暗示的图景相比，施陶芬王朝时期城堡建筑的形象更具多样性。此外，要考虑到的是，我们对这一时期城堡的想象并非基于当时的所有城堡，而是源于保存至今的那一部分；特别是木结构建筑，完全不存在于这一想象之中。因此，"古典"城堡这一概念更多的是与各种城堡类型的不同现存状态有关，而非施陶芬王朝时期的实际城堡建筑。

在这一时期，行宫和邦侯的城堡基本上具有类同的基本形状和单体建筑，而且它们对于豪华气派的追求实际上别无二致。在萨利安王朝时期已经注意得到、但是可能出现于最古老的行宫的一种趋势就此延续下去。在防御性方面，行宫、邦侯的城堡、贵族城堡和家臣城堡之间几乎也没有区别——不管在哪里，决定外观的都是带有防御通道的环状城墙、城门塔楼和城堡主楼。

从基本形状看，主要依地形而建环状城墙的建筑群占大多数。很少有建筑物会越过环状城墙而建，偶尔会有城堡主楼紧挨城墙，但是建于其前方，而非后面（如内卡河畔的古滕贝格，13世纪中叶）。城堡主楼通常都坐落在环状城墙后方不远处，或者跟它连成一体（如利本采尔城堡的盾墙）。在环状城墙以内，建筑物的功能分离不仅出现在规模较大的建筑群。一座或多座居住建筑、大厅建筑、厨房建筑和不同的辅楼往往围建在中心庭院四周，院子里还配备有一个蓄水池。城堡主楼大多距离环状城墙不远，很少会建于中心位置（如施泰因斯贝格/巴登和布罗伊贝格/奥登林山，二者都建于山顶）。其他建筑虽然几乎都紧邻环状城墙而建，但是并没有被集合在同一个屋檐底下。"组群建筑"（Gruppenbau）[144]这一形式是中世纪鼎盛时期城堡的典型特征，并且直至中世纪晚期始终具有代表性。在施陶芬王朝时期，统一规划内部建筑的设计方案可能只见于意大利的城堡（锡拉库扎，蒙特城堡）。

施陶芬王朝时期的建筑革新绝不仅仅是一种顺应时代潮流的发展，也非源于对气派的整体建筑群的渴望；相反，从防御要素的角度来看，是以多种不同的方式来应对1200年前后的军事技术变革。图林根的史料报道，当时投入使用了一种精准的新式攻城机——重力抛石机。因为它能够远距离准确地投掷石块,所以会更快速地损毁环状城墙,而在此之前,最有效的方法是挖掘坑道。早前的掷石器抛投石块的弧度比较高,虽然可以砸坏屋顶,但是不能像重力抛石机那样精确地击中城墙。

总体性发展赋予城堡的不仅是更加气派的外观,还有更加强大的防御功能,"砖石化"就属于这类发展,尽管如此,也不应该低估木结构城堡(特别是丘堡)的数量。利用**环状城墙**而非以前的寨栅来保卫城堡,在12世纪已然作为一种标配被普遍应用。环状城墙总是配有防御通道,大多也有雉堞。环状城墙以内的建筑物原本不是很高,而且直到13世纪早期,它们的屋顶都是平的,所以城墙往往也建得很低。一旦建筑物加盖楼层或者屋顶坡度设计得比较大,就会加高环状城墙,以便能够继续为所有的建筑物提供防护。高耸于城墙之上的只有城堡主楼以及并非出现于每座城堡的城墙塔楼。在一些环状城墙上可以看出新旧雉堞上下交叠的痕迹(如阿维奥或者特里安的环状城墙;中世纪晚期加高工程后的明岑贝格)。

铳眼也属于施陶芬王朝时期的革新。先例可见于诺曼-英格兰城堡日

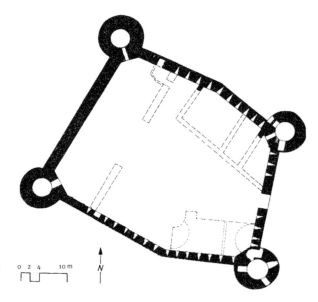

图66 新莱宁根,带有铳眼的城堡平面图,1240年前后

索尔和多佛。此后，铳眼才从西方流传开来，广泛应用于中欧的防御性建筑（拉尔，1220 年；新莱宁根，1240 年，见图 66）。除了城堡建筑以外，中欧早期的例子还有布鲁塞尔的城墙（13 世纪上半叶）。[145]

直到 13 世纪初期，绝大多数的城堡都没有高度超出环状城墙的塔楼。自 1180 年起，方形或者圆形的**侧翼塔楼**才出现于法兰西国王腓力二世（Philippe Ⅱ）所建的城堡中，以及如前所述，于 13 世纪 30 年代出现于腓特烈二世在意大利兴建的"营地"。中欧地区的一个例外是萨勒河畔诺伊施塔特附近的萨尔茨堡，它的塔楼建成于 12 世纪最后二十五年。正方形拐角塔楼和侧翼塔楼从 13 世纪中期起出现于奥地利的城堡（维也纳，维也纳新城）。然而在大部分中欧的城堡中，侧翼塔楼都是在 14 世纪，甚至经常是 15 世纪或者 16 世纪才增建的。

施陶芬王朝时期防御建筑的一个革新是**城堡主楼**的出现，它在 12 世纪成为中欧每座城堡几乎不可或缺的一部分。城堡主楼作为塔楼，必须确保对周边一览无遗，特别是攻击面，鉴于这一功能，它往往被修建在有可能遭到攻击的地方：城堡若建于山嘴，城堡主楼就依山坡而建；城堡若建于山谷，城堡主楼要么建在城门附近，要么建在没有外堡保护的田野侧；城堡若建于没有特殊攻击面的山顶，城堡主楼就建在庭院中央。然而与今天的建筑状况相比，施陶芬王朝时期城堡的城堡主楼往往比较矮，因为它们只允许高出环状城墙和其他建筑的屋脊。许多城堡主楼通过后来加高楼层才达到了今天的高度，一旦扩建居住建筑，就需要加高城堡主楼。从 13 世纪早期起，越来越多的城堡主楼不再以正面朝向攻击面，而是以棱边（绍恩贝格/上奥地利，13 世纪）或者曲面。其原因或许可以解释为，如果这样修建城堡主楼，更容易弹回重力抛石机掷出的石块。不过是否存在这样一种因果关系，并没有得到证实。塔楼的布局可能只是受流行趋势的影响，如此用一种具体的使用功能加以解释，太像现代思维方式了。

施陶芬王朝时期的城堡主楼，平面结构主要是长方形（如纽伦堡，1150/1170 年前后；美因河畔的弗洛伊登贝格，1200 年前后；施塔特普罗采尔滕，

1200—1225 年；维特施托克的砖砌塔楼，核心部分为 13 世纪中叶；利恩茨的布鲁克宫，13 世纪前半叶）。与此同时，平面结构为圆形的塔楼也越来越多（如温斯特鲁特河畔费赖堡附近的诺伊恩堡，12 世纪后半叶），萨利安王朝时期就已经有几座圆形塔楼了（如格罗伊奇）。至少在某些地区，圆被视作一种独特形状，这一点可以通过以下两个命名的例子看出来：南蒂罗尔有一座城堡名为罗通特[①]，显然是得名于 13 世纪上半叶修建的圆形城堡主楼；在纽伦堡的皇帝堡，后施陶芬王朝时期的城堡主楼（1275 年前后）甚至被命名为"辛威尔塔楼"（Sinwellturm），意即"又大又圆的塔楼"。此外，施陶芬王朝时期的城堡主楼还可以建成半圆形（霍恩贝格/内卡河畔，13 世纪），它们也有可能是三角形（巴登附近的劳厄内克/奥地利）、五角形（拜尔施泰因；比肯费尔斯/阿尔萨斯）或者多边形（里内克，1166—1200 年）和八角形（施泰因斯贝格，1200 年前后）。[146]

不同的城堡，城堡主楼的位置也会有所不同，有的直接建于环状城墙前面，有的坐落在环状城墙之后，有的甚至建在环状城墙之上或上方（霍赫埃潘/南蒂罗尔），间或也有几座位于盾墙之上。选择位置时，原则上要保证能够获得最佳视野，但在个别情况下，当地的条件可能也很重要，但是今天已经无法再感受到了。此外，在规模和内部空间大小方面，差异也非常巨大。它们可以是狭小的塔楼，也可以大到足以担负起居住塔楼的功能。可惜的是，现在缺少关于这类塔楼不同用途的原始资料；只能从高度上推断，这些塔楼的作用是监控城堡周边地区。

应对改良的进攻性武器的方式还有修筑盾墙和套式墙[147]，这是始于 1200 年前后的一项创新设计。兴建于施陶芬王朝时期的有贝尔内克城堡（见图 67）和黑森林地区的利本采尔城堡；内卡河畔的希施霍恩城堡修建盾墙则已经是 1300 年前后了。如前文所述，盾墙城堡的特点是，在靠山一侧修建有一段雄伟坚固的围墙作为特别容易受到威胁的主攻击面，它要抵御重力抛石机

---

① 罗通特（Rotund）：圆形在德语中为"rund"，城堡名"Rotund"显然暗含了"rund"一词。

图67 贝尔内克，城堡外观，包括盾墙和增建的回廊（前景）

的石弹和 12 世纪时改良的攻击性武器的轰击。

此外，施陶芬王朝时期城堡和防御工事的特有建筑特征还包括毛面方石。它们赋墙体以厚度，并且增强了建筑物的防御表象。如今的瑞士地区存在一种特殊的建筑风格，整个 13 世纪，那里兴修建筑用的都是异常粗砺且巨大的方石，也就是所谓的巨型方石（如阿尔邦，哈布斯堡）。[148] 其造型效果类似于毛面方石：墙体可以阻御外敌并且看上去很坚实。

最古老的毛面方石，除却阿尔卑斯山另一侧罗马人留下的前身不谈，可以追溯到 1150 年前后这段时间；最早使用毛面方石的可能是陶伯河上游的罗滕堡行宫的环状城墙和祈祷室（1140 年前后）[149] 以及纽伦堡的五角塔楼（1150/1170 年前后）。然而，毛面方石并没有因施陶芬王朝的终结就退出历史舞台，而是在此后仍旧被使用了很长一段时间，此外，它们也是这一时期不可或缺的建筑元素。即便施陶芬王朝时期的国王行宫，也绝非都要砌筑毛面方石墙，例如凯泽斯韦尔特行宫。大部分城堡的墙体都是就地取材，不过只有砂石和石灰石比较容易加工成毛面方石，在那些不容易获取这类石材的地方，通常不用毛面方石砌筑围墙和房屋立面。黑森的明岑贝格城堡砌筑环状城墙时（12世纪后半叶）选择了另一种解决方案：正面使用毛面方石，使城堡的外观更为气派，城市一侧几乎看不到的后墙则由当地的玄武岩砌就。

可以确定建筑年代的相关信息，虽是研究一开始就希望获取的，却无法从毛面方石的形状推断出来。毛面厚度和磨边宽度都有变化，但无从寻出一个清晰的发展过程。只能确定，那些非常粗砺、又大又厚、同时磨边平整的毛面方石（如陶伯河上游的罗腾堡），使用年代相对较早。可以给出一些额外信息的是石匠印记，例如比丁根城堡和盖尔恩豪森行宫的石匠印记相同，这表明在这两个地方工作的一定是同一批石匠。最后，墙体上的钳孔能够把修筑时间限定在一定范围，因为使用夹石钳起重的技术是在13世纪上半叶才广泛应用的。

防御技术的各种创新，居住结构的细化和居住质量的提高，建筑技术的革新，尤其是萨利安王朝时期占主流的土木结构城堡日益被兼具牢固和气派的石头城堡取代，使得施陶芬王朝时期成为城堡建设发展最重要的时期之一。不管现在是否能冠之以"古典"一词——施陶芬王朝时期的城堡都对我们今天的城堡概念产生了决定性的影响，为中世纪晚期城堡建筑的发展奠定了基础。

中世纪晚期的城堡建设

很长一段时间以来，中世纪晚期，也就是从施陶芬家族王权统治结束至近代开始（1250—约1500）这段时间，都被视为城堡建设的坚守期，在此期间，出现于施陶芬王朝时期的城堡类型得以保留和延续。有著述指出，直到15世纪，城堡建设才适应火器的需求，出现了建筑上的革新，这些革新同时也标志着"城堡终结"的开始。[150] 当时的人们认为，从长远的角度来看，城堡不适合抵御加农炮；此外，他们还希望享有更加舒适的居住条件。现在，事实证明，这样一个笼统的图景并不适用于中世纪晚期。

政治上，腓特烈二世死后这段时期的标志性特征就是所谓的大空位时期[151]，在此期间，多位候选者都质疑对方登上王位的资格，由少数诸侯选举出来的国王始终力有不逮。直到1273年，哈布斯堡的鲁道夫当选才结束这一状况。1250年以前，腓特烈二世多年主要驻留在意大利南部，将这些年计算在内，贵族们就有了超过一代人的时间用以增强自己的实力，这一点尤其体现在以下层贵族为主大量兴修新城堡上。

比施陶芬王朝时期更甚的是，中世纪晚期的国王几乎只能调用自己的家族势力。尤其是德国南部的哈布斯堡家族和波希米亚的卢森堡家族，他们得以扩张和巩固自己的产业，从而也扩大了他们在帝国的影响力。鲁道夫一世（Rudolf Ⅰ）以及查理四世是坐上罗马-德意志国王宝座的实力相对强大的领主。帝国的城堡和行宫却已在13世纪中叶至70年代间，越来越多地被封赠为采邑或者质押了。

许多接受封赠者在此期间不再只从唯一一个领主那里得到采邑，而是取自不同的、有时甚至是对立的领主。于是，采邑制差不多只剩下了经济意义，几乎不再意味着人身的依附和扈从。因此城堡也就可以被下层贵族用于保卫自己的产业，而采邑义务往往也可以用支付金钱的方式来抵偿，而且无须再履行军役。变得越来越复杂的财产关系和权利关系的一部分是共同继承城堡（Ganerbenburg）这一现象，这些城堡成为多个受封赠贵族的共同财产，其中一个原因就是遗产分配。

在建筑方面，对城堡建设产生显著影响的主要是火器的出现。最早的火器可能出现于14世纪早期，尽管尚不能确凿断定现存最古老的加农炮的出现年代，而且它最初的作用更可能是因爆炸声响亮令人产生恐惧，几乎与准确性和破坏力无关。最早使用火器的证据之一是攻占了南黑森的坦嫩贝格城堡（1399）；1849年在那里发掘出的金属枪管是目前可以确定年代的欧洲最古老的火器（现存于日耳曼民族博物馆，纽伦堡）。

中世纪晚期较大的军事冲突在多大程度上直接影响了城堡建设，尚无定论。争议点主要针对的是15世纪的胡斯战争。1415年，波希米亚的胡斯派领袖扬·胡斯（Jan Hus）在康斯坦茨帝国会议[①]上遭受不公正的审判并被处死，此后他的信徒在1420—1434年首先向毗邻地区发动了快速战争，在此期间大量使用了马拉战车。他们并没有进行长时间的围攻，对城堡的攻击只在胡斯派进军萨克森和西里西亚的两次征战中（1428—1430）起到一定的作用。大量城堡为防胡斯派进犯，修筑了牢固的防御工事，这一说法只能在个别地方（科堡，利希滕施泰因）得到证实。

对城堡建设产生影响的还有采矿业。矿产资源的开采权在中世纪被归入矿藏使用权[②]，首次确认是在1158年腓特烈一世统治时期。类似于城堡建设许可，矿藏使用权经常转交邦君手中，部分通过受封采邑，部分通过私自占据。采矿技术的提高带来的影响是，可以挖掘更深的矿井，并且开采出更多的矿藏，从而大幅度增加收入。这些收入成为邦君的资金保障，在15世纪时，它们一方面被用于扩建更大的防御工事，另一方面被用于购置火器及招募雇佣兵。同时，它们也促进了深井挖掘技术的实现。15—16世纪，在越来越多的城堡里，深井取代了此前普遍使用的蓄水池，或者为其补充了另外一种获取水源的途径。

哥特式城堡的建筑形式

在新建城堡的数量方面，首先可以确定的是，中世纪晚期伊始时，跟施陶芬王朝时期的"城堡热潮"没有明显差异。一些长期被认定修建于施陶芬王朝时期的城堡，实际上是在那个时代才出现的（如龙内堡和迪尔斯贝格）。直到14世纪，修建城堡的热潮才明显消退，虽然也有个别统治者，诸如查理四世（跟他的叔祖特里尔大主教巴尔杜因一样），修建了大量的城堡。更常见的反而是扩建和改建现有建筑群。这个时代兴修的新建筑大多取代了12—

[①] 康斯坦茨帝国会议（Konstanzer Reichstag）：即康斯坦茨宗教会议（Konstanzer Konzil）。天主教会在德意志皇帝西吉斯蒙德主使下，于1414—1418年在康斯坦茨召开会议，旨在宗教改革运动开始的情况下巩固天主教会已经动摇的地位。会上谴责了宗教改革的首领约翰·威克里夫和扬·胡斯的教理，并诱骗胡斯到会受审，把他斥之为异端，于1415年7月6日处以火刑。

[②] 矿藏使用权（Bergregal）：指对未开发矿产资源的支配权，包括授予采矿权和收取矿区使用费等，属于国王的经济特权。

13世纪的前身建筑，抑或充实了现有建筑群。

跟施陶芬王朝时期一样，许多新建筑最初规模并不大。一个典型的例子是圣戈阿尔小城上方的莱茵费尔斯城堡，最初它只是一个很小的、五角形的建筑群。卡岑埃尔恩博根伯爵自1245年起开始修建它，旨在待其落成后提高圣戈阿尔附近的莱茵河关税。之后，莱茵城市同盟[①]包围了这座城堡，但未能占领它，尽管当时它的环状城墙之内仅修建了一座居住建筑和一座圆形城堡主楼。这座中心城堡被不断扩建，直至17世纪，最终改建成要塞式，如今它的面积勉强能够占到整个建筑群的十分之一。

一座具有典型中世纪晚期建筑形式的新建筑是美因茨大主教区在法兰克福附近修建的龙内堡，它的核心建筑出自14世纪早期（见图68）。[152]环状城墙围绕着一个狭仄的庭院，庭院一侧是一座三层的厅住一体建筑，另一侧靠近城门的位置是一座圆形城堡主楼。平面结构是四边形，但是由于建有一个侧翼门，南面的长边再向外挑出一个门的宽度。龙内堡也逐步扩建了原初的建筑群，从中可以观察到一些对于其他城堡而言也极具代表性的特征。在这个时期，新建筑几乎总是贴着环状城墙的外侧修建，由此来扩大城堡规模。因而，这些建筑的地下室大多明显低于庭院的地面，不过从外部看则是底层。新建筑竣工后，此前的环状城墙便用作了庭院方向的房屋立面，倘若该立面的墙体不是全新砌筑的薄墙，就会在环状城墙上开凿门窗。新建筑的外侧会被包纳在外移了的新的环状城墙之内，城堡也因此扩大了规模。这种形式的扩建在中世纪鼎盛时期就已经存在先例（如瓦尔特堡），在中世纪晚期以及16世纪成为惯常现象（迈森、龙内堡、黑尔德堡、埃尔茨、霍赫奥斯特维茨）。这类扩建往往可以通过侧翼新建筑的地下室识别出来，在庭院围墙下方，它们仍保留有古老的岩石边缘并非少见。

也有许多城堡建筑群在竣工以后未再进行过明显的扩建。其中包括阿尔

---

① 莱茵城市同盟（Rheinischer Städtebund）：1254年，德意志莱茵地区的美因茨、科隆、沃尔姆斯等城市，为了保护自己的利益而结成的城市同盟。同盟拥有自己的武装，要求取消莱茵各诸侯国之间的关税壁垒，当时仅莱茵河上的关卡就有62处之多。

第五章 中世纪的城堡

图68 龙内堡，居住建筑，朝向城堡庭院的房屋立面，14世纪初；祈祷室挑楼增建于1370年前后

萨斯地区的奥尔滕贝格城堡（见图4），它是后来的国王哈布斯堡的鲁道夫仍是哈布斯堡伯爵的时候于1260年前后建造的，旨在保障他通过婚姻获取的产业；他也因此扩大了哈布斯堡家族在这个地区的影响范围。这座城堡位于山嘴处，远低于山峰，为了保护它的攻击面，修筑了一道很高的套式墙，墙上有数目众多的铳眼，此外还建有一座五边形的城堡主楼，其中一条棱边朝向山坡。城堡的南部有一座居住建筑，底层是一个厨房；楼上有一个大厅以及一间带厕所外加一间没有厕所的房间——这两个房间很可能用作起居室和寝室，或许是

供哈布斯堡的鲁道夫本人用的，绝不可能只是他的侍从居住。[153]

中世纪晚期主要是贵族城堡的时代，不过国王城堡也新建和扩建了一些建筑，个别的还引起了轰动。国王行宫作为国王鉴于官方事由定期召开宫廷会议（Hoftag）的场所和驻留地，在欧洲历史上和建筑发展过程中发挥了重要作用，它的重要性持续到13世纪中叶，最晚终结于1250年大空位时期伊始。在那以后，行宫往往只是用作一种资本投资。它们中有许多被质押或者可以被以前的城堡伯爵使用，这些人作为国王授权的管理者早已居住在行宫中了。14世纪，有些行宫甚至落到了富裕的平民手中，例如法兰克福的行宫在1333年被卖给了一位陪审员。还有的行宫类似于共同继承城堡，由住在里面或者附近的堡民接管，例如韦特劳地区的弗里德贝格。[154] 新的国王行宫再也没有出现过。因此，大空位时期似乎造成矗立在德意志土地上的国王行宫很大程度上丧失了意义。

然而，并非所有行宫都同样受到这一发展的影响。大空位时期结束后的第一位国王哈布斯堡的鲁道夫即位不久，便在纽伦堡的皇帝行宫启动了一项重要的建筑工程（见图69）。他的两个继任者继续施工建设，将皇帝行宫扩建成今天的样子。1275年前后，首先在城堡伯爵堡和皇帝堡之间的围墙边上修建了一座新的城堡主楼，也就是上文提到的"辛威尔塔楼"。鲁道夫的继任者拿骚的阿道夫（Adolf von Nassau）和哈布斯堡的阿尔布雷希特（Albrecht von Habsburg）统治期间，自1296年起，在双层祈祷室的圣坛上方加盖了塔楼——一座异类塔楼[①]，它是弗兰肯地区最早的砖结构建筑之一。随后，又翻新了大厅建筑（1299）。

不过在接下来的几百年间，德意志国王使用纽伦堡行宫的次数屈指可数，例如召开帝国议会时用作驻留地。在14世纪和15世纪初，城堡伯爵霍亨索伦家族和帝国城市纽伦堡之间的争斗尤其为皇帝堡打上了历史的烙印。二者争夺的是管理城堡并且由此控制城市这一有利可图的职能。1422年，皇帝将

[①] 异类塔楼（Heidenturm）：增建于城堡或教堂上风格相异的塔楼的直接或通俗名称。

第五章 中世纪的城堡

图 69 纽伦堡，辛威尔塔楼，外堡的城堡主楼，1275 年前后

这一职能委托给城市。霍亨索伦家族在此之前也已得到勃兰登堡选侯国作为补偿，其后众所周知，他们在那里建起了一个强大的政权。

除了防卫城堡的义务，纽伦堡市还接管了对建筑物的监管权。在这种情况下，市建官恩德雷斯·图赫尔在15世纪后半叶编写了一份有关中心城堡空间分配和单个房间使用情况的报告。[155]皇帝堡的下层大厅当时被预留用作皇家法庭（Hofgericht），通往祈祷室的过道旁边，在大厅里或者紧邻大厅的位置建了一间门卫用的小卧室；楼梯下方是城堡伯爵的一间储藏室，他自己的房间同样可以从大厅进入。这些内部建筑着重表明该大厅是一个多用途的空间。[156]上层大厅显然主要用作餐厅。图赫尔提到了一个可以上锁的"prück"，这可能是一个有分区且略微加高了的隔间。里面摆放着皇帝的餐边柜和餐桌，余下的空间放的是随从的餐桌。紧挨着大厅的是一间起居室，皇帝在的时候用作议事间。接下来是粉刷成绿色的皇帝（就寝）的房间以及另外一间寝室。两间小的侧室彼此相连，今天已经成了一条走廊，而且在扩建屋顶层时它们也得到了一间附属起居室。[157]今天被称作内宅的"辅楼或者闺阁"里为皇后专设了单独的房间。

中世纪晚期最重要的新建国王城堡被赋予了完全不同的功能。这就是始建于1348年的卡尔施泰因城堡，国王查理四世修建它的目的是存放王权象征物（见图70）。此外，查理四世也在这里存放自己重要的圣骨藏品，因为他也是波希米亚国王，所以存放物还有波希米亚国王的王权象征物。因而这座城堡并不是帝国城堡，而是波希米亚王室的城堡，最初或许还被规划用作狩猎宫殿。由于存放象征皇权的物品，卡尔施泰因城堡成为象征罗马–德意志国王尊严的建筑化身，从1335年起也是象征波希米亚王国皇帝尊严的建筑化身。城堡位于布拉格西南不到30公里处，因此更容易保卫收藏在里面的珍宝。

这座建筑群延伸在一处"L"形刀状山脊上，由两座大小不同的居住塔楼、一座宏伟的宫殿和稍远一些属于城堡伯爵的房屋组成，19世纪时，这些房屋进行了修缮。专门用于存放王权象征物的居住塔楼位于城堡的最高处，远远看去，高耸在整片建筑群之上。它单独建有围墙，以此与城堡的其他部分隔离，

第五章　中世纪的城堡

图 70　卡尔施泰因，皇帝城堡的全貌

因而也可以独立进行防御。朝向山坡一侧的墙体特别坚厚，也可以掩护整个国王城堡。这座塔楼共六层，下面三层为拱顶，上面三层是托梁屋顶。拱顶楼层的顶层最为奢华，内部设有一间十字形祈祷室[①]，其建筑构件都是镀金的：这里存放着王权象征物。整个房间都绘有圣徒、波希米亚贵族和主教的半身像，墙脚区域装饰有抛光的石头；二者之间的过渡区域是由烛托密密连成的带状

---

① 十字形祈祷室（Kreuzkapelle）：平面结构为十字形的祈祷室。

缘饰，它们把房间照得格外庄严、隆重。

1357年，查理四世创建了一个教会机构（城堡教士会），并且为此让人在第二座居住塔楼里修建了马利亚教堂。这座比较小的"马利亚塔楼"主要服务于宗教目的；里面可能还有查理四世的私人珍宝室。两层居住空间上方是马利亚教堂所在的主楼层，这一层还有一个几乎完全嵌在墙内的侧翼祈祷室，它装饰得极其奢华，在今天被称作卡塔琳娜祈祷室。真正具有代表性的居住建筑是宏伟的宫殿，它建于整个建筑群的最低处，因此最方便进入。宫殿里面有一个大厅、多间套房以及或许用于每日祷告的第二间祈祷室。从外表看，它跟梅拉诺镇上方的公爵城堡蒂罗尔并非全然不同。如果国王来到卡尔施泰因，可以说他下榻于王冠、王权宝球和权杖之中，因为它们就存放在宫殿上方的宏伟塔楼里。

查理四世还修建了许多其他城堡，除了那些程式化冠上他名字的波希米亚建筑（如卡尔斯克罗内①），还有一座位于波希米亚本土以外，即查理四世为了波希米亚王冠谋得了劳夫行政区以后，1353年起在纽伦堡附近修建的劳夫城堡，它也不是帝国城堡。这个紧凑的建筑群坐落在佩格尼茨河的一座小岛上，南端是一座城堡主楼，此外还有一座厅住一体建筑和一座门房；据推断，大厅建筑和城堡主楼之间还有一座或者两座比较小的居住建筑。环状城墙同时用作建筑物的外墙。它由毛面方石砌筑而成，这里跟纽伦堡一样，即使在14世纪，毛面方石仍然很常见。在厅住一体建筑的一楼，一个宏伟的穹顶大厅紧邻两间同样是穹顶的房间，其中一间带有一个火炉壁龛，但年代不详，另一间带有一个壁炉。后面的这个房间只能通过第一个房间进入，并且配有厕所，里面装饰有波希米亚王国的112个纹章，它们以高浮雕的形式被雕凿在砂岩墙上。[158] 这里其实就是早期的套房。从陈设可以推断出，查理四世肯定不仅在这个房间里睡觉，而且也把它用于接待尊贵的客人并彰显身份。

13世纪，波希米亚国王就已经出资修建了兼具代表性和建筑设计革新的

---

① 卡尔斯克罗内（Karlskrone）：城堡名，卡尔（Karl）是查理四世的德文名，英文中多译为查理，克罗内（Krone）是音译，本意为王冠，连在一起，这座城堡名字的意思就是"查理四世的王冠"。

城堡建筑群。其中包括维也纳霍夫堡的核心建筑，它可能是13世纪后半叶受波希米亚国王奥托卡尔二世（Ottokar Ⅱ）的委托修建的，自1251年起，奥托卡尔二世亦是奥地利的公爵。他让人在维也纳修建了一座趋近正方形的建筑群，拐角处建有正方形塔楼；这些塔楼个别部分略向外凸出，并没有真正形成侧翼保护。因而可以认为，这一营地式建筑形式更倾向于装饰性或者代表性，而非军事功能。距离城堡大门不远、曾经面朝田野的塔楼作为建筑群的主塔楼要比其他塔楼更宽，以前可能也高于它们。城堡原本由壕沟环围，但是为了将新修建筑的外侧同环状城墙连为一体，在14世纪时就利用上了这些壕沟；因此，原始城堡的规模只能在平面结构上通过地下室房间推断出来。

维也纳的霍夫堡所属的"营地式城堡"这种类型似乎从13世纪后半叶起遍布更加广泛。尤其是奥地利和波希米亚（如卡丹[159]），这种建筑形式的城

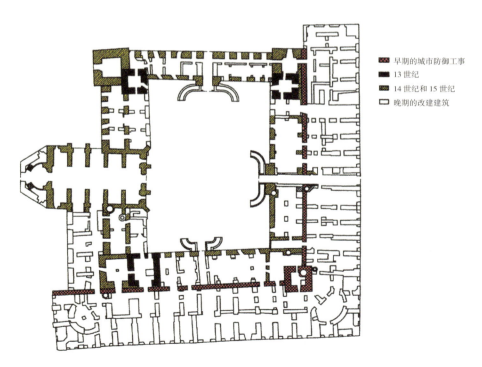

图例：
- 早期的城市防御工事
- 13世纪
- 14世纪和15世纪
- 晚期的改建建筑

图71　维也纳新城，标明修筑阶段的城堡平面图

堡不胜枚举，整个 14 世纪，奥地利东部一直流行这种建筑形式（埃本富特、艾森施塔特、沃尔克斯多夫）。[160] 有可能比维也纳的霍夫堡更加古老的是维也纳新城的城堡（见图 71），它由来自班贝格的奥地利公爵家族巴本贝格修建于已经完工的城市城墙的一角。14 世纪，在哈布斯堡公爵利奥波德统治期间，在早期的围墙外侧增建了更大的塔楼和新的侧翼建筑，从而扩大了这个建筑群的规模。新建塔楼的特点是边缘部位都用毛面方石砌就，也就是说，毛面方石的使用时间远超出了施陶芬王朝时期。

这种因格外高耸的塔楼而凸显的营地式印象，使奥地利和波希米亚建筑不同于施陶芬王朝时期神圣罗马帝国西部有规则的建筑群，也有别于法国比较古老的建筑物。跟维也纳的霍夫堡具有可比性的是位于普拉托的腓特烈二世城堡（1240 年前后），它也是正方形建筑，同样建有正方形拐角塔楼，但从正视图看，二者间有着明显不同——普拉托的塔楼没有高出环状城墙，属于侧翼塔楼，可以对环状城墙进行侧向保护。因此，霍夫堡不可能是直接效仿普拉托的城堡修建的。归根结底，奥地利营地式城堡的起源至今尚未查明。

13 世纪下半叶和 14 世纪上半叶在波希米亚地区修建的营地式城堡，大多不同于维也纳的霍夫堡，它们的拐角塔楼是圆形的，可以侧面掩护。其中一例是科诺皮什切城堡（1300—1325），它有两个内庭，围绕它们建成了一个矩形建筑群。圆形塔楼坐落在外部的拐角处以及窄边的中间，位于中间的两个塔楼作为主塔楼规模特别大，东侧那个作为城堡主楼高耸于整个建筑群之上。早在波希米亚地区修建这类城堡之前，带圆形侧翼塔楼的城堡就已经存在了，如我们所见，主要出现在法国。然而与奥地利的城堡相类似，未曾发现可供它们效仿的实际的先例。[161] 在 13—14 世纪，中欧西部地区的上层贵族城堡中也出现了在核心建筑边上建圆形拐角塔楼的规则建筑群（莫尔日/瑞士，1283—1287 年；穆伊德斯劳特/荷兰，1367—1400 年）。埃尔夫特县的莱歇尼希城堡则建有一座圆形塔楼和三座多角塔楼（14 世纪中叶以后）。就这类城堡而言，基本平坦的地形肯定有利于平面图形状的选择。从防御技术的角度也可以阐释其原因：这样修建塔楼，所有四个侧翼都可以得到同等防护。

第五章　中世纪的城堡

14 世纪，一些小型城堡也会被设计成规则平面结构，然而其中许多都没有修建可侧面掩护的塔楼，因此它们并不属于"营地式城堡"。几近正方形的建筑群出现在韦斯特堡（萨克森-安哈尔特，1300 年前后）和齐利城堡（萨克森-安哈尔特，1334 年以前）。韦斯特堡（见图 72 之左图）三面建有封闭式庭院建筑，第四面构成入口。这一面只有一堵墙，城堡主楼连墙而建，一半伸入外堡，一半处于中心城堡。椭圆形外堡建于中心城堡前方，除却二者相连的地方，四面都有壕沟环围。外堡的建筑材料源自 15 世纪；不过平面图给人的印象是，中心城堡扩建自外堡，而非相反，因为四周的壕沟显然是针对外堡而建，并非中心城堡。齐利城堡于 1334 年以前形成正方形平面结构（见图 72 之右图）。庭院建筑是后建的，一部分建于 1360/1363 年前后，大部分甚至建于 1511 年；规则性原本仅限于紧凑的平面结构，最初并未影响到庭院建筑的外观（见图 73）。

14 世纪，黑森也出现了规则的城堡建筑群。建于 14 世纪前三十年的方伯

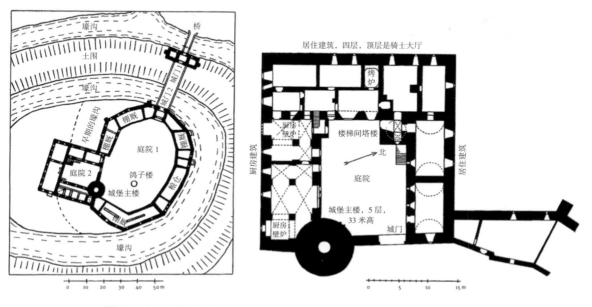

图 72　韦斯特堡（左）和齐利城堡（右），规则的城堡建筑群的平面图

图 73 齐利,中心城堡和外堡相交处(左),背景是位于中心城堡一角的城堡主楼

城堡黑森施泰因平面结构为长方形,有两个平行的侧翼建筑;较窄的两边,其中一个设有入口,对面另一个也建有一座建筑。类似的布局也出现在嫩特斯豪森附近的坦嫩贝格城堡(1348年以前)和维岑豪森附近的方伯城堡路德维希施泰因(15世纪初)。[162] 黑森的这类城堡中,没有一座用作方伯的主要住地,都是一些用于控制小型领地的城堡,这或许是建筑群面积有限且一览无余的一个原因。规则布局是否存在特殊的历史原因,只能是一种推测。纯粹从结构设计的角度来看,近似矩形的建筑比不规则建筑更容易修建,因为可以统一搭建屋架。然而若是城堡修建者比较富有,这方面几乎就不足为虑了,而且矩形建筑群若是不建拐角塔楼,拐角处的视野就会受限。所以,至少对于比较大的城

堡来说，偏爱规则布局，尤其是矩形布局，主要因为流行而且气派。

中世纪晚期特别规则的城堡建筑群包括条顿骑士团城堡。不过在那些地方，以正方形为基础的布局形式受到了修道院模式的影响，因此条顿骑士团城堡效仿了这一模式，基本上是围绕一个十字形回廊①设计修建的。在建筑结构的复杂性方面，条顿骑士团的建筑超过了中世纪晚期中欧的大多数城堡——具有可比性的城堡只有马尔堡和卡尔施泰因。12世纪晚期，条顿骑士团作为医护慈善组织（Hospitaliter-Gemeinschaft）成立于阿卡，1220年起，可以在中欧获赠领地，特别是在1231年得到了马尔堡的圣伊丽莎白医院。1225年波兰诸侯，特别是马索维安和西里西亚的公爵为了抵抗波罗的普鲁士人②，向条顿骑士团求助。因为所涉普鲁士人是非基督教民族，腓特烈二世承诺骑士团，一旦胜利，骑士团将拥有被征服地区的统治权。于是条顿骑士团顺利地建立了自己的国家，领土从托伦直到梅梅尔。③为保卫这个广袤的地区，骑士团兴修了大量城堡，其中大多数遵循典型的、规则的基本平面设计。1410年战败于坦嫩贝格（东普鲁士）附近以后，条顿骑士团不得不承认波兰国王的宗主权。

条顿骑士团城堡中具有代表性的是西普鲁士的马林堡[163]（见图74、图75），它也是条顿骑士团最重要的城堡建筑。13世纪最后三十年开始修建所谓的高堡，也就是中心城堡，工程一直持续到1340年前后。在外堡区域，1300—1333年已经建成了一座新的宫邸，于是在14世纪又扩建了新的外堡建筑群。高堡的矩形设计遵循了上文提到的修道院原则。四翼建筑围绕着一个庭院，而且在其前方面朝庭院环建有十字形回廊。北翼建筑原本包括祈祷室、一间狭长的前室以及前室西侧的座堂会议厅（Kapitelsaal）；在修建工程的第二阶段，祈祷室扩建了一间前室以及东侧的一个新的圣坛。这一点很重要，因为其他的条顿骑士团城堡（梅韦，雷登）都有一个中央入口，在马林堡，

---

① 十字形回廊（Kreuzgang）：围修道院正方形或长方形开放式庭院而建的穹顶拱廊，连接各建筑物。
② 波罗的普鲁士人（baltische Preußen）：又称"古普鲁士人"，居住在波罗的海东南沿岸的原住民族，讲普鲁士语，信奉多神教，在13世纪被条顿骑士团征服，并在随后几个世纪被同化。
③ 梅梅尔（Memel）：旧地名，即今天的克莱佩达。

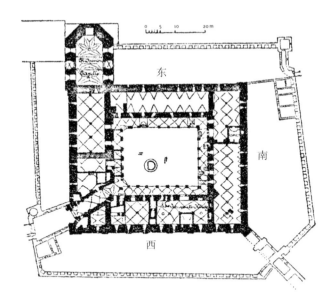

图 74 马林堡，高堡的平面图

这样的入口至少曾规划并开始修建过（城堡壕沟里的柱基），甚至有可能存续了一段时间。今天的入口（14 世纪初期）是被改建到一侧的，并且沿对角线通入城堡。高堡的东翼可能是住宿区，南翼可能是用膳厅，西翼则可能是厨房。这种平面结构非常符合 12—14 世纪修道院的建筑设计。

外堡原本三个侧翼都有建筑，整体布局同样是四边形，朝向高堡的一侧没有建筑。大约自 1380 年起，已改建为宫邸的西翼建筑又扩建成骑士团总团长的宫殿，它是中欧最考究的哥特式宫殿建筑之一。[164] 它的主楼层首先有一间前室，可以从底层通过直线走向的楼梯进入。从前室可以进入两间比较小的大厅或者穿过一条走廊进入两个比较大的正方形大厅：夏日膳厅和冬季膳厅——从名字上看实际上就是饭厅，不过曾经也有可能是宫邸的主厅。外观上，宫殿通过房屋立面的扶壁结构和扩建成小型塔楼的角柱（Eckrisalite）彰显其影响力。马林堡坐落在魏克赛尔河①的支流诺加特河畔，绝大部分宫殿建筑凸出于矩形建筑群以外，伸向河畔；宫殿由此打破了一切规则性（见图 75）。

---

① 魏克赛尔河（die Weichsel）：波兰语中称作"维斯瓦河"，波兰第一大河。

第五章 中世纪的城堡

图 75　马林堡的西面，左侧是中堡，右侧是高堡

由于外窗很大，宫邸的特征远远超过了防御性。这与马林堡作为条顿骑士团国①统治中心的功能是一致的。

在条顿骑士团城堡中，起防御功能的主要是建有塔楼的回廊围墙和环状城墙，还有中心建筑群的防御通道。这些城堡中，许多都拥有一座城堡主楼和其他拐角塔楼；在马林堡，教堂塔楼承担了这一功能。因此对于这些城堡而言，塔楼的代表性意义相对是次要的。在马林堡，具有象征意义的主要是

---

① 条顿骑士团国（Deutschordensstaat）：由条顿骑士团在征服普鲁士地区和波罗的海沿岸普鲁士人以后于1224年建立，1525年，来自霍亨索伦家族的条顿骑士团总团长阿尔布雷希特将骑士团国世俗化，改为普鲁士公国。马林堡在1309—1457年间曾是条顿骑士团总部所在地，亦是骑士团国的首都。

159

高达数米的圣母马利亚的雕像①，这座雕像（直至 1945 年）占据了骑士团修道院教堂东窗的整个壁龛。

尽管从 13 世纪后半叶开始，规则建筑群越建越多，但是若将其视为许多城堡占有人试图极力效仿的标准甚至理想模式，或许仍有欠妥之处。在中世纪晚期，因地制宜而建的城堡依然占多数。坐落在莱茵河中间的普法尔茨格拉芬施泰因城堡（见图 76）展现了一个出色的平面设计方案。它是由德意志国王巴伐利亚人路德维希（Ludwig der Bayer）为保卫莱茵河上的一处关卡而建。莱茵河属于德国主要的交通通道和贸易通道，1325 年，路德维希在其普法尔茨选侯职责范围，在这个极其有利可图的地方设立了这个关卡。然而与卡岑埃尔恩博根伯爵建成莱茵费尔斯城堡并于 1255 年前后提高关税以后遭遇的情况类似，它也受到了莱茵河沿岸其他邻居——诸侯以及城市——的攻击。普法尔茨格拉芬施泰因城堡由一座 1327 年兴建的主塔楼构成，1339 年前后围绕这座塔楼筑起了环状城墙，城墙上方建有一圈狭长建筑。这座城堡与众不同的地方就在于其平面结构是独特的船形，主要用来阻挡洪水。真正的关卡并未设在城堡中，而是位于莱茵河畔的考布城，并且由城市上方的古滕费尔斯城堡提供额外的安全保障。

平面结构特别不规则的两座共同继承城堡是埃尔茨和蒙特福特。在中世纪晚期，共同继承城堡远比中世纪鼎盛时期常见得多。最著名的就是始建于 1200 年前后的埃尔茨城堡（见图 2），中世纪晚期时它处于扩建状态。[165] 城堡坐落在埃尔茨巴赫河一道拐弯处的低矮山地上，内庭略微偏长，四面环围三组居住建筑，西南方的被称作肯佩尼希楼，东南方是罗登多夫楼，北面是吕本纳赫楼。这些"楼"都屡经扩建，每座都是居住塔楼或者塔楼式防御大宅。除了后罗马风格的部分建筑（小罗登多夫楼），大部分建筑物都兴修于 15 世纪（吕本纳赫楼）或者 16 世纪早期（肯佩尼希楼）。在整个建筑群内部，这三组不同的房屋自成单位，分别由一个家族居住和管理，这些家族是权利平

---

① 马林堡为音译，其字面意思即为"马利亚的城堡"。

第五章 中世纪的城堡

图 76 考布，莱茵河中的普法尔茨格拉芬施泰因城堡以及城市上方的古滕费尔斯城堡

等的共同所有人（共同继承人）。城堡在共同继承人之间的分割、使用范围以及相互间的权利和义务均以合约的方式加以规定。共同使用的只有祈祷室和防御设施。

莱茵兰-普法尔茨的蒙特福特城堡也传递给人一种（与时代不符的）联排式住宅区的印象。费尔登茨伯爵的这座城堡的核心部分建于 13 世纪。防卫城堡的义务在 13 世纪时已经由多个贵族家族共同承担。直到 15 世纪晚期，至少有七座房屋分属不同家族。[166] 这座细长的建筑群的城门旁边有一座城堡主楼，此处的环状城墙向外凸出，从而可以侧面掩护城门。现存特别完好的是一座居住塔楼（"L"，1481/1482 年），可以从地面进入，塔楼底层有一个大的壁炉（灶台）和一间厕所，一楼有一个比较小的壁炉，可能还有一处安装火炉的位置，二楼有一个大壁炉以及一间厕所，三楼只有一间厕所。由此可以推断，这些空间分别为厨房、起居室、小房间（小型大厅）、小房间（寝室）和防御平台。

在施陶芬王朝时期越来越少见的居住塔楼和防御大宅，现在至少在某些地区又流行了，表明这一点的不仅有埃尔茨城堡和蒙特福特城堡；最重要的例子是卡尔施泰因城堡。埃尔茨城堡的居住塔楼构成一个密集的建筑群，因此它们看上去不再是独立建筑。奥尔布吕克城堡的居住塔楼看上去则不同，它修建得特别气派，建筑师不详；城堡的采邑主是科隆大主教。这座又细又高的五层塔楼通过螺旋楼梯上下，楼梯建于角落，这个拐角跟其他所有拐角一样都是圆形的，由此表明修建时间是 14 世纪。入口在二楼，进入需通过一座狭窄的吊桥。楼层各有其用。底层可能用作储藏室，在这里沿螺旋楼梯而上会到达一间厕所。入口层有一个壁炉。三楼空间比较高，外部建有一个带屋顶的木结构小挑楼，有两条通道可以进入挑楼，至于有何功用尚不清楚。或许是打算在这里监控位于下一层的塔楼入口。

特别引人注目的是卡塞尔堡的双塔楼（莱茵兰-普法尔茨），高九层，带墙基和防御平台，塔楼建于 14 世纪后半叶或者 15 世纪早期，所用的大门则是以前建成的。[167] 大门位于墙基层，从外面通向内部的外堡，从外堡进入中心城堡的通道则处于一座建于 1200 年前后的正方形城堡主楼的保护范围。

图 77 莱歇尼希，带有拐角塔楼以及左侧的一个居住塔楼的规则城堡建筑群

这座巨大的双塔楼建筑从正面看，两侧墙体向外扩建成圆形塔楼的形式，圆形塔楼的底层，一个是实心的，另一个内设楼梯。每层楼都有一个房间，多半可以通过壁炉采暖；其中一个可能用作厨房。这或许是某位受委托管理城堡的封臣的居住塔楼；城堡修建者可能是布兰肯海姆的领主。

位于莱茵河下游砖砌的莱歇尼希城堡是以前的大主教的封邦城堡（Landesburg）（见图77），它是一个梯形的建筑群，朝向外堡的一侧有两座对角而立的拐角塔楼，外侧有一座细高的圆形塔楼和一座正方形居住塔楼。居住塔楼修建于1300—1325年，高耸于建筑群之上，既可以对整座城堡进行侧翼保护，也可以保障城门安全，也就是说它也承担了城堡主楼的功能。这座塔楼原本建于空旷之处，外有护城河，将它与中心城堡的其他部以及外堡分隔开。砖结构建筑物和砖结构塔楼在北德很常见，在那里，从建于高处的入口到几乎无人居住的房间，直至加盖楼层和城垛，尽管使用的建筑材料不同，但是可以确定它们有着相同的建筑元素。

防御大宅在14—15世纪主要出现在德国北部，从格雷本施泰因（北黑森）到利希特瑙、贝费伦根和马林明斯特修道院附近的奥尔登堡（东威斯特法伦），直至希尔德斯海姆附近的马林堡。这个时期的防御大宅要么是一座独立的建筑物，曾经可能有围墙或者至少是壕沟环围，要么是一个比较大的建筑群的一部分。后者适用于马林堡，这座正方形的城堡建筑群包括一座城堡主楼和两座比较低的侧翼建筑。

克里斯托弗·赫尔曼以莱茵河中游的城堡和居住塔楼为例指出，居住塔楼的修建者大多为主教。[168]然而至今仍不清楚，为什么恰恰是主教们在14世纪再次修建了居住塔楼；"开启风潮"的可能是一座早前的范例，诸如埃尔特维勒城堡的居住塔楼。然而，功能上的优势并不明显。

新型火器带来的变化

如前文所述，在中世纪晚期城堡建设的一系列发展过程中，火器的出现发挥了重要作用。火药这一发明在1300年前后似乎已经传到了欧洲。1330

年前后，埃尔茨城堡便被一架小型武器发射的箭矢射中。[169] 尤其是在 15 世纪，城堡修建者显然致力于使他们的城堡适应新型武器。即建设墙体特别坚固的塔楼来给予防护，这样的墙体可以在更长时间内承受轻型火器发射出的枪弹，墙上较深的铳眼凹间可以容纳火绳枪射手，甚至小型火炮。

15 世纪上半叶就出现了建有圆形碉楼的防御设施，它要么取代了回廊，要么建于回廊之前，要么作为回廊的一部分。韦廷家族修建的科堡碉堡在 1426 年前后建成了这一类型中或许最齐全的防御设施。总体上，这座碉堡外部环围着建有九座塔楼的城墙，其中四座保存至今。塔楼上有以前用于火器的铳眼，其形状却极不寻常：半圆拱形的孔洞构成了小型火炮的射击窗口，而且可以用活动木板从外部盖住。大概还是在 15 世纪，它们被改建成了狭长的铳眼。显然在那个时代，铳眼的修建还没有一个久经检验的样板，于是在形状上就出现了各种尝试。

与科堡类似，位于贝尔齐希的艾森哈尔特城堡在 15 世纪也用砖砌就了一道不规则的环形防御工事，以此加强防卫，工事的每一个拐角处都建有一座圆形塔楼。不管是在规模上，还是在铳眼的样式上，这些塔楼都各有不同，不过大部分铳眼都适用于火器。15 世纪时，艾森哈尔特城堡的占有人是韦廷家族，阿斯坎尼家族绝嗣后，他们于 1423 年接受封赠，继承了萨克森-维滕贝格公国，贝尔齐希也属于该公国。他们似乎在此后不久便开始扩建这座城堡了。1436 年的一份财产目录列出了贝尔齐希加农炮的数量，可观程度不逊于科堡。

圆形拐角塔楼和侧翼塔楼的修建掀起了城堡建筑群新的建设阶段，它们形状规则，大多为四边形或五角形，塔楼已圆形碉楼化。这类建筑中特别早的一例出现在匈牙利：1416—1423 年，罗马-德意志国王、匈牙利国王卢森堡的西吉斯蒙德（Sigismund von Luxemburg）麾下的一位统帅，来自于佛罗伦萨的菲利波·斯科拉里在欧佐劳[170]修建了一座没有塔楼的正方形城堡作为自己的住所。环绕城堡的回廊也几近正方形，四个拐角处各建有一座圆形塔楼。中心建筑的结构形状是意大利式的，与早期为架设加农炮修建的要塞式宫殿

城堡的世界：历史、建筑与文化

图78　皮恩施泰因，城堡，回廊的城门建筑，背后是紧凑的中心城堡

几乎没有可比性，而更像是意大利北部和中部四侧翼均有建筑的四边形建筑群，那些建筑物外侧没有塔楼，如贝尔焦约索（建于1360年前后）或者普罗（有一个拐角塔楼）。这种建筑类型在贵族住所中特别流行。相比之下，时新的是欧佐劳城堡带有圆形拐角塔楼的正方形回廊。

中欧地区最古老的、几何设计的回廊之一位于比尔森南部的施维豪城堡，它属于里森堡领主施维豪家族。紧凑的中心城堡建于14世纪，由两个侧翼组成，15世纪中叶修筑了回廊，四个拐角处建有圆形塔楼，1490年前后在下一

第五章 中世纪的城堡

个建设阶段又建成了第二道外部回廊，额外还带有圆形碉楼。一项树轮年代学研究表明，内部回廊很可能建成于1455/1460年前后。外部回廊的设计者有可能是王室建筑师贝内迪克特·里德。

上奥地利的皮恩施泰因城堡（见图78、图79）按照统一的施工计划修建于15世纪中叶，是一座紧凑的小型建筑群。在这个时期，上奥地利的施塔尔亨贝格家族从帕绍主教那里得到这座城堡作为采邑。中心城堡在峭壁一侧设计成直角，朝向堡前平坦地带的一侧则相反，修建有两座斜向的侧翼建筑，因而总体上看，平面结构为六边形。较窄的一边是用于居住的侧翼建筑。环绕着内庭而建的中间区域分为两部分，带有两侧翼建筑的一边为厨房和祈祷室，峡谷侧有一堵很高的隔离墙。[171] 回廊的具体修筑时间虽然无法确证，但

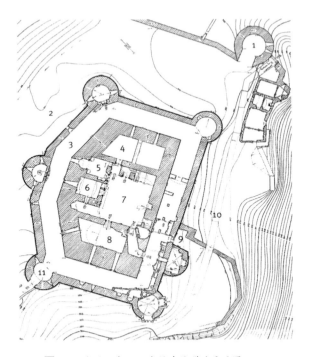

图79　皮恩施泰因，城堡建筑群的平面图
1.炮楼　2.城堡的壕沟　3.回廊　4.库房　5.祈祷室　6.厨房
7.庭院　8.地下室　9.主城门　10.车行道　11.入口

是建筑群的整体性表明，它的修建时间几乎不可能比中心城堡晚太久。回廊的圆形碉楼可用于装配小型加农炮，从这个地方射击，覆盖区域从幕墙以及城堡的前沿地带直至外护墙（壕沟的外侧界墙）。设有城门的通道从平地穿过一座回廊塔楼，通往城堡，陡坡上还有一座城门，也可以穿过它从后面进入建筑群。回廊不仅仅可以用于防御，而且还可以用于排水和排污，因此所有厕所的下水都通到这里。

15世纪最后三十年间，德国中部才出现平面结构基本规则、可抵御火器的建筑群，即北黑森的弗里德瓦尔德宫殿和萨勒河畔的哈雷的莫里茨堡。黑森方伯的弗里德瓦尔德宫殿始建于1479/1480年前后，竣工于1489年前后，为四边形，四个侧翼均有建筑，宽阔的两翼用于居住，狭长的两翼为杂用建筑。拐角处由厚度不同的炮楼侧面防护。莫里茨堡在修建时或许受到了弗里德瓦尔德宫殿的启发，因而布局非常类似。它是马格德堡大主教的宫邸，因此这里的侧翼居住建筑设计得更为奢华。然而，弗里德瓦尔德冠以"宫殿"之称（本该使用宫殿要塞）以及哈雷使用"莫里茨堡"这个名字，现在已经约定俗成了。除了军事用途以外，弗里德瓦尔德宫殿也用作狩猎宫殿。此后在1526—1550年，由一座居住塔楼（13/14世纪）组成的阿尔滕多夫城堡（埃森）增建了一个梯形外堡，外堡建有四座可架设火绳枪的圆形拐角塔楼。城堡修建者是在土耳其扩张战争中功勋彪炳的克里斯托弗·冯·维廷霍夫－谢尔（Christopher von Vietinghoff-Schell，1501—1564）。这一建筑模式很快也在德国西部流行开了。

在兴建弗里德瓦尔德宫殿的同时，黑森方伯在法兰克福附近重新修建了吕塞尔斯海姆城堡，这座城堡是黑森方伯在卡岑埃尔恩博根伯爵绝嗣以后于1479年得到的。新建筑的平面结构为正方形，包括两座大型居住建筑，一座专供方伯居住使用，另一座用于安置雇佣兵，整个建筑群由回廊环围，回廊上的圆形碉楼适用于火器。由于供军队和供诸侯居住的建筑同时存在，因此吕塞尔斯海姆城堡作为早期的"宫殿要塞"，显然是后来纯军事要塞的前身。

1477—1492年，黑尔茨贝格附近出现了一座新的宫殿，它是为黑森封臣

第五章 中世纪的城堡

图 80　黑尔茨贝格，中心城堡的拐角塔楼由方石砌筑并与外堡相连

汉斯·冯·德恩贝格（Hans von Dörnberg）而建的（见图 80）。这个梯形建筑群拥有四座拐角塔楼。第五座塔楼位于入口侧的正中间，然而没有为了实现侧向防御将其修建于环状城墙前，而是——部分嵌在环状城墙之中——置于其后，位于建筑群的内部；1536 年，再次将它加高。建造这座塔楼时，修建者遵循了中世纪修建城堡主楼的传统，因为城堡主楼通常建于城墙内侧靠近城门处。黑尔茨贝格拐角塔楼的底层因为要架设火炮，所以由方石砌筑，上层为桁架建筑：要么是修建者觉得足够安全，要么没有意识到桁架建筑有可能存在的特殊风险。在黑尔茨贝格可以感受到，人们在努力将最新的防御

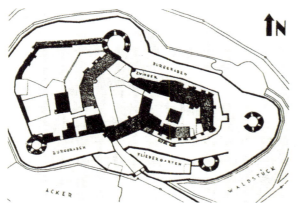
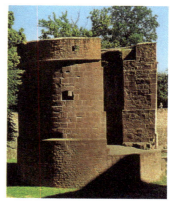

图81 布罗伊贝格，城堡的俯视图（左）
图82 布罗伊贝格，中心城堡前方可架设火绳枪的塔楼，用来保护城堡的壕沟（右）

技术跟传统的建筑类型融合在一起。

1497年之后不久，奥登林山的中世纪城堡布罗伊贝格在韦尔特海姆伯爵米歇尔二世（Graf Michel Ⅱ）统治时期被扩建成一座圆形碉楼式要塞（见图81、图82），工程一直持续到1515年。城堡东侧的壕沟里建有一座单独的炮楼，城堡西侧则由建有低矮炮楼的环状城墙保护。所有炮楼都为小型火炮配置了兽嘴形铳眼。1528年建造的军械库刻有建筑师的名字"汉斯·施泰因米勒"（Hans Steinmiller），整个建筑群可能都是由此人负责修建的。这是德国城堡建筑中最早的、确凿无疑的建筑师铭文之一。

16世纪前20年，中世纪的城堡库夫施泰因在被国王马克西米利安的军队攻占后，被扩建成要塞的样子。主塔楼居中心而建，有可能取代了以前的城堡主楼，它是一座炮楼，上面架设的加农炮可以封锁整个峡谷，以此也可以阻断前往勃伦纳的一条重要通道以及通往意大利的交通线。尽管库夫施泰因具有要塞的特征，但整个建筑群一如既往保留有一座专供诸侯居住的建筑。经过17世纪的扩建以及1703年后的再建，才又修筑了规模庞大的棱堡。

通常情况下不会砌筑完整的回廊，而是只修建局部防御工事，用来保卫城堡特别容易遭受攻击的一侧。例如下奥地利的邦侯城堡科尔米茨。它的外堡依地势走向而建（1450/1460年左右或之后），最高处是一座巨大的圆形碉楼，半圆形塔楼沿城墙而建，可以侧向防御，其中一座半圆形塔楼用作城门塔楼。15世纪中期，在城堡前方大约350米远处，建起了一段约110米长的封锁墙，也就是"波希米亚墙"，它切断了城堡所在山坡的整个山脊。不过除了一座曾经修有吊桥的塔楼式城门建筑，这个城堡没有其他凸出于城墙的塔楼，只有一条带雉堞和铳眼的防御通道。

海德堡宫殿（见图83）是来自维特尔斯巴赫家族的行宫伯爵（Pfalzgraf）的主王宫，其中心区域可以追溯到13世纪上半叶，1470/1480年前后，在它的东侧修建了三座可侧面防卫的圆形碉楼用于架设火炮。它们直接朝向攻击面。宫殿建于城市上方的山坡之上，这样的地理位置削弱了它面对重型火器时的防御值，因为攻击者所在位置稍高一些，轻而易举就可以击中城堡。修

图83 海德堡，加农炮楼，17世纪晚期炸毁后的内部视图

建圆形碉楼的目的就是抵御攻击者。然而因为可用空间已然逼仄，同时又希望建成一座宏伟的王宫，所以不得不寻求一种折中方案。于是，将现有的建筑群扩建至以前的壕沟里，新建了环状城墙，圆形碉楼凸出在环状城墙以外，伸至壕沟，这样既可以防御侧翼建筑，也可以保卫堡前地带。西北侧额外修筑了一座圆形碉堡（"胖塔"），西侧余下部分被建成架设加农炮的平台，因此火力范围也覆盖了山坡的其他位置，甚至是内卡河。这些新建塔楼并非属于远离建筑群的外部防御工事，而是主要建于东侧，位于居住建筑前方不远处，此外也只在南侧山坡额外砌筑了一段坚厚的盾墙来保护这些建筑。在超过一个半世纪里，这些塔楼足以保障城堡的必要安全。直到 1689/1693 年，在普法尔茨继承战争①中，它们才未能抵御住法国军队的攻击；即使当时并未毁于战事，它们也在法军占领后被炸毁。

为了抵御火器攻击或者装备火器提高防御能力，往往不是对整个城堡建筑群进行翻新，而是新建一部分防御工事，起决定作用的除了空间不足，诸如海德堡，往往还有成本因素。1500 年前后的几年间，修建炮楼也是如此。早期的炮楼与中世纪的塔楼相比，最初在高度上几乎没什么区别，只是墙体的坚固度有所不同。选择把它们修建在现在的位置，是为了尽可能保护城堡两个侧翼的安全并且以此给进攻造成极大困难。这样的炮楼有一些保存至今，例如在黑森（马尔堡，1478 年；马尔堡附近的诺伊施塔特，1480 年前后；奥登林山的利希滕贝格，1503 年；弗里德贝格，1500 年前后）。属于同一时期建筑的还有法尔肯施泰因城堡（上奥地利）的"水塔"，它坐落于城堡所在区域以外，耸立于一条古老的主干道上方。根据铭文记载，这座五层高的塔楼可以追溯到 1489 年，它建于一处水源上方，不仅要守卫城堡，还要保护水源。[172] 在水塔的上层，可以看到适用于火绳枪的铳眼；螺旋楼梯位于墙基处，连通所有楼层。

15 世纪，火器的广泛应用带来的反应主要体现为建筑上的大胆尝试以及

---

① 普法尔茨继承战争（Pfälzischer Erbfolgekrieg）：1688—1697 年，法国与神圣罗马帝国争夺普法尔茨选帝侯的战争。战争期间，法国军队两次进军海德堡，重创了海德堡宫殿。

个别举措。于是出现了各种形状的铳眼，兴修了适用于火器的单独的塔楼，砌筑了更加坚厚的墙体——然而在15世纪时，显然并没有预见到火器的进一步发展。因为这些措施似乎确实足以应对接下来的几十年，但在今天看来却极其不足。初期的炮楼往往主要是火绳枪而非加农炮的射击场，随着时间的慢慢推移，才开始在回廊围墙或者环状城墙修建多座适用于火器的塔楼，它们也就成为这些墙体的一部分。这个时期还没有出现跟城堡有一定距离的外部防御工事。

城门和城堡主楼的发展演变

城门的安全性在中世纪晚期受到的关注明显高于中世纪鼎盛时期。虽说在很长时间里，使用推入式门闩的简单城门足以保障安全，但在1300年前后的几十年间，还是引进了吊闸，它在12世纪晚期就已经应用于法国北部和英格兰南部（如多佛城堡）了。其原因究竟只是对安全保障有了更高的需求，还是也包括进攻性武器的发展，目前并不确定，然而总的来说，安全保卫措施的增加（更高的环状城墙和更具有整体性的壕沟设计）证实了这样一种假设，即进攻性武器在这个时期得以改进。采用吊闸意味着，必须将城门加高成塔楼状，这样才能拉起吊闸，打开城门（霍恩贝格/内卡河畔，1500年前后）。不过也有个别吊闸被安设在城门上方加高的城墙上（考布附近的普法尔茨格拉芬施泰因和纽伦堡城堡伯爵堡的外城门，14世纪；哈尔堡，15世纪）。城门塔楼虽然在罗马风格时期已经存在（如下弗兰肯地区的萨尔茨堡和奥登林山的维尔登贝格），但吊闸的出现肯定促进了门楼的进一步发展。

与吊闸大约同一时期，吊桥作为另一种形式的城门安保措施也得到广泛应用。在诺曼－英格兰地区，吊桥同样出现于12世纪晚期（如多佛的吊桥，1190年前后）。经查证，中欧地区最早的吊桥现存于施塔加德城堡（1270年前后）。14世纪，这种形式的城门安保措施遍布整个德语区，因此从15世纪起，几乎没有一座城堡没有吊桥了，而且直到18世纪，它都是要塞建筑中寻常的城门安保措施。

不管在城门的多样性，还是为此可能耗费的开支上，美因河畔米尔滕贝格附近的施塔特普罗采尔滕城堡都堪称典范。它的两座外城门都建有吊桥而且彼此隔开，狭窄的侧门供行人出入，宽阔的大门供车辆通行（15世纪下半叶）。穿过它们便是回廊，随后就会置身于一座单独的小型城门回廊前方（见图84），城门回廊有一座简单的尖拱形城门，门框为后哥特式（1500年前后）。第四座城门才是沿最古老的环状城墙而建的后罗马式圆拱门。后来又修了一座更大的城门建筑，也就把这座城门纳入其中了，该建筑背面另建了一座尖拱形城门，直通城堡的庭院。因此，在短短一段路上，需要经过四道城门。不过，这座城堡既没有毁于1525年前后的农民战争，也没有毁于三十年战争

图84　施塔特普罗采尔滕，城堡，带有以前的吊桥的回廊城门以及外堡的城门

（1618—1648），起决定作用的肯定还是其他因素。

不同寻常的城门建筑还有艾森巴赫中心城堡正面一个五边形城门塔楼（上黑森，15世纪），这座城堡由艾森巴赫的里德泽尔家族所建，该家族从1437年起担任黑森方伯的世袭内廷大臣一职。壕沟上方有一座吊桥。城门塔楼里的城门用了没几十年便被弃置，并且在旁边新建了一座城门，它同样也带有一座吊桥，直接通往内庭。

中世纪晚期，环状城墙的内侧经常设计有大型的装饰拱廊（Blendarkade）。这种举措同样常见于城市城墙，由此可以节省建筑材料，而且也不会因为墙体比较薄而无法修筑防御通道的下部结构（南蒂罗尔的布鲁尼科城堡，纽伦堡的城市城墙，美因河畔的弗洛伊登贝格城堡，14世纪）。城市建筑群和城堡建筑群规模越来越大，显然需要更长的城市城墙和环状城墙。雉堞以及侧翼塔楼里的铳眼也是新的防御元素。一般而言，铳眼是1226—1250年才出现的。不过，大多数的防御仍是从墙帽开始的，只有很少的环状城墙，在其下部砌入带有铳眼的城墙步道（厚度同墙身的防御通道）。属于这些特例的有施洛伊辛根的贝特霍尔德斯堡，它在1426—1450年增盖了一座防御大宅，旧日的建筑群由此得到扩建。防御大宅外侧建有两座圆形塔楼，其底层由一条防御通道连通，通道上配有适用于火器的铳眼。类似的案例在1525/1530年前后也出现于下弗兰肯地区的福德弗兰肯贝格宫殿。

另一个中世纪晚期的创新是，"壳式塔楼"越建越多。这些塔楼主要沿环状城墙或者回廊围墙而建，朝向回廊庭院以及城堡庭院的一侧是开放式的（如鲁德尔斯堡、龙内堡，均建于15世纪）。此外也有壳式城门塔楼（莱茵费尔斯，1303年前后）。这种建筑设计的主要原因可能是通过节省材料和劳动力来降低施工成本。攻击者鲜少能够牢牢占据这样一座塔楼，只能算作次要方面。若是后来又赋予壳式塔楼某个新功能或者额外功能，例如像莱茵费尔斯那样设立一个铁匠作坊，那么就会筑墙把它四面全都砌住或者修一个类似木板房的嵌入式木建筑（内卡河畔的霍恩贝格，城门塔楼，15世纪）。

城堡主楼在中世纪晚期依然是城堡的主塔楼。不管哪里扩建旧城堡，在

城堡的世界：历史、建筑与文化

图 85 陶努斯山区的科伦贝格，城堡主楼，13世纪，相对更狭细的上部塔楼，14世纪；前景是14世纪的中堡，改建于1600年前后

现有居住建筑上加盖新的楼层而且增加屋顶的倾斜度，与之相应的措施就是加高城堡主楼，这样城堡主楼才会始终高于其他所有建筑物。若是城堡主楼直径特别大，也可以在其上方加盖一截相对狭细的塔楼。这种情况比较少见于正方形城堡主楼（美因河畔的弗洛伊登贝格，陶努斯山区的科伦贝格，见图85），往往出现在圆形城堡主楼。城堡主楼由此构成了一种独特的"黄油搅拌桶"的形状，尤其常见于14世纪和15世纪修建的黑森地区和中莱茵①河畔的城堡（弗里德贝格、伊德施泰因、比丁根）。与众不同的是中莱茵河畔马尔克斯堡的正方形城堡主楼（12世纪），它在14世纪时额外增建了一层

---

① 中莱茵（Mittelrhein）：即莱茵河中游，指宾根和波恩之间的河段，是莱茵河最富魅力的一段，两岸风光旖旎，景色壮丽，保留了大量充满浪漫色彩的城堡和宫殿遗址，关于莱茵河的许多古老传说都发生在这里。

正方形的楼层，并且在其上方修筑了圆形的顶部塔楼。通过这种方式，既可以保留低矮的防御楼层的优点，又能够通过细长的上部塔楼俯瞰远处。

因此，防御性建筑在中世纪晚期的发展不仅仅带来了防御能力的大幅度提升，而且相较于中世纪鼎盛时期的形态，最终决定了城堡今天的样子。高耸的塔楼、前方连接回廊的环状城墙、拥有吊闸和吊桥的城门属于13世纪到15世纪的城堡建筑。

居住在中世纪晚期的城堡

在居住用途方面，中世纪晚期的城堡相比于中世纪鼎盛时期，显然可以找到更多的证据。不仅因为保存至今的建筑物数量要大很多，此外也流传下来更多的档案资料（例如财产目录）以及图文并茂的描绘，尤其还有大规模的考古发现，从中可以了解到城堡中的生活状况。然而有些事物似乎新生于中世纪晚期，事实上可能并非全然如此，例如空间结构的差异就是在此之前形成的。[173] 若要研究居住用途和居住文化，必须考虑到各个城堡的通行设计。其中包括城堡的通道，首先是通往城堡的道路，但尤其是指城门与最重要的居住建筑之间的视觉连接和连通路线。设计单个建筑物的通路，需要顾及楼梯以及各空间彼此之间的连接。这时要注意门的闭合方向以及走廊或者过道的设计。通过这种方式也可以区分"相对公共"和"比较私密"的空间。

如何连接主城门和居住建筑或者用于迎接宾客的大厅建筑，不管是在中世纪鼎盛时期，还是中世纪晚期，都没有普遍适用的规则。居住建筑并没有处于主城门的可视范围，类似于文艺复兴式宫殿中那种常见的设计，而是有可能隐藏在其他建筑的背后，例如在黑森的多座城堡（奥茨贝格、布罗伊贝格、巴本豪森）中，居住建筑都隐匿于一座坚固的旧城堡主楼后面。但是在邦君城堡马尔堡，中世纪的访客从主城门后面径直便可抵达大厅建筑的露天台阶。不过15世纪或者16世纪时，这个露天建筑被拆除后，原来的主通道就再也分辨不出来了，因为所有的入口都简陋且促狭。与马尔堡的大厅建筑（见图86）一样，至少在13—14世纪，甚至在15世纪，居住建筑的入口往

图 86 马尔堡，宫殿，大厅建筑中的宏厅，1295 年前后

往位于上层，需要经由一段露天台阶才可抵达。在哈尔城堡（蒂罗尔，15 世纪）和伦克尔施泰因城堡（1400 年前后），通往居住区域的露天台阶是石砌的，在维皮泰诺附近的莱芬施泰因城堡（15 世纪），通往居住楼层的露天台阶则是木头建的。在伦克尔施泰因城堡，有多个入口用于上下连通各楼层，它们位于一楼不同房间的角落。接待贵客时可能会举行欢迎仪式，但在这个时期，至少在建筑方面没有留下任何有关这种仪式的痕迹。建筑物及其入口在中世纪晚期还没有体现明显的建筑等级。

进入内部的重要渠道是楼梯，主要因为与中世纪鼎盛时期相比，多层建筑和比较高的塔楼的数量明显增加。最初，占主流的还是直线形楼梯和又窄又陡的短楼梯。到了中世纪晚期，节省空间的螺旋楼梯才迅速得到广泛应用，通过它可以进入多个侧翼建筑或房间。巴本豪森的螺旋楼梯间塔楼（1200 年以前）属于其为数不多的前身建筑，此后，霍亨格罗尔德塞克的两座防御大宅在 1270 年前后以及马尔堡的宫殿祈祷室和侧翼居住建筑在 1288 年前后建成了早期具有代表性的螺旋楼梯。马尔堡的楼梯因其哥特式石雕花格窗使得整个庭院立面独具一格。14世纪中期起，螺旋楼梯的修建更为寻常。[174] 将楼梯安置在建于房屋立面前的楼梯间塔楼里，主要兴起于15世纪晚期，尤其常见于16—17世纪早期。中世纪晚期结束之际，迈森的宫殿建成了面向庭院开放的楼梯间塔楼（1471—1485），上面装饰的大量浮雕使之第一次成为整个庭院立面的标志性特征。一个妙趣横生的方案是格拉茨的公爵城堡，即现在州政府驻地的双螺旋楼梯，它外表朴实无华，内部设计却令人惊叹不已（1500年前后）。

独立的大厅建筑在中欧并非常例，因为大厅大多位于多层居住建筑内。最著名的就是马尔堡的大厅建筑（1295年前后）。稍早于它的大厅建筑出现在1285/1295年左右，建于海牙的城堡。[175] 这座城堡大概始建于德意志对立派国王荷兰伯爵威廉二世①（Graf Wilhelm Ⅱ）统治期间，此后在荷兰伯爵弗洛里斯五世（Graf Floris V）治下才修建的大厅建筑。该建筑有一个拱顶地下室，其上方是一间很大的厅，大厅将主入口设在较窄的一侧，并且因此明显不同于中世纪晚期的其他城堡建筑。山墙的正面有两座塔楼分别立于两侧，塔楼内均建有圆形螺旋楼梯。大厅建筑后方，与之横向交叉的一座建筑中有两间比较小的厅。15世纪中叶，公爵好人菲利普②在布鲁塞尔的库登贝格宫修建的宏伟的大厅建筑似乎效仿了这个样式。带有拐角小塔楼或者角柱的大厅建筑可以追溯到勃艮第或者法国的建筑蓝本；依循这一样式而建的还有蒙塔日的国王城堡的大厅建筑（14世纪），这座两层建筑窗户众多。伦茨堡的大厅建筑（瑞士）建成于14世纪中叶，哈布斯堡家族统治时期，它有两间大厅，下面那间较为低矮，朝向山谷有一个（复原后）宽阔的立面，整面都是尖拱形窗户，上面那间更大一些。这里没有修建拐角小塔楼。独立的大厅建筑只

---

① 威廉在1235年承袭父亲的爵位为荷兰伯爵，于1248—1254年被选为对立派国王，在1254—1256年才是德意志唯一的国王。
② 好人菲利普（Philipp der Gute）：勃艮第公国的第三代公爵，在位期间利用联姻、战争等手段大大扩张了勃艮第公国的势力，特别是整个吞并了低地国家。

有上层贵族才有资格享用，在大部分的城堡中都没有发挥作用。

在形式和建筑整合方面，中世纪晚期的城堡祈祷室并没有不同于中世纪鼎盛时期。哥特式的城堡祈祷室几乎全都是作为某个侧翼居住建筑的边房修建的（马尔堡、伯锡格/贝兹杰兹、齐萨尔），独立的祈祷室建筑很少见。只有诸如纽伦堡和埃格尔修的那种双层祈祷室再未修建，这或许与大范围停建行宫有关。不过原则上说，这个时期——即使很少见——存在上下相叠的祈祷室，它们通过一个小型孔洞连为一体（如因戈尔施塔特），但孔洞只是有助于传声，使人们可以跟着另一层共同做弥撒。大部分祈祷室的特点都是相对简朴、通常为单跨的建筑，再加上肋架拱、石雕花格窗和大门，完全符合当时盛行的哥特式风格。拱顶需要外部结构建有扶壁；在马尔堡，扶壁却伸向内部，形成深的壁龛。

比丁根的伊森堡伯爵城堡的哥特式祈祷室（1495—1497）表明，城堡祈祷室在中世纪晚期何等重要以及人们愿意在它上面有多大投入。为了修建这座祈祷室，罗马式祈祷室的上方扩建了两层楼，自此以后，原来的祈祷室就只用作附属的墙基层。以前的防御通道改为楼厢，归入祈祷室之内。一般情况下，哥特式城堡祈祷室的装饰画至少会保存下来一部分；对于罗马式祈祷室，就会用新壁画加以装饰（蒂罗尔宫殿）。祈祷室的壁画往往是城堡唯一保存下来的或者有据可查的绘画装饰，例如在马尔堡，那里的宏厅仅仅粉刷成了白色。

有关中欧城堡的居住结构，我们只是对1500年前后几十年的情况有一个比较准确的概念。基本结构即居住空间和工作空间兼具，这也就构成了前文已经述及的套房，它们主要出现在1450—1650年。[176]这些套房大多位于楼上。可以有一间前室作为进入套房的通路，但并非必不可少。我们对于1500年前后这段时间套房功能的了解，不仅源于建筑方面的考察结果，而且还借助了数量越来越多的财产目录，这些目录提供了室内可移动陈设的具体信息（15世纪，如迈森、特里安、伦克尔施泰因；16世纪，如居斯特罗、施马尔卡尔登）。厨房跟大厅一样，也经常带有一间起居室。起居室和寝室总会建在一起，但不一定相邻。它们也可能分属上、下两层，并且通过楼梯直接连通（迈森、

第五章　中世纪的城堡

图87　佩格尼茨河畔的劳夫，装饰有波希米亚纹章浮雕的国王寝室，1355年前后

博伊蒙特）。

　　皇帝查理四世作为波希米亚国王下令修建的一些城堡对个别空间进行了更明确的界定。劳夫城堡的一楼，在一条通道后面建有一间起居室和一间寝室（见图87），后者带一个壁炉和一个厕所。卡尔斯克罗内城堡是一座长条形建筑，两端的建筑部分一个是四边形，一个是半圆形塔楼状。上部的两个楼层有一个拱顶的木板房，在顶层，塔楼内相邻的空间包括一个带厕所的寝室。14世纪中期，国王城堡里修建套房大概已经蔚然成风了，甚至可能成为标配。在波希米亚的国王城堡伯锡格/贝兹杰兹，不管是国王居住的建筑，还是城堡伯爵居住的建筑，里面都有组合空间（Raumgruppe）保存下来，包括一间起居室、一间靠壁炉采暖的寝室和一间小厅。[177] 也就是说，这里的套房除了

起居室和寝室外，又增加了第三个房间，从而创造了一个特别考究的居住环境，这也证明了居住者的社会地位很高。这个小厅很可能平时跟起居室有共同的用途，尤其用作接待客人。

在班贝格主教拉姆布莱希特的福希海姆城堡，1391年前后建成了一座宏伟的居住建筑，经过改建，它现在的主楼层各有两个大厅。底层有一个很大的前厅，原本可以从庭院进入，厅内以托梁搭顶，配有一个壁炉。从前厅进入的第二个房间在竣工后不久又增加了（1398年前后）一根中央支柱和一个十字肋架拱，采暖是通过地板供热。[178] 据推测，这里是宫廷客厅，一种当时尚属新兴的房间类型，毗邻门扇有一间厨房，经证实是1561年才修建的。不过，该房间有一幅创作于1400年前后的壁画，描绘的是大卫王正襟危坐于一只雄狮和一头战象之间，因此这里也可能被用作觐见大厅。

一楼的平面结构同底层，一堵墙将其分隔成两个空间区域。在较大的那个空间，按照原始状态，缩小比例复原了一间木板房。该空间余下呈"L"形的部分，以前有一个壁炉并且连通厕所，因而它很可能被用作寝室。另一个空间以前可能同样是分隔开的，其下方就是底层那个宫廷客厅。竣工没几年，它又加建了一个拱顶并且绘上大量人物壁画，北面是《圣经》题材，南面是世俗题材，这里或许是城堡祈祷室和一间非宗教用途的小厅。由此看来，一楼拥有套房结构，是供主教使用的颇具代表性的居住楼层。

上述例子表明，相较于中世纪早期和鼎盛时期的城堡，在中世纪晚期的城堡中，平面结构出现差异化，显然成为一种惯例。除了大厅和厨房，楼层的平面结构始终包括可采暖的居住空间，诸如起居室和寝室，它们往往是以套房的形式构成配套的组合空间。然而套房并不是居住空间唯一的平面结构体系，确切地说如这些波希米亚城堡所示，在设计方案上存在一定差异。寝室并非总是可以直通厕所，因为设计厕所位置时通常要因地制宜，从而尽可能避免出现排污问题（施佩斯堡/阿尔萨斯，1260年前后）。

中世纪晚期居住文化的特殊标志还包括利用壁画将大量空间装饰得气派不凡。据推断，中世纪鼎盛时期，在许多城堡里（至少是供上层贵族使用的建筑物中），不仅大厅的墙壁，其他居住空间的墙壁都涂有颜色。不过在中欧，城堡中的人物壁画是从 13 世纪早期起才流传下来的，到了中世纪晚期，其数量急剧增加。最早的这类建筑包括南蒂罗尔地区罗登埃格城堡的大厅，即所谓的伊魏因厅（Iwein-Saal，1200—1225 年）。这是底层一个利用壁炉采暖的房间，不是寝室就是小厅，内部绘有大量壁画，内容取自 1200 年前后才写就的有关伊魏因的传说。壁画再现了英雄伊魏因的故事中第一章节最重要的情节，直至伊魏因与露涅特相遇于她婚礼前（最后一幅画已经遗失）。这组壁画遍及房间里的每一面墙。同样致敬伊魏因传说的还有施马尔卡尔登（图林根）"黑森官邸"的壁画，"黑森官邸"是 1200 年前后修建的一座贵族官邸，这些壁画绘于它（曾经）的底层。骑士史诗作为壁画主题深受欢迎，也体现在尧尔公爵的一处住地——博贝尔勒尔斯多夫/谢德伦岑（西里西亚）居住塔楼的大厅。那里的壁画创作于 14 世纪前半叶或者中期，呈现了阿图斯传说中的一系列场景，此外还绘有圣克里斯多福[①]和其他圣人，1368 年以后，又增加了雷德恩领主的纹章，当时他们很可能获得了这座塔楼。

  中世纪晚期规模最大的世俗题材的湿壁画保存在博岑附近的伦克尔施泰因城堡。它们是 1390/1400 年前后由温特勒兄弟委托绘制的，温特勒兄弟来自博岑的一个商人家庭，于 1385 年购得此城堡。这些壁画原本在城堡的三座居住建筑里都能见到，它们描绘了周边地区的一系列城堡、骑士马上比武的场景、宫廷社交聚会时的舞蹈和游戏、狩猎的场景和宫廷中的情侣夫妇，此外还包括一条动物形象的带状缘饰、一条纹章图案的带状缘饰和以窗龛形式出现的形形色色单个人物形象。温特勒兄弟修建的"夏苑"底层有一间大厅通过连拱廊向庭院开放，上层有一间套房，它们也装饰有壁画，内容是有关特里斯坦、加勒尔以及维加洛伊斯的故事中的场景（见图 88）；庭院立面绘

[①] 圣克里斯多福（hl. Christophorus）：亦翻译为圣基多福、圣基道或圣基道霍，传说中他的本名为欧菲鲁斯，因帮助耶稣假扮的小孩子过河，改名为克里斯多福，意为"基督背负者"。

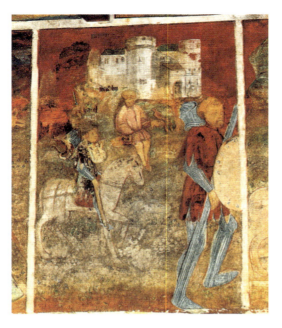

图 88 伦克尔施泰因，夏苑，绘有加勒尔传说的壁画，背景是一座建有圆形拐角塔楼、造型规则的城堡

有中世纪晚期深受欢迎的"九伟人"①系列组图以及模范君主的形象、著名的人物和寓言。有些房间的壁画虽已残缺不全，但可以推断出，几乎所有的空间——起居室、寝室、大厅、前室和走廊——最初都装饰有壁画，房子的主人会将它们展示给来访的客人看，并且加以讲解。1508年，也就是这些壁画完工大约一个世纪以后，皇帝马克西米利安一世（MaximilianⅠ，自1490年起作为蒂罗尔的邦君成为这座城堡的占有者）命人修复这些"美好且古老的历史文物"，该旨令表明，以骑士故事为壁画主题长期以来一直备受青睐。还有一种可能是，温特勒兄弟跟奥地利公爵的朝臣保持着良好的关系并寄望于晋入贵族阶层，他们试图通过购买这座城堡并加以装饰来表达自己对提升

---

① 九伟人（neun Helden）：欧洲中世纪所谓的九伟人是欧洲神话传说或者《圣经》和历史故事中出现的九位英雄，他们体现了"骑士精神"。学者们将九伟人分为三批："基督教之前三位"（赫克托耳、亚历山大、恺撒），"《圣经》旧约三位"（约书亚、大卫、犹大·马加比）以及"基督教时代三位"（亚瑟王、查理大帝、布永的戈弗雷）。

社会地位的追求。

同一时期委托装饰特里安主教城堡（布翁孔西格利奥城堡，1400 年前后）阿德勒塔楼的则是一位诸侯。这是城市城墙上的一座城门塔楼，其楼上三层加盖于城堡之上，里面的房间相对比较小，只能从城堡里通过防御通道进入。但是这些房间并没有防御功能，而是建作起居室或者卧室，可能是为诸侯主教①的客人准备的；不过它们肯定可以供诸侯的客人参观。位于中间层的那个房间，也就是进入的第一个房间，四面墙壁全部装饰有壁画，这是一组共 12 幅的月历图。它们展现了各个月份特有的活动，主要是诸如垦耕、播种、收割和采摘葡萄这样的农业劳作，不过也有像狩猎、情歌演奏、打雪仗这类贵族休闲娱乐活动。这些湿壁画之所以闻名，首先是因为它们真实再现了当时的自然风光和建筑。在其中一幅画面上可以看到特里安城堡和城市，另一幅则描绘了同样归特里安主教所有的斯泰尼科城堡（特伦蒂诺）。尤其是阿德勒塔楼的湿壁画可以证明，1400 年前后，城堡本身已经成为壁画的作画对象。流传下来的这类画作中年代更为久远的还有阿维奥城堡（特伦蒂诺）的一幅湿壁画，它创作于 14 世纪中期，描绘的是出现于历史上或者神话中规模较为宏大的一个战争图景，从画面上可以识别出阿维奥城堡建筑群。之后从 15 世纪起，这类壁画越来越多。例如施维豪城堡的祈祷室有一幅创作于 1520 年前后的壁画，主题是城堡剪影前的圣乔治。

上述所有系列创作，包括绘有人物形象的画作都绘于所在房间的上半部分，形成了位置多少有些偏高的连续带状缘饰，有的还会再补充一条通常较窄的图画饰带。下方的区域只要没有装护墙板，大部分会画上充满想象力的壁饰。这就说明了，中世纪同时代的人更多的是把这些具象的湿壁画看作极其昂贵的壁毯的一种持久替代品，或许只有上层贵族才能在一定程度上买得起那些壁毯。各座城堡中，壁画在内容上并没有一个完整的规划，只是以各

---

① 诸侯主教（Fürstbischof）：又译作采邑主教，指以教会诸侯的身份治理着一个或者多个公国，同时拥有政教二重权力的主教。这些世俗地位并不是源自担任主教者在领受圣职前获得的贵族身份，而是附加于这些主教职位上，随着主教职务的传承而跟着继承。

个空间为单位。它们主要展现了壁画委托者的装饰乐趣和时尚品位，画作主题的选择也表明了委托人实际属于王公贵族或是正在谋求归附这一阶层。

在这个时期，不管是绘画，还是雕塑，以纹章、系列纹章和家谱形式出现的各个朝代的自我表征都属于广为流行的世俗主题。有证据表明，1200 年前后，盾牌上开始出现纹章。最早的证据包括一份 1196 年前后彩绘的手稿，书名为《高尚的奥古斯都》（一部有关皇帝亨利六世丰功伟绩的韵文编年史，1165—1197 年），作者是埃博利的彼得鲁斯（Petrus von Ebulo）。手稿中有多处彩图描绘了手持盾牌的骑士形象，盾牌上装饰有纹章。[179]13 世纪晚期起，城堡中才出现带有纹章图饰的壁画。已知最古老的系列彩绘纹章来自一处封建城址——克雷姆斯的"戈佐堡"。另一个早期的例子出现在伊森堡家族的氏族城堡比丁根，它是该家族的纹章图案，在 1332 年以后绘于城堡中一间小厅的墙面，状似壁纸。最古老的系列纹章浮雕现存于文策尔宫殿，即劳夫城堡的查理四世的寝室（1353 年起）。14 世纪晚期起，才更频繁地在房屋立面、大门上方、窗户和壁炉边装饰上一个个纹章，总而言之，它们属于中世纪晚期和文艺复兴时期的建筑现象。其中一个著名案例便是维也纳新城中城堡的庭院立面，1453 年前后，在它上面装饰了 107 个精美的哈布斯堡家族的纹章浮雕，环于皇帝腓特烈三世的雕像四周。15 世纪中叶起，纹章作为装饰图案和占有人的标志成为德语区几乎所有城堡的必备陈设。此外，今天的研究工作可以把它当作断代的依据，因为纹章往往可以追溯到某个具体的人，尤其是联姻纹章（夫妇共同的纹章）。

一种展现某个家族历史的特殊形式是家谱。皇帝马克西米利安一世统治时期，哈布斯堡家族多次请人通过艺术手法呈现自己的家谱，先是用彩笔绘制成手稿，最终雕刻在因斯布鲁克宫廷教堂内马克西米利安的青铜墓碑上（1510 年前后开始设计，教堂却修建于 1553—1563 年）。该家族在特拉茨贝格城堡的封臣命人把城堡的大厅绘上人员众多的哈布斯堡家族的家谱（1505 年前后）。这座城堡的占有者，也就是滕策尔家族，原本出身于平民阶层。靠采矿发迹以后，他们紧接着通过绘制哈布斯堡家族的家谱向封赏自己的封建领主致敬，同时也彰显了自己的影响力。

不过，绘画作品只是将城堡布置得更适宜居住、更具代表性的一种途径。没有壁画的地方，并非意味着遭到了破坏。大多数的大厅、起居室和寝室，其内部可能从未用绘画装饰过，而仅仅刷上了涂料。但是从 14—15 世纪起，起居室往往全是木墙结构或者装饰上壁板。尤其是大厅，可能经常用壁毯来装饰。倘若壁毯的所有者拥有多座城堡，它们就会被当作贵重的家居饰品从一座城堡带至另一座。但是一定可以想象到，这些曾经用过的房间里的陈设远比纯粹的墙体给人的印象奢华得多。

若要在城堡里居住，有两个功能区域是断然不可没有的，即厨房和供水设施。在这方面被视作经典案例的是古滕贝格、莱芬施泰因（南蒂罗尔）以及拉波滕施泰因（下奥地利，见图 89）中世纪晚期的厨房。首先要明确的是，这些厨房因其开放式灶台与中世纪鼎盛时期的厨房没有本质区别。炉火的烟直接经由烟囱排出，但是没有任何封闭措施，因而会遍布整个厨房，有时候也会蔓延到隔壁房间。如果像王侯家庭菜单上要求的那样，需同时烹饪多道

图 89 拉波滕施泰因（下奥地利），城堡，厨房

菜肴，就必须有一个面积很大的灶台。不过对于大多数城堡来说，厨房面积跟其他房间差不多就够用了。不同于之前几个世纪的是，中世纪晚期的炉灶都是砌筑的。保存完好的中世纪晚期的厨房建于莱芬施泰因城堡。炉灶利用一扇窗户照明，部分炊烟可以通过建在木梁上的一个烟道口排出，但是还有许多烟会沿着墙壁和拱顶回流至屋内。灶台旁边有一个生活用水的排水口，饮用水可以取自庭院里的蓄水池。架子和挂钩用于放置器具，没有柜子。

16世纪，将厨房空间细划为更多功能区域的趋势蔓延开来。这种发展在古滕贝格体现得极其明显，它除了有一个建于15世纪中叶的老厨房，16世纪时又在同一栋建筑里新修了一间厨房。老厨房有一个巨大的筒形穹顶，其下方没有任何砌入件可以证明存在某空间上的划分。16世纪的厨房则不同，一个方石砌成的拱形结构将灶台隔离出来。这个石拱同时用于承载烟道，烟道覆盖了整个炉灶区域，从而可以更加有效地排烟。在其他地方，15世纪就已经出现了分隔式灶台（如菲森，1494年）。烤炉的位置，也有不同的设计方案——既可以在厨房里单独隔出区域，也可以独自占据一个房间（如上蒙塔尼/南蒂罗尔）。在古滕贝格，烤炉被安置在新厨房里，没有证据表明旧厨房曾建有烤炉。

厨房有可能建于某个居住建筑中，也可能本身是独立建筑。城堡不同，其原因也不尽相同。独立的厨房建筑的好处在于，可以用一个大烟囱罩遮在灶台上方，并且不会影响到上面的楼层。此外，在里面做饭，炊烟或者饭菜的蒸汽不会钻入居住空间。防火方面的考虑究竟占多大比重，很难去判断；几乎每一栋居住用房屋都有开放式壁炉。城堡建筑群的大小并不是修建独立的厨房建筑的决定性因素，例如阿格施泰因（下奥地利）、卡多尔茨堡（弗兰肯地区）和布尔克（图林根），这些中等大小的城堡也有独立的厨房建筑。

厨房基本上都位于底层，因为从这里去打水最方便快捷。在莱芬施泰因，一进入城堡，上几级台阶就可以到达厨房，不过如此设计，要归因于城堡建在一处陡峭的山崖上。城堡庭院的位置最低处是一个蓄水池，选择厨房位置时，在靠近水源还是靠近居住用房之间作了折中，莱芬施泰因也没有将饭厅紧邻厨房而建。寻究相关的建筑遗迹就会发现，至少从 15 世纪起，从厨房可以快速通达饭厅被视作理想方案。据推测，很早以前，尤其在宫廷，即上层贵族的城堡以及后来的王宫，底层靠近厨房的位置就已经有一个可以取暖的房间了。例如在马尔堡，大厅建筑里的小厅跟厨房毗邻。[180] 从 15 世纪晚期的宫廷制度中可以得知，直到这一时期，宫廷里的所有人通常都是聚集在一起吃饭的；诸侯的桌子往往要高一些。15 世纪在勃艮第宫廷，统治阶层开始单独用膳，但是在中欧大部分宫廷，16 世纪晚期以前鲜少会分开用餐。因此可以证实，最迟从 15 世纪起，个别地方也可能更早一些，厨房跟城堡所有住民日常的饭厅在空间上是连通的，这个饭厅被称作"宫廷客厅"或者"骑士大厅"，全都可以采暖。这些房间往往是毗邻的，也就相应缩短了从炉灶到餐桌的距离。餐桌上的座次是有明确规定的，有些宫廷制度甚至指定了某些特定日期需要烹饪的菜肴的菜单。至少贵族成员在用餐时，只坐在餐桌的一个长边，必要时也会坐在两个短边——另一个长边则用于招待、服务。长餐桌可以由木板和支架简单搭成并且能够快速拆解；吃饭时会铺上桌布。

平均来说，古滕贝格或者莱芬施泰因这类小型贵族城堡的厨房只需要为大概不超过 10 或 20 人供应膳食，而在诸侯城堡，则必须为很多人做饭。如若诸侯在城堡中，需要提供膳食的人数完全有可能超过 100 人，其中包括家族成员、宫廷侍从、管理人员、可能来访的客人以及男女仆役。1566—1600 年，城堡内人员总数因强化管理而增加，例如在黑森-卡塞尔方伯的宫廷，从大约 180 人（1510 年前后）发展到 250 多人，因此，在这样的宫廷里，所有人坐在一起吃饭，几乎是不可能的事情。15—16 世纪，有些厨房朝向城堡庭院的窗户，设计成上翻式百叶窗，而且大多为平拱形。因为城堡里有些侍从、仆役不能到宫廷客厅一起吃饭，例如城门守卫，所以这种百叶窗显然是为放置给他们准备的饭菜而设计的（古滕贝格、拉波滕施泰因、皮恩施泰因/上奥地利，布鲁尼科/南蒂罗尔，16 世纪的施塔特哈根）。

与厨房这一主题紧密相关的是供水和排污的问题。排污一方面经由厕所（见图 90），大多为挑楼或者下水道，另一方面通过厨房近旁的排水口。

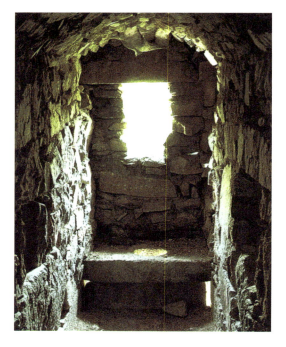

图 90　皮恩施泰因（上奥地利），城堡，厕所

中世纪德国北部城市里的那种粪池，在城堡中比较鲜见。除去个别例外，深水井在中世纪晚期才出现于城堡中，并且只存在于高地城堡。在神圣罗马帝国，城堡中深度超过 30 米的水井几乎全是 15—17 世纪才挖掘的（黑尔德堡，1560 年前后，井深 114 米；洪贝格 / 埃夫策，1605—1613 年，井深 150 米），例外则是上文提到的屈夫霍伊泽以及特里菲尔斯建于中世纪鼎盛时期的深井。由于经验丰富的采矿专家人数极少，所以需斥巨资才能引入深井挖掘技术，很少有人能够负担得起。[181] 因此，虽然深井的数量逐渐增加，但是 14—18 世纪，始终还是在修建大量蓄水池。乌芬海姆附近（福德）弗兰肯贝格城堡的例子可以证明，蓄水池一直流行了多长时间。这个 1525/1530 年新建的城堡在一座纵向侧翼建筑的地下室层修筑了一个巨大的圆顶蓄水池，为了尽可能不损失一滴水，还砌了一条贯穿整个庭院的水管，直接通到蓄水池。1712 年，黑尔德堡翻新了蓄水池，塔拉斯普刻有施工铭文的新建蓄水池竣工于 1732 年。

按照规定，水需求量通常为每天每人 5 升，牛和马大约 30 升。[182] 因为 15 世纪以前，几乎只有蓄水池的水能够使用，所以与之相应，水的质量也很差。尽管如此，饮用水肯定没有经过过滤，也没有煮开，但它可以加工成低度啤酒，这种啤酒是中世纪主要的饮品之一。原始账单显示，饮用水的日需求量大约为每人 2 升，即便儿童也是一样。余下的水用于煮饭、打扫、清洗餐具和日常卫生；如果洗澡，需要的水肯定更多。

总结

有悖于广为流传的研究观点，城堡建设在中世纪晚期所经历的绝非坚守期，而是进一步集中式的发展阶段。可以确定，施陶芬王朝时期和中世纪晚期之间，城堡建设的各个方面并非都存在绝对的停滞。自施陶芬王朝时期以来，继续修建有些建筑和建筑部分时，并未对其基本形状和功能做出改变，这一再导致研究方面出现断代错误：例如，纽伦堡辛威尔塔楼的修建时间被断定为 12 世纪，而非 1275 年前后；龙内堡的出现时间被推测为 13 世纪早期，而非 14 世纪早期；勒特尔恩城堡的城堡主楼被认定修建于 11 世纪，而非 13 世纪。中世纪晚期的根本发展之一是城堡不断"增高"。屋顶倾斜角度设计得更大，增建楼层，一般都会让居住建筑变得更高。防御性环状城墙以及主塔楼也遵循了这一趋势。平均来看，中世纪晚期的城堡大概比中世纪鼎盛时期的城堡高一层。居住建筑的平面结构更具多样性。有证据表明，套房始建于 1226—1250 年，而且日益增多，对于居住空间的结构，它也具有标志性。14 世纪起，很可能每座城堡都建有套房。

许多建筑技术及防御技术元素在中世纪晚期首次出现，完全摒弃了拱顶、大门以及窗户等位置的哥特式风格元素。中世纪晚期最重要的革新是增建回廊用作外部环形防御工事以及在回廊墙上修建侧翼塔楼，有时也会将其修建于环状城墙上。后一项革新促使城堡整体结构越来越规则。人们试图将侧翼塔楼建在拐角处，从而以尽可能少的开支确保防护到尽可能高的区域。许多城堡向外扩建；环状城墙和回廊墙要比中世纪鼎盛时期的环状城墙修筑得更长。因此，人们想方设法节省建筑材料，提高施工速度。于是就出现了一面是毛石墙，另一面砌筑了经济拱的墙体。另一项防御技术方面的革新是铳眼，虽然在1226—1250年就已经出现了最早的铳眼，但它的广泛应用则始于大约1250年。为了保护城门，越来越多的城堡装上了吊闸，吊桥也第一次成为城门的防御措施，到了中世纪晚期和近代早期，吊桥已是城堡的标准配置。随着火器的发展，主要应对措施是修建单独的炮楼或者带有多座塔楼的回廊。它们形成了城堡最早的类似要塞的扩建工事，不过其主要任务依然在于，为城堡主提供一个稳固的住所。

第六章
近代的城堡

总体发展

按照历史学上经典的时代划分,1500年前后这段时间被视为中世纪到近代的转折期。城堡研究长期以来也把这个时期视作变革期。有说法称:"随着中世纪的终结,城堡也结束了其作为统治阶层具有防御能力的居住地的使命。"[183] 由于对居住舒适度和排场的要求发生了变化,以及重型火器应用越来越广泛,城堡作为居住建筑和防御建筑终于过时了。因此,许多贵族不再重建毁于1525年农民战争的城堡,而是彻底将其舍弃,在一个更加便利的地方修建一座文艺复兴式宫殿作为居所。但若是以防御为目的,则会修筑纯军事要塞。"于是,城堡作为主要供贵族居住的防御性建筑被两种新的建筑类型所替代:宫殿和要塞。如此这般断然——并不符合历史事实——的年代划分,之所以得到支持,原因在于大学里研究中世纪和近代的教授各不相谋,而城堡研究者往往习惯性地植根于中世纪,很少会大胆跨越那条臆想中固定的时代界限。因此迄今为止,中世纪以后城堡的历史几乎从未被探讨过,多种多样形式上的连续和过渡也很少被研究。[184] 属于例外的有乌尔里希·许特(Ulrich Schütte)关于文艺复兴式宫殿防御性的论文[185] 和针对双重展览"城堡"(2010)的出版物,在那些出版物中,集中展示了直到1700年前后几十年甚至其后仍继续使用——不管是以居住为目的,还是以防御为目的——的城堡的大量实例。[186]

图 91　特拉茨贝格，面向因河河谷的城堡外观

在近代早期，城堡的法律状况基本上没有改变。城堡依然辖有封建领地，即拥有或大或小的地产以及其他权利（例如海关、矿山、法庭）。即使城堡已经坍塌成废墟，这些权利依旧有效。韦特劳地区的明岑贝格城堡在 1600 年前后已经坍塌，不过"城堡共同所有人"（施托尔贝格-格登和库尔美因茨，后来又加入了哈瑙）可以使用来自领地的收入，而无须去维护城堡本身，这个领地包括大约 100 个居民点。所有权的转让也继续通过授予采邑的方式实现。1806 年德意志民族的神圣罗马帝国灭亡，采邑制才随之在中欧被废除；在奥地利帝国（1804 年起），甚至直到 1918 年，仍在签发授给采邑的文书（蒂罗尔，

利希滕韦尔特城堡，1862年）。[187]

平民成为城堡的占有人，是一个在中世纪晚期就已经出现，但主要存在于近代早期的现象。在中世纪晚期，就有个别资本雄厚的商人和企业主购买了城堡。其中包括同样是矿山主的滕策尔家族（特拉茨贝格城堡/蒂罗尔，见图91）和菲格尔家族（弗里德贝格城堡/蒂罗尔）、奥格斯堡的商人和城市新贵家族富格尔（基希海姆城堡/施瓦本）、手工业主家族菲特雷尔（纽伦堡附近的诺因霍夫）以及上文提到的博岑的温特勒兄弟，他们也是奥地利公爵的财政顾问。作为领地的中心，即便只是某个小领地的中心，城堡也是价值不菲的不动产，而且往往为它的占有人提供了从市民阶层晋升到低等贵族阶层的可能性。一个著名的例子是巴洛克画家彼得·保罗·鲁本斯（Peter Paul Rubens），1635年，他作为安特卫普的平民购置了坐落在梅赫伦南边的小城堡"斯腾"，由此也获得了正式称呼自己为"范斯腾先生"的权利。

文艺复兴时期的城堡

近代之初在艺术史上是众所周知的文艺复兴时期。在意大利，它早在15世纪早期便已经出现了，在阿尔卑斯山北部，却主要兴起于15世纪中期或者将近15世纪末。这一时期新的艺术风格是由复兴古希腊罗马时期的样式决定的。建筑领域，人们重拾罗马古典柱式、古典建筑结构以及古典和仿古典纹饰艺术，开始再次重视经典比例，即建筑物各个部分之间的尺寸比。在哥特时期，以上两方面只是在有限的范围实现的。例如被视为文艺复兴建筑典型特征的庭院连拱廊，在阿尔卑斯山以北地区，可以证实，这种拱廊最早出现于特拉茨贝格宫殿（1502年前后，还是尖形穹顶），此后不久出现于施瓦茨的富格尔大宅以及——以经典文艺复兴比例——修建于奥格斯堡的富格尔府邸。

在建筑方面，有两座城堡标志着从中世纪到近代的过渡，虽然它们的造型是纯粹的哥特式风格，但在研究界也被称作最早的"近代"城堡并非毫无道理，它们就是因戈尔施塔特的新宫和迈森的阿尔布雷希特堡（见图92）。后者兴修于1471—1485年，用作萨克森选帝侯恩斯特和萨克森公爵阿尔布雷希特[①]共同的宫邸，不过在1485年瓜分完领地以后，则由阿尔布雷希特公爵独自完工及使用。各个方向的房屋立面都开有明显对称的大窗户，并且额外修筑小山墙加以凸显。防御功能几乎完全隐没。虽然两层地下室都有一个个缝隙一样的狭长孔洞，并且在施工费用清单中它们被明确称为射击窗口，但这些孔洞大多有特定的设计安排，除非攻击者就站在孔洞前方，否则不可能击中他，实现有效防御。[188]仅仅上层地下室"暗门"旁边那个狭长的铳眼可以用于架设弓或弩，向山谷射击。可是攻击者必然不会弃门不顾，而妄图通过这个孔隙侵入城堡，因为这个孔隙根本保障不了门的安全，甚至瞄准不到门前的地带。也就是说，即便有防御功能，也已所剩无几，而且更容易被认为是一种装饰。阿尔布雷希特城堡虽然可以闭锁城门，但是几乎不具备主动防御能力。

这座城堡空间结构的特征是统一划分成由起居室和寝室组成的套房。[189]在居住用楼层，从大厅到附属房间，几乎所有的内部空间都建成奢华的拱顶。一楼坐落着庆典大厅和——迈森的一个特别之处——大小跟它基本相同的宫廷客厅，紧连着客厅的还有一间家宴厅。宫廷客厅通常位于厨房旁边，然而整个这座建筑里并没有厨房——它原本是被安设在某座辅楼内的。但是因为这座宫殿从18世纪起改作工业之用（陶瓷工坊），原来的那些辅楼也就都不复存在了。居住用途一直延伸到屋顶层以下，因为屋顶层是后来扩建的。

与迈森的宫殿类似，因戈尔施塔特被称作新宫的建筑尽管细节造型属于晚期哥特式风格（柱子、拱顶、大门），但是似乎已经与近代建筑类型相符了。它是从大约1420年起为巴伐利亚-因戈尔施塔特的公爵修建的。至少在1420年前后路德维希七世统治期间一定已经封顶，完成了墙体工程，施工

---

① 1464年萨克森选帝侯韦廷家族的弗里德里希二世去世后，他的儿子们瓜分了领地，长子恩斯特继承了迈森北部、图林根南部、维滕堡和选帝侯的职位，次子阿尔布雷希特继承了图林根北部、迈森南部和公爵的头衔。1485年韦廷王朝分裂为两系：恩斯特系和阿尔布雷希特系。

第六章 近代的城堡

图92 迈森，宫殿，居住建筑前带有楼梯间塔楼的庭院，1471—1485年

中断较长时间以后，大约1480年起，在公爵富人格奥尔格（Herzog Georg der Reiche）统治时期，继续开工并且扩建。整个建筑群的特别之处是建有塔楼的分段式封闭外墙，几乎每一段都连接着建筑物。格外新颖的是气派的主建筑。它面朝城市一侧有一个并没有被楼梯间塔楼分隔的垂直立面。楼梯建于建筑物的内部，原本可能是陡峭的单跑楼梯，17世纪时被更为舒适的双跑楼梯取代。在每一层楼，楼梯间的左侧都是大厅：底层的宫廷客厅通过吊桥跟毗邻的含有厨房的建筑相连。将两个在功能上有紧密联系的房间分设在两座建筑中并且通过一座狭窄的吊桥使之连通，这一点在今天看来是极不寻常的。宏伟的宴会大厅位于楼上。楼梯右侧是为城堡主及其家眷准备的宽敞的套房，公爵的套房也用作议事室。

197

该建筑的这两部分除了通过楼梯区域，还可以通过双层祈祷室连通，它紧贴外立面而建，从外部看只是朴实无华的祈祷室挑楼。祈祷室两层楼中间的地板上开有一个小孔，使上下两层相互连通，这样的话做弥撒时就能够听到另一层的声音。此外，公爵有自己的包厢，他可以在那里做弥撒。祈祷室的墙上绘有壁画，底层绘有作为末日审判官的基督、圣克里斯多福和其他圣徒，上层绘有圣塞巴斯蒂安①和圣玛格丽特②以及与基督受难有关的武器、刑具和其他物品。宫殿朝向田野的一侧，高耸的拐角塔楼给人的印象虽然是防御准备已就绪，但主要用于居住；只有塔楼底层才修有发射火绳枪用的兽嘴形铳眼。整个建筑群被环状城墙和宽阔的壕沟围在中间，它们同样能起到防御作用。

因戈尔施塔特和迈森的这两个实例表明，基于迄今就城堡和宫殿给出的通用定义，很难将各个建筑明确归入某一建筑类型或时代。还有很多中世纪建筑群不同于因戈尔施塔特和迈森的宫殿，它们很大程度上都不是新建的，而是在文艺复兴时期或多或少改建成新的风格，然后继续使用，对于它们中的大多数，若要做出这种判断，就更加困难了。与此同时可以确定的是，揭开城堡终结序幕的绝非农民战争，这跟早前城堡研究的观点是相悖的。城堡被农民团③（美因河与内卡河之间的地区受影响最甚）毁坏以后，大部分城堡主不久便开始对它们进行重建。以雅格斯特河畔的霍恩贝格城堡为例，如其所示，在始于1525年的重建过程中，中世纪城堡建筑群的特点基本上都保留了下来，并没有被赋予任何同要塞相似的特征。其中一个例外是霍恩施陶芬城堡，它在被毁后遭到弃置，据说其建筑材料有一部分被用于修建了格平根的宫殿。

---

① 圣塞巴斯蒂安：罗马天主教圣徒之一，殉道于3世纪基督教教难时期，被视为瘟疫者的主保，他健美的身躯和利箭穿身的殉难过程是艺术家们喜好的主题。

② 圣玛格丽特：罗马天主教的圣徒之一，4世纪殉道于安提阿，是孕妇的主保圣人，其殉道事迹是中世纪极为流行的主题。

③ 农民团（Bauernhaufen）：主要出现于德意志农民战争（1524—1526）期间的具有地区特点的农民组织的联合会，它们以中世纪军事宪法为依据，也汲取了返回家乡的雇佣兵的经验。

第六章 近代的城堡

图93 黑尔德堡，南向鸟瞰图，前方是"法式楼"，左侧是"指挥官楼"，右侧是"异类建筑"

在其他地方，如何对待中世纪建筑，除了完全弃之不管以外，还有多种不同的方式。其范围从稍做施工改造后持续再使用，到改建和翻新，直至在原建筑地大范围甚至完全兴建新建筑，个别情况甚至重新选址再建，尤其是将城堡从高地"回迁"至山谷。将城堡弃之不管还是继续使用，很少会取决于受损或被毁的程度。

处置城堡的方式很可能主要受当地条件、出入建筑群的便利程度及其未来功用的影响。在莱茵河中游，莱茵施泰因城堡堪称被弃置的城堡的早期范例。据记载，这座城堡在1524年就已经坍塌了，也就是在农民战争之前。北黑森沃尔夫哈根附近的魏德尔斯堡作为黑森方伯和瓦尔德克伯爵共用的城堡，是为了对抗美因茨大主教管区而修建的，因与美因茨谈判和解，它很快失去了作用。16世纪后半叶，某位领主封臣死后，它被弃置并逐渐坍塌成废墟。不过，大多数城堡都是稍做施工改造并且继续使用的。在防御技术方面，有些城堡甚至一直保持着它们最晚在1500年前后达到的状态，而且没有再额外配备现代的军事防御设施。拉本施泰因城堡（勃兰登堡）、维特施托克城堡（勃兰登堡）以及克雷菲尔德附近的林恩城堡堪称其中范例。

在旧址进行改建和翻新方面，图林根州的黑尔德堡碉堡就是一个很好的例子（见图93）。这座碉堡于12世纪晚期出现于一座锥形山的峰顶，俯瞰着同名的小城。13世纪新修的建筑只保存下来一部分。其中包括城堡祈祷室的围墙和城门建筑，有可能还包括一座现已不复存在的正方形城门塔楼的部分墙体，拐角处可见毛面方石。考古调查发现，有一道壕沟将城堡庭院分为两部分，而最初的时候，它是将整座建筑群分成了一个外堡和一个主城堡。该时期的其他建筑尚不可知。15世纪末，建筑群北侧出现了一座方石砌就的新建筑（"异类建筑"），它有一部分伸出到旧的环状城墙以外，而且外侧配备有多个铳眼，从而保证城堡的防御能力。不久以后，又在旧的环状城墙外侧增盖了一座厨房建筑。

最重要的新建筑是出现于1558—1562年的"法式楼"，从庭院看，它是两层，从外部看是四层。庭院立面借用了旧的环状城墙，外侧完全立于城墙之外，此后，城墙也就不再是防御线了。在地下室层，可以看到中世纪鼎盛时期城堡的石壁棱边。城门门扇借此机会也得以翻新，还在城门上方建造了一座已被扩建成主塔楼的楼梯间塔楼。这里似乎从未存在过中世纪的城堡主楼。如此这般扩建后，这座高地城堡继续用作萨克森公爵的（第二）王宫。1665年的一份附有平面图的财产目录列出了城堡空间布局，因此可以辨别出当时存在的所有房间。1680 年，一次遗产分割以后，黑尔德堡在短时间内成为主王宫，1700 年前不久，这一功用被废除，由希尔德布格豪森取代。18 世纪，这座城堡一直是行政驻地。18 世纪早期，甚至用一座土堆的现代棱堡式防御工事将它了围起来，今天仍然可以在地面看到其痕迹。这座城堡真正失去作用，大概是在 18 世纪晚期或者 19 世纪早期，一些建筑物的坍塌状况也暗示了这一点。19 世纪末前后，它已经得到修缮，用作了诸侯的居住地：萨克森-迈宁根公爵格奥尔格二世（Geozog Ⅱ）将黑尔德堡改建成他的妻子、演员埃伦·弗朗茨（Ellen Franz）的住所，还把她封为黑尔德堡的女男爵。1945 年，这座城堡被征收，在一段时间内用作儿童之家①，此后在 2005 年成为德意志城堡博物馆的所在地（2015 年开馆）。因而，除去 1800 年前后的短暂时期外，黑尔德堡自中世纪竣工以来，堪称城堡持续使用的典范。

在保留中世纪建筑结构的情况下进行较大规模的扩建，也是特劳斯尼茨城堡的特征，它是巴伐利亚公爵的王宫，俯瞰着兰茨胡特市。这个兴修于 13 世纪的城堡建筑群有一座可以居住的主塔楼（维特尔斯巴赫塔楼），一座居住建筑、一座大厅建筑（"诸侯楼"和"骑士大厅"）和一座厨房建筑（"女眷楼层"）以及城门建筑和防御城墙，是典型的中世纪建筑群。16 世纪，公爵路德维希十世（Ludwig Ⅹ）和威廉五世（Wilhelm Ⅴ）统治期间，它逐步被扩建为文艺复兴式王宫，其间路德维希十世主要重新装饰了现有的居住建筑和祈祷室，风格还是以后哥特式为主。威廉五世统治期间，特别修建了庭院连拱廊以及愚人楼梯②。两个居住用侧翼建筑的庭院连拱廊令整个建筑群在视觉上呈现为统一的文艺复兴风格（1575/1578 年前后）。同一时期建于居住建筑的"愚人楼梯"的设计和彩绘以及在诸侯楼多个房间里巴洛克风格的彩绘证明，它作为邦侯的第二王宫从未间断过使用，其外部防御工事在扩建时，

---

① 儿童之家：收容并照顾孤儿、智障或残疾儿童的机构。
② 愚人楼梯（Narrentreppe）：特劳斯尼茨城堡中所谓的意大利侧楼的楼梯间，里面装饰有打上了意大利即兴喜剧的印记、充满想象力的文艺复兴时期的壁画。该楼梯是这种风格唯一的具有纪念意义的图像见证，同时也是对阿尔卑斯山以北地区意大利表演艺术最早的描绘。

被保留在了所有新建筑中。18世纪，诸侯才逐渐对高地城堡失去了兴趣，1762年起，特劳斯尼茨城堡被改用作生产羊毛制品和丝织品的手工作坊。

第三个例子是一座在16世纪进行了翻新的诸侯王宫——海德堡城堡，更准确地说是海德堡宫殿。尽管16世纪时，这里兴修了大量新建筑，但还是保留了中世纪组群建筑的原则。虽然1470/1480年前后出现了上文提到的炮楼，16世纪中叶起修建了多座居住用侧翼建筑，其中极其引人注意的文艺复兴式建筑都被装饰得富丽堂皇（"玻璃"大厅建筑，1550年前后；奥特海因里希殿，1556—1566年；弗里德里希殿，1601—1607年；英国殿[①]，1612年起）。但是，建筑立面或者屋顶设计并没有追求整齐划一，兰茨胡特则通过庭院连拱廊实现了这种一致性。在海德堡，首先通过砌筑炮楼，主要在东侧，向外扩建了这座由13世纪的环形城墙围住的城堡；随后，在文艺复兴时期修建了居住建筑，填充了老的环形城墙和新的防御工事之间的空地。建筑物的独立功用以及需要以有限的空间容纳所有建筑，决定了采用这样的设计纲领，而非整体化的理念，即便会因此有碍军事功能的发挥。从单个建筑的设计上看，海德堡是德国最重要的文艺复兴式宫殿之一，不过整个建筑群仍然完全遵循中世纪组群建筑的传统。

更大规模的新建工程出现于先前的水上城堡代特莫尔德，施工时间是1547—1557年，利珀伯爵伯恩哈德八世（Bernhard Ⅷ）统治时期。从施瓦本移居此地的文艺复兴风格的建筑大师约尔克·翁凯尔（Jörg Unkair）保留了城郊的城堡旧址和一些建筑部分，设计兴修了他平生最后一座宏伟的四翼式文艺复兴风格的宫殿（见图94）。此前他特别主持建设了诺伊豪斯宫殿（帕德博恩附近，1525年前后）和施塔特哈根宫殿（下萨克森，1534—1538年）。朝向城市一侧的角落，保留了13世纪的城堡主楼，只在其上方加盖了一个盔式屋顶。在它对面，一座中世纪晚期的居住建筑跟新建筑融为一体。然而即使从今天的外观上看，尤其是经历了1722年前后的建筑风格巴洛克化以及

[①] 英国殿（Englischer Bau）：兴修于1612—1614年，是选帝侯弗里德里希五世为他的英国新娘伊丽莎白·斯图尔特所建，故称作英国殿。透过该建筑的窗户，可以看到海德堡迷人的风光。

第六章　近代的城堡

图94　代特莫尔德，宫殿，从主厅眺望城门建筑和以前的城堡主楼

19世纪晚期历史主义风格的修缮，近代宫殿的特征明显占主流，中世纪的城堡仍保留下了它的基本特点，并且对这座文艺复兴式建筑的规模产生了决定性影响。

保留中世纪的城堡主楼并将它融入现代宫殿建筑中，在这方面代特莫尔德并非个例。更确切地说，将宫殿建在城堡旧址时，把城堡主楼改用为主塔楼，是常见做法。这类建筑可见于神圣罗马帝国各个邦国，例如南黑森的龙内堡（1566—1581）、菲尔斯特瑙宫殿（1588）[190]或者弗兰肯小瑞士的费尔登施泰因城堡。在阿沙芬堡，新建的文艺复兴式宫殿建筑（1605—1614）将昔日城堡的中世纪主塔楼纳入其中，也表明了这一建筑部分的重要性，该建筑部分以其建筑上的连续性，同样象征性地体现了统治以及统治要求的延续性。

17世纪，个别情况下才会永久拆除旧的城堡主楼，例如1600年前后在马尔堡。不过也有一些城堡主楼一直使用到18世纪。以古滕贝格城堡为例，15世纪晚期，主要从军事用途上对城堡主楼进行了改进：一是把它加高，二是"装配"上了适用于轻型火器的铳眼。后来，在1751—1775年，才在它上方增建了一个带有护栏的巴洛克风格的平台，将其改用作瞭望塔。

有时候也会像上文提到的那样，并没有对城堡进行改建，而是选址重建。如果老建筑群海拔高且交通非常不便利，就会将其废弃不用，把新建筑修在比较低的地方。其中一例就是位于威悉河畔哈默尔恩附近的海默尔申堡，它在15世纪末年，从一座山顶迁至了谷底，同时继续享有跟老建筑群绑定在一起的领地支配权。这座兴建于1500年前后的新建筑毁于1544年的一场大火，今天的宫殿建筑（1588—1606）是作为它的替代品修建的，属于威悉河文艺复兴风格。至于那座新建筑外观上比较像中世纪晚期的城堡还是更加近似时兴的文艺复兴式宫殿，也只能是推测了。这类"迁至山谷"的例子主要出现在像奥地利、施泰尔马克、蒂罗尔和普法尔茨这样的多山地区。格奥尔格·马特乌斯·菲舍尔（Georg Matthäus Vischer）的一幅铜版画描绘了舍恩施泰因/绍什塔尼城堡（斯洛文尼亚），画面前景是16/17世纪一座被城墙包围的建筑，后面山上是一座城堡的废墟；类似的还有斯洛文尼亚的埃根施泰因/戈里察普里韦伦纽城堡。

上述所有实例中，延续性也表现为新的宫殿建筑群继续使用城堡的名字（如旧沃尔夫施泰因和新沃尔夫施泰因，旧维德和新维德）。不过与中世纪晚期相比，更常见的是以修建城堡的诸侯的名字来命名。例如，萨克森选帝侯奥古斯特（Kurfürst August von Sachsen）在1568—1572年让人在埃尔茨山中施伦堡所在的位置修建了狩猎宫殿奥古斯图斯堡（Augustusburg），今天，它被视作德国文艺复兴式宫殿建筑的典范。其平面结构非常规则，四角各坐落着一座正方形建筑，并且由四座侧翼建筑连成一体，其外观设计跟内部设计一样，都是统一的。中世纪的那座城堡已经拆除殆尽。

文艺复兴式宫殿并没有表现与中世纪的城堡有什么截然不同，即便今天通用的术语显示了它们有所区别。几乎所有的文艺复兴式宫殿都兴修于原中世纪建筑群所建之处,其中大部分甚至或多或少使用了以前的建筑部分。几乎所有的建筑物仍具有防御功能,但是防御圈和真正的宫殿建筑之间的区域更广阔,并且装备在这些建筑本身的防御设施也越来越少。因此,功能上的分离只是向前迈进了一小步。在居住区域的安排上,中世纪晚期的套房仍然占主导地位。风格和装饰上的改变远远大于结构。以一个整体的建筑设计方案将单体建筑统一化,虽然在16世纪晚期一些出色的案例中已经得到了实现(如奥古斯图斯堡、贝沃恩;1600年后不久,阿沙芬堡),但是在很长一段时间里,与中世纪的"组群建筑"相比,仍属例外。延续性和缓慢改变比革命性的创新发挥了更大作用。

宫殿要塞和要塞

1527年,纽伦堡的画家、版画家以及艺术理论家阿尔布雷希特·丢勒(Albrecht Dürer)出版了他的著作《城市、宫殿和村镇防御工事的若干准则》。该书是第一部印刷出版的有关要塞建筑的理论("准则")。尽管意大利自15世纪中期以来——由诸如阿尔伯蒂(Alberti)、朱利亚诺(Giuliano)和安东尼奥·达·桑加罗(Antonio da Sangallo)以及弗朗西斯科·迪乔治·马提尼(Francesco di Giorgio Martini)等建筑师和工程师或者像列奥纳多·达·芬奇(Leonardo da Vinci)这样的艺术家兼工程师设计——已经修建有要塞,但在丢勒的著作发表以前,甚至在意大利都没有发表过与之相关的研究要塞的文章。面对越来越高效的火器、奥斯曼人的威胁、农民战争和帝国内部其他冲突,这一课题在丢勒的时代变得越来越迫切。丢勒超乎常规的理想设计虽然在任何地方都不能从整体上实现,但就个别形态而言,总能在实际存在的要塞建筑中找到与之一致的地方,由此表明,这位纽伦堡的艺术家准确地感知到了军事建筑的革新,并且以此为出发点构思设计出符合数学美学的建筑方案。[191]

要塞的标志有两个方面。一方面它必须是为使用重型火器,即加农炮和迫击炮而修建，确切地说，既可以抵御火炮袭击，自身又可以架设这些武器。另一方面它是以军事用途为主的建筑群，不再用作修建城堡的贵族的住所。取而代之，它的内部建有雇佣兵的营房，这些雇佣兵听从一位（贵族）军官指挥，他们是那种为了钱（军饷），而不是基于采邑义务（封地义务）服务于邦君的士兵。供养一支在危机时刻和战争时代有可能大规模扩充的常备军，同时斥资修建花费巨大、占地广阔的要塞建筑，要求具备诸多经济条件，当时只有诸侯等上层贵族才可负担得起。但即便是上层贵族，在最初的时候，也就是16世纪中叶以前，也只修建了少量安全防御措施类似要塞的新建筑。

通常来说，诸侯以及等级较低的贵族和城堡占有人都寄望于扩建现有的城堡建筑群，使之适用于加农炮。主要方式是修建炮楼和外围堡垒，15世纪以来，这类外围工事在中欧越来越多。例如1503—1521年，在因河河畔的拉滕贝格中世纪城堡的上方修建了一座这样的外围堡垒，它包括一座炮楼和两边的侧翼墙，在一定程度上起到背部掩护的作用。魏德布鲁克（南蒂罗尔）附近的特罗斯特堡在16世纪增建了外部的"U"形碉楼和一座新建的外城门，它们的塔楼有圆形，也有矩形，都修有大量适用于火绳枪的铳眼。虽然当一支规模较大、装备精良的炮兵部队进攻城堡时，由个别炮楼和外围堡垒组成的防御措施不能给予足够的保护，但面对的若是人数较少的雇佣军和中型重武器，这类防御建筑通常足以应付了。

霍恩阿斯佩尔格（巴登-符腾堡）可以被视作德国第一座真正的要塞。城堡修建者是符腾堡公爵乌尔里希（Herog Ulrich）。由于反复无常的施政作风、沉重的税收负担、通奸和谋杀，他在施瓦本地区的贵族和帝国城市中引起了越来越多的不满，这种不满在1519年升级为公开的反叛。随后，乌尔里希在霍恩阿斯佩尔格修筑城堡设防，然而这座建于圆形山顶的城堡虽然筑有坚固的防御工事，还是被施瓦本同盟的军队用重炮攻克了，公爵被驱逐。1534年，他在黑森方伯菲利普的帮助下成功返回了符腾堡。1535年，他就命人拆毁了霍恩阿斯佩尔格的城堡，只留下部分环形城墙，特别是建筑群北部"舒巴特塔楼"（15世纪）所在区域，又把居民点迁至山谷，从而在整个山脊上建起了第一座符腾堡的邦国要塞。接下来的几十年间，为保障公国的安全，又修建了其他六座邦国要塞，其中包括霍恩特维尔和霍恩乌拉赫。

这座建筑群近似三角形，拐角处呈圆弧状，外围是修建有圆形碉楼的环形城墙。这些碉楼普遍配备了适用于火绳枪和加农炮的射击室，此外还可以把加农炮架设在环形城墙之后。在这个时期，德国还没有形态上为圆形碉楼化或棱堡式建筑群的"规范的"要塞设计。总而言之，霍恩阿斯佩尔格从造型上看更像一座中世纪晚期的城堡，而非当时已出现于意大利的那种圆形碉楼化的要塞。不过它的中心区域并未建有供诸侯居住的建筑。由此，原本用作具有防御功能的领主住所的城堡开始向可供驻军居住的纯防御性建筑转变。

在建造纯粹的要塞之前，通常是将贵族的住所跟一座外部要塞建筑组合在一起。因此，16世纪前半叶，这些建筑群还是与中世纪晚期的城堡非常类似，例如多瑙河畔的维尔登施泰因（符腾堡，见图95）。今天的建筑群是齐默恩伯爵在1512—1540年修建的，位于一处13世纪城堡的遗址上。它矗立在多瑙河上方，三面都是悬崖峭壁，形成了天然屏障，剩下那一面则畅通无阻。于是就在这里挖掘了一道很深的双沟式锁喉壕，两沟之间建有一堵盾墙，墙体两端建有半圆形塔楼用于安全防御。中心城堡由一座朝向河谷的侧翼居住建筑和一座朝向锁喉壕的坚固的壁垒式侧翼建筑组成。这座壁垒式建筑修有大量适用于加农炮和火绳枪的铳眼，墙体厚达数米，两端为塔状，阁楼建筑由石头砌就，可用于架设火器。两座侧翼建筑由狭窄的走廊彼此连通，此外在东侧的走廊扩建了一个祈祷室挑楼。维尔登施泰因曾多次遭到围攻，但最终被敌军攻克，既不是在1525年的农民战争中，因为当时这座城堡很可能尚未竣工，也不是在1552年新教派诸侯反对皇帝的起义中，亦不是在其他大规模冲突中。

如果说维尔登施泰因给人的主要印象是一座中世纪传统风格的城堡，那么在16世纪后半叶，越来越多新兴建筑群从外观上看，似乎更倾向于要塞特征，而非领主的居住功能。虽然仍会修建这类建筑群供城堡修建者或诸侯居住，但它们在今天被称作"防御式宫殿"或者"宫殿要塞"（如于利希、施潘道）。

图95　维尔登施泰因，回廊和中心城堡之间的锁喉壕，1520/1530年前后

它们在很大程度上是16世纪后半叶和17世纪初的一种建筑现象，因为在17世纪，邦君居住用的建筑逐渐转移到主要为居住而设计的真正的宫殿。

可以归入宫殿要塞这一类型的还有按照要塞特征扩建的宫殿，它们是由黑森方伯和萨克森选帝侯领导下支持新教的"施马尔卡尔登联盟"[①]的成员国修建的，以便在对抗信仰天主教的皇帝查理五世的施马尔卡尔登战争期间

---

① 施马尔卡尔登联盟：1531年德意志新教诸侯和帝国城市贵族在施马尔卡尔登缔结的自卫联盟，倘若成员国领土受到神圣罗马帝国皇帝查理五世的攻击，其他成员国有义务出兵支援。

（1544—1547）得以自卫。这场战争甫一结束，便重建了被损毁的建筑群，例如卡塞尔的主王宫，这座宏伟的四侧翼宫殿甚至大部分都是新建的（1557—1562）。黑森方伯最重要的宫殿要塞是齐根海恩（1537—1546）。在那里，新建筑群的中心保留下了一座中世纪的城堡建筑，不过以文艺复兴风格的简单形式对它进行了扩建并且装饰上壁画——流传于世的是"圣经故事"。要塞的军事区已经与之完全分离。城堡建筑群或者宫殿建筑群以及一个小型居民点被一座雄伟的筑有圆形碉楼的工事建筑环围，其间是一片广阔的区域，在施马尔卡尔登战争期间，尽管黑森溃败于皇帝的大军，但这座工事建筑并没有被攻克，它连同护城河一直保存到了今天。

对于防御建筑的进一步发展而言，采用15世纪晚期产生于托斯卡纳地区的棱堡式要塞体系具有决定性意义。棱堡呈锐角，取代了迄今的圆形拐角塔楼或者圆形碉楼。它们探出侧翼墙之外，因而在棱堡上既可以向外，也可以沿着侧面射击。1538—1545年，纽伦堡市在皇帝堡外部的西北方，沿着城墙修建了德国第一座棱堡式防御工事。这种类型的防御工事在中欧很快得到了广泛应用。最迟1543年起，出现了维也纳霍夫堡的防御工事和克拉根福市的防御工事，紧随其后，于利希（1549年起）、纽伦堡附近的利希特瑙（1558年起）和施潘道（1560年起）也修建了此类工事。不管是施潘道，还是于利希，这两个建筑群都已经拥有了一套成熟的防御系统，此外防御工事内都建有多侧翼的宫殿建筑，也就是说，它们并非纯粹的军事要塞。稍晚些的一个例子是维勒茨堡，它俯瞰魏森堡，由勃兰登堡-安斯巴赫边疆伯爵弗里德里希一世修建于1588—1605年前后，主要为了对抗纽伦堡。还有的城堡和宫殿只是部分配备了单独的棱堡式防御工事，并不是从整体上被赋予要塞的特征。其中典型的就是为保卫霍赫奥斯特维茨城堡而修的棱堡，它们遍布山坡，位置高低不同，环围着旧日的城堡建筑（见图96）。

只有三十年战争后兴修的建筑群才专门用于保卫邦国。直到此时，也就是17世纪中期，才彻底实现宫殿和要塞的分离。因此，17世纪晚期的新建筑（例如纽伦堡附近的罗滕贝格和韦塞尔）在一开始，就没有考虑修建供领主居住的建筑。

巴洛克时期的城堡

即使在巴洛克时期，城堡也绝非彻底过时了。与文艺复兴时期类似，这时也大规模翻新了许多建筑，尤其是防御性建筑，不过也以巴洛克风格对居住建筑及其房屋立面进行了整修。第一次大规模推动这一革新的是三十年战争。这场延续了整整一代人的战争表面上看是神圣罗马帝国信奉天主教和信奉新教的势力之间的纷争，但是却迅速扩大为一场波及整个欧洲的利益冲突，它不仅令帝国部分广阔领土惨遭蹂躏，而且极大地影响了城堡的形态和历史。

许多城堡出于军事战略直接卷入了战争。对它们的继续使用强有力地证明，城堡终结于1500年前后这一广为流传的论断已然过时。交战双方利用城堡作为驻扎处和退守地，试图攻克它们或者用雇佣兵占领它们。这样的话，就可以让自己的军队没有后顾之忧，为指挥官和一部分军队提供有防御措施的住所，并且可以安全存放武器和弹药。基于战略上的重要性，城堡经常遭到敌军围攻。若是将它们扩建成要塞的样子，围攻的时间就有可能更长。海德堡在普法尔茨选帝侯、"冬王"弗里德里希五世统治期间是信奉新教的普法尔茨公国的行政中心，它在1622年，被约翰·蒂利（Johann Tilly）伯爵率领的天主教联盟军围攻了长达三个月的时间。不管是城堡，还是城市周边所有地区，都有交战双方筑起的掩体（架设加农炮并作为其掩体的土筑工事）。1622年9月19日，蒂利伯爵终于攻克了这座已经弹尽粮绝的城堡。海德堡宫殿被洗劫一空，但并未遭到破坏——损毁应该是1693年才发生的。

虽然战争主要在野外进行，但城堡始终是争夺的目标。这也给中世纪的城堡带来了完全不同的后果，被毁坏后有的遭弃置，有的被重建，还有的在原址新建。三十年战争期间，有些城堡屡遭围攻、占领、损毁，甚至只是凑合着紧急修补一下。即使缺少新式的棱堡，城堡作为防御性建筑在战争期间的重要性依然存在，因而不难理解，为什么城堡被毁后没有遭到弃置，而是

第六章 近代的城堡

图96 霍赫奥斯特维茨，中心城堡，高处的门楼和增建的棱堡式建筑

得以修缮。尽管17世纪时，上层贵族的王宫府邸在建筑结构上发生了成果斐然的变化，但是至少并没有立刻带来"城堡的终结"。虽然许多城堡遭到不同程度的损毁以及占有者的更换频仍（马尔堡，如1622年、1645年和1646年）造成了面对大规模军队时防御能力不足，但许多被毁建筑在战后都得到了修复和扩建。

最终看来，重建的城堡的数量似乎从未少于被废弃的建筑。在马尔堡和莱茵费尔斯，战争期间就已经开始了重建工程，接着又仿照要塞的样子进行了扩建，莱茵费尔斯的城堡干脆改建成了要塞。黑尔茨贝格城堡在短时间内多次（1631年、1635年和1641年）遭到围攻，但是并未因为没有棱堡而且敌军兵力雄厚而被攻占。1637年的一次雷击导致上堡区受到损毁，直到18世纪晚期才对其进行了大规模的拆除。克洛普、施塔尔贝格、卡茨、赖兴贝格和古滕费尔斯等莱茵河沿岸的城堡遭到破坏以后，在三十年战争结束时也得以重建，而且其用途并未改变。

不过，许多城堡建筑群即使受损更为严重，一开始也没有进行重建。例如中莱茵河畔，拉内克和布勒姆塞堡毁于1632—1640年，但直到19世纪才得以修复。又例如在东北地区，施塔加德城堡和梅克伦堡也毁于一旦，并且于战后逐渐坍塌。除了军事上的考虑以外，决定是否继续使用城堡的一个关键方面有可能是，王储是否有弟弟妹妹也享有继承权而且必须分割给他们包括少量城堡在内的小块领土；如果没有这样的继承问题，就没有必要维护附属城堡了。

在德国其他地区，就废弃的城堡跟继续使用以及重建的城堡之间的比例而言，情况也大致相同。不过究竟是弃置还是重建，在任何地区都无法确定有某个基本原则可以成为做出该决定的依据。例如在北黑森和中黑森，1626—1648年，城堡克罗夫多夫－格莱贝格、施陶芬贝格以及宫殿凯尔斯特巴赫、瑙姆堡、洪贝格/埃夫策最终被毁坏，其中有一部分是"黑森纷争"① 中，确切说三十年战争的最后阶段才被毁掉的，而且没有再着手重建。不过在施陶芬贝格，下堡区幸存了下来，然而从17世纪晚期起，在占有者绝嗣以后，它也逐渐坍塌，直至19世纪才被修复。相反，霍恩施泰因、阿默内堡伦克尔

---

① 黑森纷争（Hessenkriege）：1567—1658年发生于黑森诸侯家族之间的一场旷日持久的冲突，有时是外交纠纷，有时是军事争端，其根源在于1567年菲利普一世死后黑森伯爵领地按照古代的遗产分配规则分成了四个不同的贵族领地：黑森－达姆施塔特、黑森－卡塞尔、黑森－马尔堡和黑森－莱茵费尔斯。其中黑森－马尔堡和黑森－莱茵费尔斯到了1604年全部没有后代，为了争夺黑森－马尔堡的继承权，黑森－达姆施塔特和黑森－卡塞尔之间爆发了严酷的长时间对立。1618年爆发的三十年战争中，这两个本来是亲戚的家族也因此站在对立面。

以及费尔斯贝格附近的阿尔滕堡在遭受战争破坏后得以重建。陶努斯山的上莱芬贝格虽然在战争中被毁，但是直到莱芬贝格领主彼此敌对的后代分支都绝嗣了以后，也就是17世纪晚期才被弃置；后来的所有者（巴森海姆领主）主要对它的附属物感兴趣。1687—1693年，索尔姆斯-布劳恩费尔斯伯爵威廉一世甚至再次扩建了迪伦堡地区（黑森）的格赖芬施泰因城堡，然而没过几年，他就把宫邸迁至拜尔施泰因，从此格赖芬施泰因日益破败，最终沦为废墟。

在普法尔茨继承战争中，城堡才更为频繁地遭到破坏，而且此后也未被重建，这场战争是法国国王路易十四在普法尔茨地区发动的，其目的是将自己王国的边界推进到莱茵河畔。这场战争也波及了海德堡宫殿，它在1693年被毁。这座昔日的城堡后来也没有再建。在莱茵费尔斯城堡，法军则没有讨到多少便宜。此前在三十年战争期间，它已经安然无恙地度过了1626年和1647年的围攻。1657—1672年，黑森-卡塞尔方伯把它扩建成了开阔的要塞，到了1692年，它抵御住了多达28000名法军的围攻和两次冲锋，尽管当时的守军大约只有3000人，兵力悬殊。不过在普法尔茨王位继承战争中，中莱茵河谷大约有十二座城堡被法军损坏或摧毁。即使此后有重建，也只是个例，到了18世纪或者19世纪早期，这些城堡都已被彻底废弃，甚至炸毁。1711年克洛普城堡惨遭炸毁，1796年莱茵费尔斯的城堡主楼也未能逃脱此命运，卡茨城堡则是1806年拿破仑下令炸毁的。

若是把目光投向今天归属于奥地利的地区，城堡在中欧的持续使用及其军事重要性的延续也可以得到证实。在那些惨遭16、17世纪土耳其战争[①]蹂躏的地区，人们可能会推断，尤其是考虑到土耳其军队使用了重炮，17世纪时几乎没有一座城堡真正保存下来。然而如果看一下格奥尔格·马特乌斯·菲舍尔创作的同时代的铜版画图册《施蒂利亚地形图》（1678），就会发现情况恰恰相反。图册中描绘了大约一百四十座施蒂利亚的城堡，即便是高地城

---

① 土耳其战争：本文指奥地利和土耳其为争夺东南欧和中欧的霸权进行的一场旷日持久的战争，战争的一大转折点是1683年的维也纳战役，它不仅阻遏了土耳其人的西侵，而且加速了奥斯曼帝国的衰亡。

堡，也只有很少几座出现损毁，沦为废墟的不到六座。仅在个别画片中，旧城堡下方出现了新的城堡或者宫殿，这意味着，中世纪的高地城堡已被弃置，而且在平地上建起了一座更加现代的替代品。正如图片资料和文本资料所示，许多城堡不仅在1683—1686年最后一次土耳其战争中存续了，而且几乎毫发无伤。

能够实现这一点，其原因在于坚持不懈地扩建防御工事并且使之符合时代要求。开展这些工程并非总是与面临战争威胁直接相关。例如，修建于14世纪早期的弗尔希滕施泰因城堡（布尔根兰，见图97）在转交到匈牙利的伯爵艾斯特哈齐（Esterházy）手上以后，先是于1626年扩建了棱堡，1652年用拐角棱堡替换了"U"形碉楼，1683—1687年再次扩大了中心城堡。此外从1632年起，还修建了一座新式的宫殿用来取代旧日的城堡建筑——保留

图97　弗尔希滕施泰因，城堡主楼和棱堡式的防御工事

下来的只有棱边朝向攻击面的圆形城堡主楼。在弗尔希滕施泰因，作私人宫邸使用及按照要塞的样式进行改建，同等重要。艾斯特哈齐家族名下的一个1688年打造的大衣箱也表明，符合时代要求的城堡对于贵族自我身份的认知具有持久的意义，这个箱子上绘有归该家族所有的全部城堡和宫殿（见图103）。两排图画中，上排是八座巴洛克风格的宫殿，下排是八座高地城堡，其中包括弗尔希滕施泰因。

　　任何贵族都不会刻意去修建一座巴洛克风格的全新建筑。许多情况下，只是将房屋立面或者个别建筑部件翻新成巴洛克风格。翻新工程主要针对大门和窗户，有时候也涉及楼梯间和屋顶；内部则重新粉刷房间并且用石膏装饰天花板。例如在马尔贝格（莱茵兰－普法尔茨），科隆辅理主教约翰·维尔纳·冯·法伊德尔（Johann Werner von Veyder）在1709年为一座建于狭窄山脊上的中世纪晚期的防御大宅装上了芒萨尔式屋顶①，并且将其内部翻新成巴洛克风格。尽管大门、窗户和屋顶赋予这座老建筑一种巴洛克式印象，但是作为一座四层建筑，它显然仍旧符合中世纪晚期防御大宅的格局。紧接着，在1715年以前，防御大宅的后面新建了一栋巴洛克式的房屋作为第二座侧翼建筑，从此以后，翻新过的老建筑看上去就像一座超大尺寸的门楼或者建于前方的杂用建筑。整体上看，这片建筑群给人的印象是由多个巴洛克式或者巴洛克风格化的单体建筑组成的一座高地城堡；环形城墙被围墙取代，而且不管在高度上还是宽度上都有所减少。

　　17世纪中叶，翻新规模更大的是上弗兰肯地区的克罗纳赫城堡（"罗森贝格要塞"，见图98），它属于班贝格主教的产业，其中心区域可以追溯到13世纪。[192] 大约1662年起，主教菲利普·瓦伦丁·福伊特·冯·里内克（Philipp Valentin Voit von Rieneck）命人修建了占地面积广阔的五边形要塞建筑，将这座主教的政务城堡扩建为防御性要塞。这次施工并未涉及中心城堡里的建筑

---

① 芒萨尔式屋顶（Mansarddach）：又称复折式屋顶、折面屋顶，外形为双折，有两个不同的排水坡度，是法国从文艺复兴时期到古典主义时期典型的屋顶形式。这种屋顶以法国著名建筑师弗朗索瓦·芒萨尔及其侄孙于勒·阿尔杜安－芒萨尔命名，因为他们将其发扬光大并使之广为流传。

城堡的世界：历史、建筑与文化

图98　克罗纳赫，靠山一侧的外观图，包括中心城堡和文艺复兴风格的防御工事，城堡主楼上面有一层楼可用于架设小型火炮

物，它们在16世纪下半叶时大多已经翻新成了文艺复兴风格。1730/1733年，巴洛克风格的建筑大师巴尔塔扎·诺伊曼（Balthasar Neumann）才在这儿增建了一座新的指挥官楼。尽管所有这些扩建建筑不是文艺复兴风格就是巴洛克风格，在城堡庭院的中央，依然保留着建于13世纪中期的城堡主楼，只不过从1571年起，因为修建了一座楼梯间塔楼而更加方便进入。因此，克罗纳赫是中世纪的城堡建筑在整个近代仍得以继续使用的又一范例。1802/1803年，

《帝国代表会议总决议》[1]废除了教会的诸侯领地，罗森贝格要塞被划归巴伐利亚所有。甚至拿破仑也使用过它，1806 年，他作为巴伐利亚的盟友率部开进这座要塞，使之成为共同征讨普鲁士的大本营。其间，他命人在城堡主楼上安装了一个平台，用于架设加农炮。直到 1866 年，这座要塞的使用权一直归巴伐利亚王国所有。1888 年，整个建筑群被卖给了克罗纳赫市，不过在第一次世界大战中，它作为战俘营再次具有一定的军事重要性——后来的法国总统夏尔·戴高乐曾经也是战俘中的一员。

在近代早期，鉴于上文所述的种种改进翻新，许多高地城堡作为可供领主居住的防御性建筑，依然保有重要意义，与之相反，位于城市附近、归诸侯和上层贵族所有的城堡往往被扩建成宫邸。这种情况下，优先考虑的是该建筑物作为住所和行政驻地的功能，军事用途则逐渐失去意义或者因该宫邸被纳入城市防御工事体系而被取代。继续使用中世纪城堡所在地修建的大型诸侯宫邸包括维也纳、因斯布鲁克、柏林、慕尼黑、杜塞尔多夫、德累斯顿、石勒苏益格和什未林。经常被继续使用的还有中世纪的建筑材料。维也纳的霍夫堡扩建自上文提到的有四个塔楼的 13 世纪营地式建筑群。在文艺复兴、巴洛克和历史主义风格时期，它被逐步建设为宏伟的建筑群，而且时至今日还可以面向参观者开放。从面积上看，中世纪的霍夫堡几乎占不到现今整个建筑群的十分之一。直到 19 世纪末，随着新霍夫堡（始建于 1881 年）的修建，才填盖了霍夫堡和城堡外城门之间的壕沟，从这一事实可以看出，中世纪的外观在局部会保留有多久；整个建筑群也由此失去了防御特征。

柏林的王室宫殿也是从 1699 年起，在选帝侯弗里德里希三世统治期间（1701 年起改称为普鲁士国王弗里德里希一世），由一座筑于中世纪晚期的

---

[1] 《帝国代表会议总决议》：第二次反法同盟失败后，德意志皇帝在法国的威逼下签订合约并放弃了莱茵河左岸地区，同时在法国的支配下于 1802 年 8 月 24 日在雷根斯堡召开特别帝国代表会议，讨论帝国范围的领地调整和补偿问题。美因茨、波希米亚、勃兰登堡、萨克森、巴伐利亚、符腾堡、黑森－卡塞尔等诸侯和德意志骑士团团长参加了会议。1803 年 2 月 25 日通过了《帝国代表会议总决议》，取消了神圣罗马帝国的 112 个邦国、45 个帝国直辖市以及 1500 个帝国骑士领地，废除教会诸侯，施行教产还俗。通过撤邦合并，最终邦国总数减至 30 多个，极大改善了帝国分裂割据的情况，无意中推进了德意志的统一进程。

小型中心建筑扩建而成的占地面积庞大的巴洛克风格的王宫。1950年，德意志民主共和国政府下令炸毁该建筑群，不过还是保留下来一些可以识别出文艺复兴风格的建筑部分，它们可以证明建筑和使用的连续性。可以援引的第三个例子是巴伐利亚公爵、后来的选帝侯以及巴伐利亚国王位于慕尼黑的王宫，它是从1385年起，在公爵斯特凡三世统治期间，修建成的"新碉堡"，并且取代了中世纪鼎盛时期的城堡"老王宫"。老王宫坐落在市政厅的东侧，在14世纪晚期因为城市逐渐扩张而被围囿其中，因而通往它的所有道路都有了监控，它也由此失去了自身的军事功能。修建于城市城墙以外、有壕沟保护的新碉堡在16—17世纪又得到了全面扩建，以致今天几乎已经无法识别出中世纪晚期的建筑部分和防御工事。最后一次重大的新建工程是路德维希一世统治时期兴修于1826—1835年的国王殿；因为它的出现，王宫朝着城市的方向有了新的外观，从根本上说，封闭式城堡的特征被抛弃，取而代之的是一座城市宫殿。上述所有的王宫建筑都有一个共同点，即在近代，只有通过扩建，才能满足诸侯讲究排场以及施政管理对于空间的巨大需求，为此，只要有可能，就会扩大老城堡的面积——这就意味着，扩建工程大多紧贴城堡外侧并且越过了以前的防御工事。其结果是，这些建筑跟现代宫殿很相似，而以前留给人们的那种设防的贵族住所的印象基本上消失了。

尽管在巴洛克时期，城堡具有基本的延续性，但是18世纪和19世纪早期，越来越多的城堡变成了废墟，这种日益蔓延的状况在今天看来更像是中世纪城堡的正常状态。随着在17—18世纪的战争中被破坏和摧毁，对于许多城堡而言，它们作为具有防御能力的统治处所的使命在这个时候真正"终结"了。其他情况下，投资翻新城堡在占有者看来显然是不值得的。18世纪，保存下来的主要是那些邻近居民点的城堡，这样的地理位置使得它们可以作为住所和行政大楼继续使用。然而一旦建筑物孑然独立而且也不能用作狩猎宫殿，往往也就听天由命了。它们要么毁于有目的的拆除（作为采石场售卖），要么因养护不足而逐渐坍塌。若是屋顶漏了没有修理，就会加快坍塌速度，还有许多城堡遭到了雷击。不过与建筑物本身的坍塌相反，跟城堡绑定的

（领地）支配权存在延续性，这些权力本身令一座已然成为废墟的城堡依然是有利可图的所有物。[193]

这些保存下来的建筑群不仅仅能够继续用作可以居住的权力中心（在很大程度上放弃了防御功能，如雷达）。有些地方，贵族占有人已搬至他处，住进了对他们而言地理位置更优越也更舒适的宫殿，那里的城堡作为行政驻地往往保留了一个最迟形成于中世纪晚期的功能。也就是在那里继续进行集中管理，即便没有涉及整个邦国，至少也是针对归属于城堡的领地、行政区。防御设施往往被弃置，任其荒废，或者被拖走，安置于公园里，除非城堡建于山梁上，它们可以作为护土墙和分界墙继续发挥作用。

行政驻地这一用途经常也包括用作法庭驻地。城堡内审理的主要是刑事罪案（如阿尔岑瑙、卡多尔茨堡、黑尔德堡），对女巫的审判也会在这里进行。正是因为这两类审判，许多城堡里都实施过酷刑，因为总有人想依据《查理五世刑事法院条例》（1532）的规定，尽可能仅凭一份供词就对某个（臆定的）罪犯做出判决。如前所述，跟城堡有关的刑讯报道大多可以追溯到16世纪晚期至18世纪间的那个时期，而在中世纪，城堡并没有刑讯室，严刑拷打纯属特殊情况，而非惯例。《刑事法院条例》明确指出，在哪些指控中，可以动用酷刑（"刑讯折磨"）质询被告。然而用刑讯逼供的方法并非毫无争议，例如杜塞尔多夫耶稣会会士弗里德里希·施佩（Friedrich Spee）在其著作《谨防控告人，即对被告发的巫师/女巫和恶徒进行审讯的刑讯观念》（1631）一书中，坚决反对刑讯。18世纪，刑讯作为司法手段逐渐被废除，最早是1740年出现于普鲁士。刑罚通常是身体刑（"死刑裁判权"），罪行不是很严重的情况下，可以罚款或者驱逐出境。相反，年限较长的监禁在18世纪晚期以前并不常见，这也表明，在该时期以前并没有明晰的监狱建筑。

恰恰是中世纪的城堡在有些情况下也参与到了原始工业化，当时城堡主可以使用他的不动产作为手工工场的所在地并且对其进行相应的改建。例如1710年，迈森的阿尔布雷希特堡里建立了著名的陶瓷工场，直到1863年，这座宫殿一直是生产场所。1747年起，不伦瑞克公爵查理一世让人把威悉河畔的菲尔斯滕贝格城堡建成了生产陶瓷的工场，1977年以来，这座宫殿一直是德国历史第二悠久的陶瓷工场博物馆。1819年，哈尔科特[①]将他的工厂设立在鲁尔河畔的韦特城堡。同这里一样，鲁尔区的工业大亨们在其他地方也频频将城堡或宫殿用作新兴工业工厂的核心建筑。其他城堡有的被改造成粮食仓库，也有的被改建成军械库，例如坐落在萨克森州弗赖贝格的前萨克森选侯国的王宫（1784—1786）或者瑞士阿尔高州的伦茨堡（1705—1707）；还有一些被改作了兵营（马林堡）。

总结：近代早期的城堡

正如本章中形形色色的例子展现的那样，近代的城堡经历了漫长的时间洗礼，依然是一种重要的建筑形式。城堡建筑的历史决然没有随着1500年前后中世纪的终结而结束，而是持续不断地延续。许多城堡保留了它们中世纪的特征及其作为居住、防御和管理建筑的功能。同时，建筑物的翻新和扩建是为了满足军事技术的要求和对居住舒适性的需求，有时候也是为了实现特定的管理任务。防御功能是由扩建适用于火器的建筑、增建塔楼或者新建完整的外部防御工事来保障的；因此，直到17世纪，城堡依然具有防御性。中世纪的主塔楼经常作为明显的标志被保留下来（见图99）。这种逐步的现代化原则上与中世纪那几百年并没有什么不同，那时，城堡建筑一样要始终适应时代的需求。城堡因战争的影响或者遭雷击失火而被毁后，并未被重建，同样是中世纪就已经存在的一种现象，并非近代所特有的。

然而，尽管存在延续性，在1500—1800年的几个世纪里，仍然可以观察到巨大的变化，主要表现在出现了两种新的建筑形式：宫殿（一种几乎不具备防御功能的贵族住所）和要塞。二者都部分承担了城堡的功能：宫殿用作彰显身份的贵族住所，有时也肩负管理任务，要塞用作邦侯治下的防御建筑。

[①] 哈尔科特（Harkort）：哈尔科特是德意志地区较早涉及工业革命的著名私人企业家之一，他建立了炼铁厂和炼铜厂，投资运河和铁路建设，推动蒸汽船只的使用，为德国工业发展做出了巨大贡献。

第六章 近代的城堡

图 99　耶费尔，城堡的城门侧以及以前的城堡主楼

同时，也可以看到某些混合形式，例如筑有坚固防御工事的宫殿或者所谓的宫殿要塞。大量文艺复兴风格的宫殿建筑都修建于老城堡的原址，通常保留了一些旧的建筑元素，这也表明，中世纪的传统在16世纪并没有被彻底打破。尤其是城堡的主塔楼，几乎总是被保留下来，它恰恰是文艺复兴风格宫殿的一个典型元素。只有新建宫殿要塞时，有些会放弃这样一种建筑上的延续性（如维勒茨堡、于利希，保留下塔楼的有维尔茨堡和施潘道）。

18世纪，才能注意到城堡的重要性发生了根本改变，但是这方面也没有出现彻底的断裂。从18世纪早期开始，在新建和扩建城堡建筑时，往往不再特别重视防御能力，即使在个别情况下，城堡与战争依然脱不了关系。于是在18世纪，许多城堡失去了其诸多传统任务中的一项。此后，它们或作为纯粹的居住建筑，或作为管理驻地得以继续使用。不过仍有许多建筑群逐渐坍塌，在今天只留下了废墟。

城堡：从历史主义到现代

城堡在18世纪日渐失去其作为具有防御能力的统治处所的全部功能，随之开启了对它作为历史纪念碑这一意义上的逐步"再发现"。人们对城堡的新兴趣，一方面反映为有关这一主题的文献日益增多，最初是发表历史论文，到后来出版了第一批城堡游览指南，另一方面反映在源自英国的风尚，仿建中世风格（大多为哥特式）的建筑并且在公园内兴修人造废墟。英国最著名的例子之一是从1749年开始由霍勒斯·沃波尔修建的草莓山庄，它位于特威克纳姆，是一座新哥特式、有些地方类似于城堡的乡村别墅，早期的出版物令它很快闻名遐迩。18世纪上半叶，这种建筑现象就出现在了巴洛克式王宫的宫殿花园里。然而，正如宁芬堡（慕尼黑）宫殿花园里命名为"堡"的建筑所显示的那样，"城堡"这个概念不一定总是跟看似中世纪风格的建筑物联系在一起，而是有可能指称各种类型景色宜人的休憩建筑，例如宁芬堡的帕戈登堡[①]（1716—1719）、巴登堡[②]（1718—1721）和阿玛琳堡[③]（1734—1739）。尽管这些建筑的命名似乎具有历史意义，但它们都是巴洛克风格的建筑，不与历史存在任何共鸣。

从18世纪中期开始，在宫殿花园里，例如上弗兰肯地区的桑帕雷耶（1747年起），出现了越来越多以仿古或者历史化废墟形式兴修的建筑物。如上文所述，这种"浪漫主义废墟"的蓝本产生于英国，在那里，园林建筑师桑德森·米

---

① 帕戈登堡（Pagodenburg）：又译作"宝塔宫"，内部装饰上具有中国风格，底楼的墙壁和天花板以青花图案装饰，描绘了中国的场景。
② 巴登堡（Badenburg）：又译作"浴宫"，是德国第一座只为享受沐浴之趣而修建的大型建筑。
③ 阿玛琳堡（Amalienburg）：又译作"狩猎行宫"，内部装饰纤巧精美，尤以镜厅为最。

勒（Sanderson Miller）于 1747 年起，开始在哈格利（伍斯特郡）修建一座新哥特风格的城堡废墟。1761—1784 年，修道院行政官约布斯特·安东·冯·欣于贝尔（Jobst Anton von Hinüber）命人在邻近汉诺威的马林韦尔德新教女子修道院旁修建了一座风景园林（欣于贝尔花园），其中就有一座小型的塔楼废墟。1779—1781 年，黑森方伯威廉九世在哈瑙附近的威廉斯巴登建了一座侧面还附带小型边房的四层毛石塔楼用于居住，中世纪的外观显然是刻意为之。塔楼装饰有一道半圆拱形腰带，其上方是建成人造废墟的"防御楼层"，此外又增建了一座小塔楼，它同样被建成人造废墟的样子，同凉亭一样供园中休憩用。

最著名的人造城堡废墟是狮子堡，它是黑森方伯威廉九世命人在卡塞尔近郊威廉高地宫殿巴洛克式公园的边缘修建的。[194] 这座由建筑师海因里希·克里斯托弗·尤索（Heinrich Chritoph Jussow）于 1793 年开始兴修的城堡有四个侧翼建筑，原本还有一座圆形的"城堡主楼"，但是在 1945 年的时候几乎完全被毁了。这个建筑群一部分建成人造废墟的样子，另一部分则完整无缺，用于存放选帝侯收藏的教堂艺术品，尤其是玻璃窗。该城堡最主要的用途则是选帝侯及其情妇的私人静修处。即便贵宾，也是在短暂参观威廉高地公园时，得以看到这座城堡。乍一看，建筑设计完全是中世纪的样子，而且还有城堡主楼、城门塔楼和吊桥，庭院立面的对称布局和窗户轴线的清晰排列却表明，整个建筑群是新古典主义设计风格。

普鲁士国王弗里德里希·威廉二世也命人从 1794 年起，在位于夏洛滕堡和波茨坦城市宫之间的孔雀岛上修建一座小型避暑行宫，状似人造废墟。被设计成废墟的是一座木桁架结构的居住建筑，两个圆形塔楼将它夹在中间，并且通过一座铁桥彼此连通。维也纳北部卢斯多夫附近的汉塞尔堡是 1800 年前后受列支敦士登公爵约翰一世委托修建的，也是奥地利第一座人造废墟。它矗立在一座"当地的小山"上，确切地说是修建于一座 13 世纪或 14 世纪的丘堡遗址，这是一座圆形塔楼，带有长方形的侧楼，墙体为混合砌筑（内部为砖体，毛石装饰外部），还有开放式的连拱廊，周边是一片开阔之地。

修建这样一座休憩建筑，可能是供公爵出游和举行庆祝活动时使用。中世纪的建筑形式只是在一种非常笼统的意义上被采用，例如圆形塔楼、几个尖拱形孔洞和（未完工的）墙角塔[①]。

1800 年前后，越来越多的迹象表明城堡旅游开始兴起，这时候游览的目标是真正的中世纪城堡和城堡废墟。莱茵河和摩泽尔河沿岸日益兴盛的旅游业促进了包括两个河谷风景全貌和有关城堡描述的书籍的出版，也推动了有关个别城堡历史论文的发表。同时，第一次对城堡废墟展开了大规模的修缮工作。重点不再是关注某座独具风韵的废墟，而是重现真实的中世纪的外观。这方面最著名的例子之一是莱茵河畔的施托尔岑费尔斯城堡。1823 年，普鲁士国王弗里德里希·威廉四世接受科布伦茨市的馈赠，得到了这座已经毫无价值的城堡废墟。这位无比神往中世纪的君主先是命人对城堡现状进行考察，将相关资料编制成册，其中包括测量数据和模型图。在此基础之上，他又委派普鲁士的建筑师弗里德里希·申克尔（Friedrich Schinker）——1839 年起转交于弗里德里希·奥古斯特·施蒂勒（Friedrich August Stüler）——对这座城堡进行修缮和复原，1842 年起，它便用作了国王的夏宫。这座建筑在今天给人的印象虽说更像是一座绝大部分新建的新哥特风格的城堡，但对比废墟的模型图就可以发现，相当多的中世纪建筑元素都保留了下来，申克尔在重建时，至少在建筑群的基本形态方面把这些元素都考虑在内了。

19 世纪中期最重要的建筑工程是对瓦尔特堡的修复工作。1817 年，在为了纪念宗教改革三百周年举行的第一次青年学生节（瓦尔特堡节）期间，这座城堡引起了超越了本地区的关注；除了封建领主住所这一作用以外，它还成为民主运动的一种象征。当时这座城堡已经坍塌了一部分，1843 年，建筑师胡戈·冯·里特根（Hugo von Ritgen）受萨克森 - 魏玛 - 埃森纳赫大公爵卡尔·亚历山大（Carl Alexander）的委托，开始主持对它的修缮工作，包括扩建"厅殿"，修复里面的大厅、小厅，修建"新内宅"和城堡主楼（见图

[①] 墙角塔（Tourelle）：属于外立面、看起来像塔楼的一部分，它不是独立建筑，而是隆出或者凸出墙体以外。

60）。这些工程彻底改变了瓦尔特堡的外部轮廓。中世纪的城堡主楼虽然作为遗迹保留了下来，但是它所在的位置出现了一座全新的塔楼。此时它已不再用作防御建筑，而是瞭望塔和水塔，它连同塔顶的十字架一起成为城堡的标志，从远处就可以看到。瓦尔特堡之所以闻名遐迩，莫里茨·冯·施温德（Moritz von Schwinds）所绘的组画功不可没，画作内容包括传说中在瓦尔特堡举行的吟唱比赛、圣伊丽莎白[①]的生活图景和图林根历史上同样具有传奇性的重要事件。虽然大公爵卡尔·亚历山大也将瓦尔特堡用作私人住所，但重要的是它起到了至少部分对公众开放的历史纪念碑的作用，而非防御功能。这时，城墙不再用于阻挡外来者，而更像一块吸引游客的磁石。

从18世纪兴修人造废墟，到19世纪上半叶重建真正的废墟，再至新建兼具中世纪外观和现代化设施的城堡，这只是迈出了一小步。1837年，符腾堡-乌拉赫公爵威廉一世购入了从前的利希滕施泰因城堡（罗伊特林根县），而早在1802年，这座城堡就已经被符腾堡公爵弗里德里希二世用一座简陋的两层桁架式建筑取而代之了。受浪漫派作家威廉·豪夫（Wilhelm Hauff）所著的时代背景为1500年前后的中世纪小说《利希滕施泰因》（1826）启发，1837—1842年，乌拉赫公爵威廉一世让人在同一地点修建了一座全新的城堡。有趣的是，它跟一座小型棱堡式防御工事连成一体，也就是说尽管竣工时间比较晚，它仍具有防御能力。威廉·豪夫的这部小说此后再版时，就把新利希滕施泰因城堡的风景片用作了插图。[195]维也纳附近的下奥地利州也有一座利希滕施泰因城堡（见图100），不要把这两者混淆了，后者整个下半部分是精心砌就的罗马风格墙体；只在顶层，包括塔楼和屋顶在内，是以历史主义风格增建的。这时候，才出现了以盔式塔顶为主要特征的城堡的外部轮廓。

毋庸置疑，德国最著名的新"城堡"是菲森附近的新天鹅堡——实际上是19世纪的一座全新建筑，拥有所有现代舒适设施。城堡的修建者是醉心中

[①] 圣伊丽莎白（die hl. Elisabeth）：匈牙利公主，因许配给图林根方伯之子路德维希四世，四岁便来到瓦尔特堡，1221年在那里成婚。在其丈夫远征病故后，于1228年遭到驱逐，遂加入修道院，并在马尔堡建立医院，收容救助病人，四年后病故，被罗马教廷封为圣人。

图 100 维也纳附近的利希滕施泰因城堡，城堡的全貌，下部是罗马风格的方石墙，最上面两层建于 19 世纪

世纪的巴伐利亚国王路德维希二世，距此不远处的高天鹅堡（见图 101）——基本上是 1832 年起全新修建的，仅保留下少量中世纪的遗迹——曾给他留下深刻印象，于是在 1867 年，他下令建造自己的"城堡"。为此，他选择了高天鹅堡上方的山脊，那里有一座中世纪的城堡废墟，为了修建新城堡，他下令将其拆除了。路德维希二世对建筑设计给予了极大的影响，他的灵感主要来自刚刚重建的瓦尔特堡，特别是它的宴会大厅，以及法国的皮埃尔丰宫殿；后者是法国著名建筑师维奥莱-勒-杜克（Viollet-le-Duc）在一座中世纪城堡的废墟上修建的，用作法国皇帝拿破仑三世的私人宫邸。与利希滕施泰因城堡不同，新天鹅堡没有任何防御设施。

在新天鹅堡，所有内部陈设也是按照历史主义风格全新设计的。相反，

第六章 近代的城堡

图101 高天鹅堡,从新天鹅堡看过去的样子

奥地利伯爵汉斯·维尔泽克（Hans Wilczek）在1874—1906年让人在一座中世纪建筑群的遗址上建造了克罗伊岑施泰因城堡（下奥地利州），他试图让这座城堡尽可能符合历史真实性。"其目的是，在保留已毁壁垒的情况下，忠实于罗马风格和哥特风格时期碉堡的完美构想，重建整座城堡"，1914年阿尔弗雷德·里特尔·冯·瓦尔歇（Alfred Ritter von Walcher）出版的一卷图片集的前言中如是写道，此人是这位奥地利伯爵艺术品收藏馆的负责人。维尔泽克伯爵命人用旧物件装饰新城堡，甚至把许多其他建筑独特的建筑部件收归其用。他跟当时最重要的研究者保持着密切的联系，以便让他的这座建筑看上去尽可能像"原件"。

在19世纪下半叶，不仅贵族，而且平民，尤其是工业家，越来越多地成为城堡的占有者和新城堡的投资修建者。其中一位是波恩某个旅店主的儿子、银行家斯特凡·冯·扎尔特（Stephan von Sarter），他不仅在1881年购买或者花钱捐了男爵的头衔，而且于1882—1884年在德拉亨山新建了宫殿德拉亨堡（莱茵兰地区），从而让他的贵族梦达到顶峰。在中世纪德拉亨堡遗址的下方，这位新晋男爵斥资修建了一座现代别墅，并且借鉴了德国以及法国的城堡和宫殿的部分元素。它如画一般高高耸立在莱茵河谷之上，巍峨壮观，然而不同于克罗伊岑施泰因的是，它并没有刻意去要求尽可能逼真地仿造一座中世纪的城堡。

除了工业家，威廉二世统治时期的德意志帝国也利用重建城堡来彰显自我，不过带有明显的政治色彩。1882—1922年，西普鲁士的马林堡得以重建。这座条顿骑士团城堡被德意志帝国视作自身实力的象征；威廉二世皇帝亲临视察建筑工程的进展情况。[196] 随后，从1901年起，在德意志帝国的西部边界重建了霍赫柯尼希斯堡（见图102）。对威廉二世来说，它是阿尔萨斯地区（受军事胁迫）归属德意志帝国的纪念碑。城堡研究者、建筑师博多·埃布哈特（Bobo Ebhardt）制定了2000多个方案，在这些方案里，他绘制了从中世纪鼎盛时期的高地城堡到家具的复原图。新建的部分——例如城堡整个上半部分都是修缮翻新的——埃布哈特仿照中世纪的先例，标志上了每年都会有所

第六章　近代的城堡

图 102　霍赫柯尼希斯堡，从棱堡方向拍摄的包括城堡主楼在内的中心城堡的景色，1901—1908 年

变化的石匠印记。对于如何填补上缺失的建筑部分，他的灵感来自其他城堡，例如城堡主楼（未完工）的陈设，他受到了意大利北部托雷基亚拉城堡启发。在专业圈，这些建筑工程备受争议。格奥尔格·德西奥（Georg Dehio）等德意志民族主义艺术史学家表示支持重建工作，更具批判意识且政治自由的城堡研究者，如奥托·皮珀，因为补建工作太富有想象力而且无法得到历史研究的支持，对此持批评态度。诸如漫画家"汉西"，即让·雅克·华尔兹（Jean Jacques Waltz）等亲法的阿尔萨斯人批评这种重建具有德意志民族主义的弦外之音。

同样引起争议的还有海德堡宫殿的重建工作，自1693年以来，它的部分建筑已经沦为废墟。为此专门组建了一个建筑委员会，领头人是执教于卡尔斯鲁厄工业大学的建筑师卡尔·舍费尔（Karl Schäfer），委员会在19世纪90年代提交了多项方案，主要目的是重建那些宏伟的宫殿式居住建筑。这激起了格奥尔格·德西奥的反对，此人不久前还极力推崇与霍赫柯尼希斯堡有关的带有民族主义色彩的重建工作。因为在这个时期，已经确定了中心原则，即古迹保存应该是修葺，而不是复原；所以，备受建筑师青睐的海德堡的建筑项目遭到了许多艺术史学家和文物保护者的反对。就这样，城堡研究也成为现代古迹保存的一个出发点。由国家层面推动的重建被毁城堡和宫殿的计划，在此后基本上停滞了将近一个世纪。

不过，私人城堡的施工项目仍在继续，例如博多·埃布哈特主导的项目。其中之一就是在20世纪20年代对科堡碉堡的扩建工程，其时，它已经转为科堡州立基金会的产业。对于大部分建筑来说，1918年德意志帝国的终结以及由此而来的德国贵族统治的结束，是一个决定性的转折点。虽然一般情况下，贵族不会失去他们的私人住所，但对国家财产和私有财产进行了分离，其结果是，有经济用途的土地和财产大部分收归公有。因此，贵族往往也就没有了支撑建筑工程的资金来源。

随着越来越多的城堡和宫殿对外开放准许参观，城堡旅游从20世纪20年代开始持续升温，即使在第二次世界大战期间，也几乎没有中断。仍然不能进入的只有那些被贵族世家或者资产阶级新贵用作住所的城堡；自19世纪以来，后者购置城堡就更容易了。对于许多城堡来说，以后的主要功能就是旅游对象，而且昔日拥有这些城堡的诸侯收集来的藏品也会赋予额外的吸引力（例如科堡和瓦尔特堡）。

属于协会所有的城堡较少用于旅游业，更多是用于广义上的业余休闲活动或者某项公益事业。地区性的历史协会和地方上的促进协会在20世纪20年代接管了各个城堡，以便能够维护它们，并且使之开放使用；其他协会则在第二次世界大战以后陆续成立。作为国家层面最重要的协会，德国古堡保护协会（今德国古堡协会）在博多·埃布哈特的倡议下，得以获得位于布劳巴赫附近的马尔克斯堡。一个数量相对较少、但影响力不容小觑的群体是活跃在青年运动[①]中的协会。1913年，这些协会齐集韦拉河畔的汉施泰因城堡，举行了一次备受瞩目的会议，随后又在埃施韦格附近的迈斯讷山举行了会议。其中最主要的协会有候鸟协会[②]（正式成立于1904年）和奎克博恩天主教社团。在第一次世界大战期间，青年运动中出现了一种想法：购置城堡并将其改造成聚会地和纪念场所。因鼓吹"性爱"教育而在今天备受争议的教师古斯塔夫·维内肯（Gustav Wyneken）首次提出建造一座青年城堡[③]的要求；汉诺威工业大学的学生恩诺·纳尔滕（Enno Narten）买下了韦拉河畔的路德维希施泰因城堡，实现了这一想法。随后扩建了美因河畔的罗滕费尔斯城堡，并计划在洪斯吕克山大规模新建瓦尔德克"城堡"，不过这项计划基本上从1968年起才得以实施。[197]公共休息室可用于召开隆重的会议和研讨会，卧房

---

① 青年运动（Jugendbewegung）：是19世纪末20世纪初一股影响特别大的思潮，影响了德国20世纪的思想和政治进程。它于1896年以候鸟运动的形式在德国兴起，并迅速发展为一场全国性的青年运动，其主要信念之一是，青年不仅是向成年的过渡阶段，其本身就具有价值。当时流行的口号是"青春在于本身"，该运动是对时代物质文明、科学技术、都市生活的反叛，倡导回归自然和民族文化传统。

② 候鸟协会（Vereinigung Wandervogel）：发端于柏林的青少年徒步旅行协会，是青年运动的主体。他们强调条顿民族的神话价值、北方种族的纯粹性、推崇领袖。这些无疑在某种程度上成为后来的纳粹主义的思想先驱。

③ 青年城堡（Jugendburg）：在20世纪被改造成面向年轻人的公共社区或教育设施的中世纪城堡，最初的发起人和资助者或多或少与青年运动有关。

则用于多日住宿；负责打理的人最初是伤残军人。原则上可以被称为青年城堡的机构或设施，其运营者只能是有自主权的青年团体，而非教会或者政党组织。1909 年起，城堡青年旅舍（Jugendherbergsburg）越来越常见了。第一座被改建为青年旅舍的城堡是威斯特法伦的阿尔特纳城堡（1909—1914），它同时也是全球第一家青年旅舍；萌发并推动该想法的是一位名为理查德·希尔曼（Richard Schirrmann）的教师。因此在现代，城堡在这一领域仍然是创新的舞台。

第三帝国时期，对于具有特殊象征性力量的地方，纳粹党党魁命人修缮翻新了当地的城堡。其中一座这样的建筑就是"纳粹党代会之城"纽伦堡的皇帝堡——莱尼·里芬施塔尔（Leni Riefenstahls）拍摄的宣传片《意志的胜利》（1935）展现了希特勒在前往党代会召开地之前，乘专机盘旋在皇帝堡上空的场景。在这座城堡里，历史性的陈设已经被移除，新的陈设更加简单，但放弃了常见于纳粹建筑的典型的纪念碑式风格。在这方面，对纽伦堡的皇帝堡和对特里菲尔斯的改建有所不同——这两项工程的负责人都是鲁道夫·埃斯特雷尔（Rudolf Esterer）。特里菲尔斯跟纽伦堡的皇帝堡一样具有象征意义，因为它在中世纪曾暂时用于存放王权象征物。这里新建了一座侧翼建筑，里面有一间大厅宽敞宏伟，在城堡建筑中找不到可以与之媲美的。

另一类情况就是骑士团城堡，这里指的是第三帝国时期的新修建筑。虽然克勒辛泽（波莫瑞）、松特霍芬（阿尔高地区）和福格尔桑（埃菲尔山）这三座建筑群使用的仍是（条顿）"骑士团城堡"这一有暗示性的名称，但它们实际上是党化教育党卫队后备力量的兵营。它们基本上也是按照兵营设计的（而且在战后初期继续作兵营使用）。因此在建筑结构上，有意识地让它们区别于通常交叠在一起的中世纪城堡建筑群，同时也不同于平面布局规则且类似于修道院的条顿骑士团城堡。纳粹时期的一个特例是 1942 年在埃伯曼施塔特（弗兰肯小瑞士）附近修建的福伊尔施泰因"城堡"。从外观上看，它形如中世纪的防御建筑，但是修建它的真正目的是隐匿一家对于纳粹作战非常重要的工厂。人们希望借助于外部形状可以保护这座建筑免遭空袭——

事实上，直到 1945 年它才被发现。

自第二次世界大战以来，城堡里的建筑工程主要是根据 20 世纪初制定的标准进行的古迹保存项目。在很长一段时间里，重建因战争被毁的建筑物都是首要任务，这时一定会考虑纳粹时期制定的方案。例如纽伦堡皇帝堡的一部分是根据 1935 年前后制定的城堡翻修方案建造的，特里菲尔斯城堡则是根据产生于纳粹时期的鲁道夫·埃斯特雷尔的方案继续修建的，最近一次是在 1964—1966 年加高了主塔楼。这些建筑工程在战后的德国几乎没有遭到反对，引起更多轰动的是在城堡里修筑其他设施。其中包括建筑师戈特弗里德·冯·伯姆（Gottfried von Böhm）在贝尔吉施-格拉德巴赫的本斯贝格城堡遗址修建的市政厅建筑（1964—1967）。另一个案例是同一建筑师在戈德斯堡修建的饭店（1960）。二者都是用现代建筑材料修砌而出，如清水混凝土和玻璃，以一种构建强烈陌生感的方式映现中世纪的城堡形式。

从 20 世纪 70 年代起，城堡建筑群里的施工建设尤以翻修为主。此时，城堡研究经常被忽视。[198] 大量游客涌入一些城堡，为此采取的一些施工措施也存在问题，以致破坏了原建筑实体，例如为了保护废墟用水泥加固道路，或者为了让毛石墙看似更加经久坚固，大面积使用新的水泥砂浆为其勾缝。事实上，许多历史遗迹却因此而消失。用钢筋混凝土进行内部改建可能会破坏有历史意义的建筑实体，同时会造成原本需要抢救的建筑部分损毁。图林根宫殿基金会等机构尝试着通过一些可以效仿的修缮工程来应对这类趋势，不管是前期筹备，还是施工期间，都有对该建筑的深入研究作指导，重建 1982 年毁于火灾的黑尔德堡碉堡只是这类工程中的一例。

第七章

神话城堡

"坚固的城堡是我们的上帝"——马丁·路德在 1529/1531 年前后创作的一首教会歌曲这样开头,从那以后,这首歌便成为新教礼拜仪式的一部分。路德将城堡比作上帝,这在今天依然属于最著名的有关城堡的比喻,同时也典型地代表了始于中世纪并影响至今的"神话城堡"。这个神话的一部分就是路德宣扬的有关力量、崇高、坚忍不拔和无法战胜的信念。

在希腊语中,"神话"这一概念的意思是话语、传言或者故事。从特殊意义上讲,它指的是一种创造意义和身份的叙事。中世纪的神话城堡首先出现在骑士传说中,这些传说的中心主题要么是亚瑟王、帕西法尔和兰斯洛特,要么是尼伯龙根和罗恩格林,又或者是双尾美人鱼梅露辛,城堡作为故事的发生地在其中一次又一次起到了重要作用。在此尤其要介绍圣杯城堡,它作为圣杯——也就是耶稣在最后的晚餐中使用的高脚酒杯——的保存地,在传说中跟基督教救世史密切相关。诗人沃尔夫拉姆·冯·埃申巴赫(Wolfram von Eschenbach)将圣杯城堡取名为"蒙萨尔韦舍"("救世之山")。在埃申巴赫的著作《帕西法尔》中,它被称作圣地,其建筑风格成为所有城堡的标准。

把城堡变成神话,直到今天都被视作浪漫主义现象,而浪漫主义也因其对城堡的美化被认为是现代城堡概念的起源。虽然 19 世纪和 20 世纪初期以其历史化的重现和新建城堡——从卡塞尔的狮子堡,到施托尔岑费尔斯、莱茵施泰因以及新天鹅堡，再至霍赫柯尼希斯堡——极大影响了人们对城堡的关注，但刚刚给出的少量信息表明，将城堡艺术加工到神话的高度可以追溯到很久以前，并且已跨越了近代早期，传至现代。例如在文艺复兴时期，珍贵的餐桌饰物或者豪华高脚杯的杯盖都有可能被设计成城堡的样子。上文提到的弗尔希滕施泰因城堡里艾斯特哈齐家族的大衣箱[199]，平民画家彼得·保罗·鲁本斯购置城堡，还有17、18世纪进行的大量城堡翻新工程，都清楚地表明，在巴洛克时期，城堡很大程度上仍然是权力和统治的缩影。在某种程度上，甚至那些与城堡联系在一起的骑士式的宫廷生活方式，时至今日依旧是（西方）文明及价值的基础。[200]

对于近代城堡形象的影响，骑士史诗远比城堡本身的考古发现或者建筑发现更加深远。自19世纪初以来，人们才对城堡的建筑外观进行了更为深入的研究。对于符合科学性的中世纪城堡的形象，仅仅是逐渐有了（重新）构建，即使到了今天，这方面问题的数量还是要大于答案的数量。因此，在20世纪，这个神话的一部分已经落入了俗套，尤其是借助于电影工业和娱乐产业。这时独立出现了一些想象，它们并非基于发现，而是取决于刻意追寻令人印象特别深刻的画面。其中包括严刑拷打、在狭窄的楼梯上挥剑厮杀、骨头乱飞的狂饮酒宴或者用沥青和沸水保卫城堡的城墙。所有这些与中世纪的现实就算有关，也无足轻重。

神话城堡的历史从中世纪一直延续到现代（见图103、图104）。其跨度横亘了中世纪传奇传说中的圣杯城堡、19世纪重建和新建的城堡、瓦尔特·迪士尼（Walter Disney）的睡美人城堡（1971年）、《哈利·波特》中的霍格沃兹城堡以及当下在各个城堡举行的再现历史的活动。[201]大量游客因神话而参观城堡，并且也因此对城堡的历史产生极大兴趣。

解答有关城堡的许多问题时，因一再碰壁而无法继续。我们构建出的城堡的形象往往建立在过去两百年的想象之上，必须根据客观物体本身不断重新审视并且加以修正。为此，有必要以一种相较以往更加全面并且跨学科的方式来研究这些资料。不过这时候，必须时刻意识到流传下来的东西总会有

图 103　弗尔希滕施泰因，艾斯特哈齐家族绘有新旧城堡的大衣箱

所缺漏。资料来源不仅可以是搜集汇编而来的有关城堡的历史文献，而且主要是那些需要从建筑史和艺术史角度研究和评估的建筑本身。

倘若要概述城堡建设的所有时期，考古发现以及档案和文书发挥着至关重要的作用，因为有些城堡已经没有地面上的遗迹了，尤其是早期的城堡。把早期城堡的有关信息并入研究，就可以清楚地看到，这类建筑的历史并非直到11世纪才开启，而是始于前加洛林王朝和加洛林王朝时期；同样可以证明，中世纪鼎盛时期的"砖石化"并非真正的砖石化，而仅仅是一种发展趋势，直到中世纪晚期开始，木结构建筑始终很重要。倘若进一步把对已经消失建筑物的认识考虑进去，那么最近城堡研究的许多观察结果都具有局限性。

然而，这本书的主要部分是从建筑史学家的视角撰写的。如果了解一座城堡的建筑过程、部分可以确定年代的建筑技术和建筑结构的变化，那么对城堡发展过程的了解往往会超出乍看之下的可能性。研究建筑工程，包括重建最古老的施工阶段和分析变化，本身并不新鲜。从文化史的角度看，本书主要把目光投向城堡及其空间的使用问题。正是这一视角要求各个专业领域之间紧密协作。到目前为止，对以前房屋建筑痕迹的分析还不够充分，有关

第七章 神话城堡

图 104 主题为东方三圣贤朝拜的祭坛，以城堡为背景，1450 年前后

居住的文献资料、图片资料以及历史档案，鲜少是研究的重点。

除此之外，这本书旨在表明，城堡在中世纪早期就已经存在了，数量也相当可观，而且最初之时，它们绝非主要是贵族城堡。把城堡定义作设防的贵族住所，虽然适用于现存的大多数建筑，但不能一般性地囊括城堡建筑；因此，就将城堡定义为设防的住所，或者进一步限定为某一领地的设防住所，或许更为可取。

本书还要指出的是，在中世纪鼎盛时期和晚期的城堡建筑中，现在要比以前更容易确认居住空间。学者奥古斯特·奥特马尔·冯·埃森魏因（August Ottmar von Essenwein）深受文化史启发，这方面可以采纳并进一步发展他的研究方法，从而有望在未来更加清晰准确地了解15世纪以前城堡中居住空间的结构和布局。

最后，可以对"城堡的终结"做出重新定义。从某一领地具有防御能力的建筑群这个意义上讲，大多数城堡至少一直使用到17世纪晚期；此后，它们如果未被废弃，就会仅仅用作没有防御需求的住所抑或管理驻地。这类连同附属物一起被封赠的建筑物的历史意义，直到1806年，中欧部分地区甚至直到1918年，才宣告终结。

随着1700年前后意义的改变，人们对城堡的历史兴趣也日渐浓厚，这一兴趣最早表现在16世纪晚期，并且导致18世纪出版物的数量不断增加。随之而来的是，越来越多的公众对于参观城堡或废墟并且在一定程度上自己征服它们的兴趣与日俱增。至少在今天，神话城堡已成为公共财富，其影响在于，城堡成为社会各个阶层远足和游览的目的地，同时也成为研究的课题。对于各个年龄阶层和社会阶层的人来说，没有任何历史主题和建筑会比城堡更有吸引力。

第八章

城堡研究史

本书最后要对过去400年的城堡研究史做一个简要概述。首先,我们来看一下16世纪晚期至18世纪间城堡研究的"史前史和早期史",虽然它们仍旧鲜为人知,却是这一学科的根基所在。在此基础上,再概括叙述一下直到最近的发展情况。

城堡研究的古版书

如果我们宣称,城堡研究的历史始于16世纪,我们要表达的是,城堡在这个时候第一次被意识到是具有历史意义的地点并且作为建筑物进入研究视野。迄今,一般认为中欧城堡研究的开端在19世纪晚期,有些先期研究出现在1800年前后。[202] 其原因在于定义上:大多数今天的作者对城堡研究的理解主要是建筑史研究,而较少从历史、地方志、家谱、经济或者法制史的角度对建筑进行思考。事实上,城堡研究除了考察个别建筑物,研究与它们直接相关的原始资料,还包括探索更广泛的历史、文化史和艺术史背景。

城堡研究的历史,如下文所述,反映了人们对城堡作为建筑物或者历史文物的兴趣的变化。从文艺复兴时期编年史文献中发现的主题看,17—18世纪涉及的主要是城堡占有者的历史;19世纪,建筑物本身才逐渐成为关注的焦点。相反在20世纪,人们经常把建筑物从其历史背景中隔离出来进行研究。

直到最近，才确定要努力发展跨学科研究，然而这类研究往往只能在较大的项目中充分发挥作用。[203]

近代城堡研究的历史也有一个史前史。例如对城堡的简要描绘以及对其历史的阐释首次出现在中世纪晚期手抄的和印刷的编年史中，一旦提到城堡，主要是跟历史事件联系在一起，诸如战争或者围攻。举例说明的话，经典的有关于伯尔尼这座城市历史的《恰赫特兰编年史》[204]和维甘德·格斯滕贝格（Wiegand Gerstenberg）撰写的《黑森编年史》[205]。这两部编年史都有豪华精装版的手稿彩绘本，里面包括大量对城堡的描绘。即使这些插图指涉了具体的城堡建筑群，但也极少是该城堡具体状态的真实写照，而大多是高度风格化或者类型化的描绘。同类情况还有早期印刷版编年史中的插图，例如1493年哈特曼·舍德尔（Hartmann Schedel）的《世界编年史》和1550年出版的塞巴斯蒂安·明斯特尔（Sebastian Münster）的《宇宙志》。就连马特乌斯·梅里安（Matthäus Merian）自1642年开始发表的多卷本《日耳曼尼亚地形志》里的铜版版画，个别画作也是如此，此人是因其精准的建筑绘图而闻名的。

正如普通编年史一般，城市年鉴的典型特征是按照时间顺序编排，有时候也会根据建筑物和突出事件编纂。涉及各个城堡，虽对其历史数据有所提及，不过大多混杂在趣闻逸事之中。这里需要提到的有：神学家劳伦丘斯·福斯图斯（Laurentius Faustus）于1588年出版的《举世闻名的选帝侯城市迈森的历史及时间手册》以及耶雷米亚斯·西蒙（Jeremias Simon）于1696年发表的《艾伦堡编年记》。此外，后者引用了1589年出版的约翰·波马利乌斯（Johann Pomarius）撰写的编年史[206]，他认为艾伦堡宫殿"朝向河谷的古老城墙和相连的塔楼"是恺撒大帝修建的。就这一点，西蒙还引用其他作者的话进行了详细阐述。[207]显然，在此之前曾就罗马人是否到过艾伦堡进行过广泛的讨论。在这方面，这座城市绝非个例：许多城堡或者城堡塔楼的修建时间在19世纪以前惯常被确定在罗马时代，都是基于文艺复兴时期和巴洛克时期的类似假说。因为在诸如恺撒大帝等众多罗马统治者家族的宗谱渊源中，可以找到相应的蛛丝马迹——这一现象，在中世纪就可以观察到了。

第八章　城堡研究史

人们对城堡起源的兴趣不仅表现在文本中，还体现在艺术品和器物上。在新当选的科隆大主教巴伐利亚的恩斯特①与其改宗新教的前任格布哈特·特鲁克泽斯·冯·瓦尔登堡（Gebhardt Truchsess von Waldenburg）之间的科隆战争中，前者的军队于1583年炸毁了戈德斯堡。这时，一小块刻有铭文的石板重见天日，上面注明这座城堡的修建日期是1210年，[208] 它曾被误以为是该建筑的"奠基石"并引起关注。这块石板被当作战利品和历史档案送到了慕尼黑的巴伐利亚公爵珍品收藏室，人们在其背面标注上了出土情况。随后不久，弗朗茨·斯普雷贡（Franz Sprengung）将这次轰炸雕刻成一幅铜版画。刻有铭文的石板和铜版画一方面是用于纪念戈德斯堡被毁的文物，另一方面也体现了人们对城堡的新的历史兴趣。

稍后不久，这一点就在黑森-卡塞尔方伯"学者"莫里茨（Moritz der Gelehrte）身上得以确证。方伯从他叔叔菲利普那儿继承了莱茵-卡策内尔恩博根的城堡，1604年以后，他请人对它们进行了精准的测绘。这些由威廉·迪里希（Wilhelm Dilich）绘制的图纸属于19世纪以前最精确的城堡平面图。迪里希在图纸上标注了所有的空间功能，从而，人们可以全面了解16世纪改建后的中世纪晚期城堡的空间布局。此外，他还在图纸上设计了小窗式翻页，打开它就可以看到房屋立面背后所有的楼层和房间。这些图纸主要是被莫里茨用来记录其产业的，而非用作建筑史研究的基础，即便今天，它们在这方面具有特殊的价值。[209] 然而，测量的精确性以及这些图纸可以证明特定建筑状况的特性，说明人们对城堡作为历史建筑的高度关注。

尤其是针对前文提到的出版物和器物，可以就它们是否确实属于"城堡研究"的成果展开讨论，因为它们的首要目的有时候并非从科学出发，而且本书的重点总体而言并不是城堡的历史。马丁·克鲁修斯（Martin Crusius）撰写的《施瓦本编年史》（见图105）出版以后，情况发生了改变：根据目前的状况，可以把1588年5月28日称作城堡研究的起始日期。在这一天，

---

① 巴伐利亚的恩斯特（Ernst von Bayern）：巴伐利亚公爵阿尔布雷希特五世之子，维特尔斯巴赫家族的五位科隆大主教中的第一位。在当选科隆大主教之前，他曾任弗赖辛、希尔德斯海姆、列日及明斯特主教。

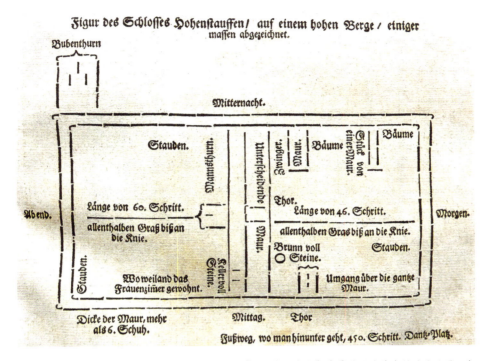

图 105　马丁·克鲁修斯，1595 年出版的《施瓦本编年史》中霍恩施陶芬城堡的平面图，本图选自 1733 年的德语版

蒂宾根的古典语文学家马丁·克鲁修斯跟一小群朋友进行了一次圣灵降临节徒步旅行，他们来到了"霍恩施陶芬宫殿"。在那里，他画了一幅现存建筑群的平面草图，并且标记上对废墟的描述。1595 年，他在出版《施瓦本编年史》时发表了该描述，并且附上了城堡的平面图，它基本上算是这本编年史唯一的插图。[210] 作为语文学家，他的兴趣点主要是建筑物的铭文，但霍恩施陶芬并没有这类铭文。研究建筑物，也包括研究城堡的方法当时尚不存在。克鲁修斯绘下了建筑物各个部分的草图，并根据传闻（"男子塔楼""男童塔楼"）或者自己的观察（"回廊""围墙"）给它们命名。在观察建筑物时，他要求自己抱有纪实的态度，正因为有这样的要求，他明显跳出了他那个时代撰

写编年史时在这方面的固化思维,为 17 世纪,有时候甚至更晚,观察建筑物的方法奠定了基础。

1620 年,博士论文《共同继承城堡:普通宫殿、碉堡和城堡的共同继承人与堡民》在蒂宾根出版。这是最早把城堡作为独立研究对象进行综合分析研究并且力求给予明确定义的著作。22 岁的作者雅克布·维尔纳·基林格尔在论文发表后不久便过世了,他根据当时的法学著作——特别是康拉杜斯·拉古斯(Conradus Lagus)和约翰·格奥尔格·贝佐尔德(Johann Georg Besold)的专著——汇编了城堡的一般定义以及共同继承人的专有定义。其目的在于,厘清各位城堡继承人之间复杂的合同关系中的权利和义务。在这一背景下,基林格尔提出把城堡定义作设防的住所——本书开篇就已经引用了该定义。也就是说,最早的有关城堡的明确定义并非出现在某个历史学或者建筑史出版物中,而是一篇法学论文里;因而它是城堡研究一个重要但很少被关注到的基础:"因此,它是一座城堡,一个墙高壁厚、坚固的住所,四面有围墙或壕沟环绕,堡内居民可以保护自己,抵御觊觎者或者敌人,堡外的人很难像进入村庄一样轻松入内。"[211] 为了与城堡进行区分,基林格尔从"小城堡"和"要塞"开始,论述了许多其他重要的概念和现象,以便最终引入论文的主题——共同继承。

1657 年,法学家约翰·雅克布·施派德尔(Johann Jacob Speidel)在一份出版物中提到了基林格尔。[212] 这是一本按字母顺序排列的辞典,收录了重要的历史、法律和政治术语。其中,他把 Burg / Burgle / Burgstall[213]、Burgfrid(意思是城堡主楼)[214] 以及"要塞"列为国防措施。[215] 在个别术语的条目下,他还概括总结了当下的讨论,例如有关要塞用途的争议性观点。他还附带着解释说,由于高昂的维护费用,一些善战之人小觑了高山上的要塞,因此这些设施中有许多再无人居住,甚至就此荒废——显然,他指的并非要塞,而是高地城堡。在这部辞典里出现了有关城堡不同术语的最早的词条解释。

17—18 世纪,对城堡更详尽的描述似乎比今天所知的更为常见;其中还有一些可能是重新发现。属于对个别城堡早期描述的有《波希米亚王国历史杂记》（1679）[216]一书中博胡斯拉夫·巴尔文（Bohuslav Balbín）笔下的卡尔施泰因城堡。然而，这段描写仅仅基于作者一位朋友的口述；据说巴尔文本人从未见过卡尔施泰因，亦如该书1787年德文译本的匿名作者所说。[217] 对卡尔施泰因城堡的描述是以建筑物和空间为序有条理地进行的。与此同时，巴尔文加入了许多趣闻逸事，那位博学广闻的德译者却对其中一些提出了质疑。总的来说，巴尔文提供了他那个时代对城堡最准确的描述之一；其中他甚至考虑到了最重要的空间的位置和大小，它们的室内陈设（例如祈祷室里的壁画）、状况以及（臆想的）功能。即便是今天的城堡参观指南，在介绍参观对象时，原则上也并无不同。

17世纪晚期以来的史学论著和城堡参观指南

1700年前后几年，有关城堡的出版物的数量增加了，此时它们的作者不再是法学家，而是历史学家。其中包括1684年出版的格奥尔格·米夏埃尔·普费弗科恩（Georg Michael Pfefferkorn）的著作《著名的图林根方伯领地奇闻异事精选集——包括该领地年代记中最重要的事件、地理环境、物产……城市、要塞、大学……》；其中有一章涵盖了图林根的"城塞和要塞"。普费弗科恩的精选集几乎只涉及近代的要塞，诸如埃尔福特的彼得斯贝格以及哥达；只有瓦尔特堡独享了一段较长的文字，但主旨并非描绘建筑物，而是讲述1521年路德在这座城堡逗留的时光。[218] 不过在描写图林根各个城市的历史时，也提到了城堡以及（有可能）关乎其修建的故事。

第一本独立的城堡参观指南出版于1692年，是德累斯顿附近柯尼希施泰因城堡的参观指南。[219] 它出自这座要塞的旗手、仅因此书闻名的巴尔塔扎·弗里德里希·布赫霍伊泽尔（Balthasar Friedrich Buchhäuser）笔下，主要包括了对各个空间以及保存在里面的狩猎战利品的注解。对建筑物，布赫霍伊泽尔并没有进行系统的描述，相反却详细地引用了个别建筑部分的铭文板上的文字。此外，他还对监房等有特殊用途的房间给予了说明。除却参观指南这

第八章　城堡研究史

一开创性特征，该书的重要性还在于，它表明1700年左右，肯定有人能够参观这座基本上用于军事用途的邦国要塞的部分建筑了。因而，这本参观指南是巴洛克时期游客对城堡感兴趣的早期证明。

1710年，神学家约翰·米夏埃尔·科赫（Johann Michael Koch）出版了《对埃森纳赫的山上宫殿及要塞瓦尔特堡的历史记述》。文中主要叙述性地描绘了与瓦尔特堡有关的图林根的历史，其中也包括圣伊丽莎白的生活。这本书共有23幅铜版画插图，其中两幅分别展现了瓦尔特堡本身和一件保存在那里的罗马式浮雕，浮雕描绘的是一个被怪兽吞食的骑士。1792年，随着约翰·托恩（Johann S. Thons）的《瓦尔特堡宫殿：对故主的贡献》（见图106）一书的出版，瓦尔特堡才有了真正的城堡参观指南。托恩是萨克森－埃森纳赫公国的枢密顾问，他先详细描绘了一圈儿城堡，其间指出了他所知道的建筑方面的变化，最后转而叙述城堡及方伯领地的历史。同时，他对旧文献中出现的许多明显错误的观点展开了讨论，包括城堡建立的日期。1795年第二版的

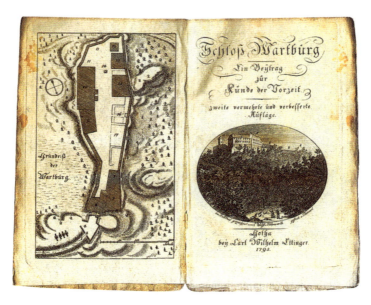

图106　约翰·托恩，瓦尔特堡宫殿，1795年第二版的扉页

序言中，托恩有一段评论非常重要，他指出，以"古老的骑士传说"为主题的出版物数量迅速增长，是人们对瓦尔特堡越来越感兴趣的原因。[220] 显然，兴起于英国的中世纪惊悚小说（"哥特小说"）的流行在德国也引发了人们对这些臆想的故事发生地的新热情。回顾过去，值得注意的是，同样有好多关于城堡的书籍出版于图林根；在18世纪的文学作品中，图林根简直就是城堡之国。

1713年，首次出版了一本全面描述大量城堡的书籍，书名为《复兴的古代或者对德国一些昔日著名山上宫殿的非寻常描述》（简称《山上宫殿》，见图107）。作者是图林根的牧师约翰·戈特弗里德·格雷戈留斯（Johann Gottfried Gregorius），他在出版该书时使用的是笔名梅利桑特斯（Melissantes）。1715年，他又出版了一本书，名叫《重新开启值得纪念的历史发生地：那

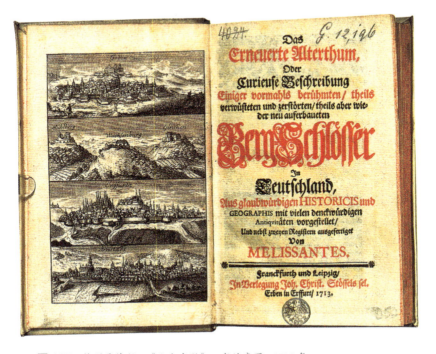

图107　梅利桑特斯，《山上宫殿》一书的扉页，1713年

里曾上演德国许多著名城市、宫殿、山上要塞、城塞和氏族宅第的兴起与衰败》。就此可以说，城堡这个主题已经取得了突破性进展；此前还从未有一整本书专门书写多座城堡的历史，而且使这个主题受到更广泛的公众的欢迎。

18世纪以及19世纪早期城堡文献的特点是，形式多样地将客观科学的方法和浪漫化的虚构相结合。约翰·弗里德里希·米尔德纳（Johann Friedrich Mülderers）在其1752年出版的著作中所写的一段文字表明，同时代的人已经注意到了这一点，该书名为《有关图林根一些昔日闻名遐迩、现今大部分已荒废并损毁的山上宫殿的历史外交新闻》。这位作者在前言中解释说，他想描绘在某些地方发生的"外交新闻"，也就是政治事件，并且明确阐述道："我不会取悦所有人，尤其是那些喜欢幽灵、爱搞恶作剧的鬼魂、地下宝藏以及被施了魔法的山上宫殿的人。时间太宝贵了，我不能把它浪费在这类只属于纺织室①的虚构的故事和童话上。"八十年后，五卷本的作品集《废墟或者关于坍塌的骑士城堡和宫殿历史的袖珍书》（维也纳，1834年）则是以一种完全不同的方式来探究建筑，因为书中所述仅限于传说和天马行空的虚构。这些书针对的购买群体是那些主要想看看故事消遣解闷的人，对他们而言，历史真相无关紧要。城堡已然成为早期休闲娱乐世界的一部分。

在科学意识方面，牧师约翰·路德维希·海姆（Johann Ludwig Heim）在他的书作《有关弗兰肯地区两座古老的山上宫殿迪斯堡和胡茨贝格的描述》（1761）的前言中给出了一点非常重要的启示。他指出，以前的许多出版物都缺乏科学准确性和偏见，为此他表示遗憾并强调了批判科学的重要性。即便在二百五十年以后，他的观点依然具有现实意义，因此应在这里详细引述："那些打算描述历史的人，应该……在记录每件事时，完全尊重事实并且确定有十足的把握。……如果我们还是认为，人会心存这样的观念，但这种观念是可遇而不可求的。……人们只能凭借自己的洞察力以及根据现有的文书

---

① 纺织室（Spinnstube）：该说法源于过去流行的一种习惯，当漫长的冬季来临时，人们会聚在纺织室里一边做手工，一边讲女巫、鬼魂等故事。

契据或者信息报道进行写作。但是总的来说，洞察力源于人的意图：因为这些意图天生就是有缺陷的、不纯粹的……所以往往会出错。那些文书契据和信息报道同样也出自于人，因此它们有时也会存在大量虚假内容，这些虚假内容虽然可以被头脑冷静的专业人士看穿，但也会被其他人迎合自己的意图、根据自己的判断当作最大的、最可信的真实。"海姆如此明确地反对存有偏见的观点和不加批判地摘录书面文字，是值得注意的，他指出的问题，即便在今天的人文科学研究中仍然极具现实意义。然而该书所涉的城堡废墟，只保留下了少量遗迹。

　　城堡研究最重要的进展或许发生在1800年前后。第一次，人们的兴趣点不再只针对城堡及其贵族居民的历史，而是也放到了城堡建筑本身。随着抢救改用作兵营的马林堡的各种努力措施的实施，这一变化愈发明显。用作修缮依据的是普鲁士建筑师弗里德里希·吉利（Friedrich Gilly）绘制的施工方案和图纸，1803年，铜版雕刻家、蚀刻版画家弗里德里希·弗里克（Friedrich Frick）将它们出版，并且配有文字说明。随附的小册子《普鲁士宫殿马林堡的历史残简》（1802）也出自弗里克之手。这些施工方案采用彩色腐蚀凹版技术印刷，不仅显示了包括不同墙体厚度以及拱顶在内的各个平面图，而且展现了精准到细节的外观图。有些建筑是复原后的状态，有些是当前状态。尽管在重建的时候增加了身披甲胄、佩戴条顿骑士团纹章的人物形象，但就关注点而言，纪实已然超出了浪漫想象。

　　在1812—1813年反对拿破仑占领的解放战争期间，更因为在1815年维也纳会议后被叫停的德意志帝国的新建或重建计划，公民对德意志民族及其历史的兴趣得到了决定性的推动。这反映为越来越多的地区性历史研究协会宣告成立。它们或多或少地迅速投身于城堡研究，与此同时，历史协会和古代文化研究协会通过信件、出版物和建立私人联系等方式，彼此间的交流非常活跃。即便在德国以外，城堡也被升格为"民族纪念碑"。[221]这一概念是奥匈帝国城堡系列丛书的作者弗朗茨·萨尔托里提出的，该丛书册数众多，从1819年开始以《奥地利君主国的山上碉堡和骑士宫殿》为书名陆续出版。[222]

第八章 城堡研究史

1804年，奥地利宣布为帝国，萨尔托里在中世纪的建筑中看到了认定其帝国身份的可能性，尽管这个新的多民族国家的城堡根本没有自成一系。

在法国占领时期，人们已经开始出版一系列书籍，单独描述德语区的城堡。其中包括弗里德里希·戈特沙尔克（Friedrich Gottschalck）的1810年开始出版的九卷本著作《德国的骑士城堡和山上宫殿》。戈特沙尔克开篇介绍了城堡的兴起、没落和建筑类型，由此开启了他的系列作品。他认为，这些城堡是加洛林王朝的建筑，而非罗马时代的建筑，修建它们最初是为了抵御诺曼人和匈牙利人的入侵。此后不久，贵族之间的竞争成为进一步修建城堡的动机，城堡变成了统治的工具，与保护人民再无任何关系。他把城堡的没落主要归因于三十年战争，尽管有些城堡在七年战争时期再次被使用。[223] 直到1819年前后，所有城堡中大约有三分之二最终沦为废墟。虽然戈特沙尔克的阐述很大程度上基于历史资料，但是对于流传下来的事件是否属于个例，他并未进行甄别。因此他夸张地描绘了一幅野蛮的中世纪的图景，直到今天，仍然影响着许多有关中世纪的出版物。

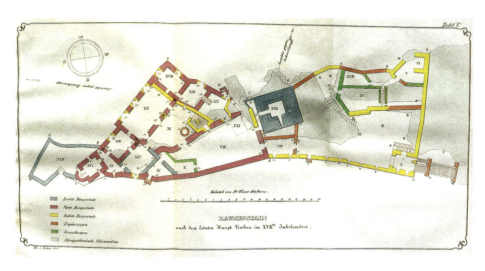

图108 巴登附近的劳恩施泰因（下奥地利），弗里德里希·奥托·冯·莱贝尔的彩色建筑年代平面图

随着弗里德里希·奥托·冯·莱贝尔（Friedrich Otto von Leber）所著有关维也纳周边小镇巴登附近的三座城堡的出版物发行（1844，见图108），城堡研究经历了重大的革新。因为他在描述历史的时候加入了彩色的建筑年代平面图，这是有史以来中欧建筑研究的第一次。除了研究可见建筑遗迹，例如马林堡，19世纪上半叶还展开了符合科学要求的最初的挖掘工作。起到推动作用的是历史协会以及一些支持民众关注历史的当政的王室。虽然德国在18世纪已经展开了发掘工作，但可能主要是为了寻找罗马建筑的遗迹。例如1766—1767年，霍恩洛厄伯爵的行政官克里斯蒂安·恩斯特·汉塞尔曼（Christian Ernst Hanselmann）出于对历史的兴趣，组织人员在厄林根的"下堡区"挖掘出了一段墙体，据估计是古罗马营地的遗迹。随后，他在一本书中描述了他在霍恩洛厄家族领地的发掘工作，书名为《证据：罗马势力……对现在的东法兰克地区、特别是霍恩洛厄家族领地的入侵》。[224]

完全不同的是1849年进行的对毁于1399年的南黑森坦嫩贝格城堡的发掘工作。它是受黑森和莱茵大公国路德维希三世大公爵委托进行的，此前在1847年，他就已经差人对黑森山道地区的其他城堡进行了发掘（如达格斯贝格废墟）。首要目的是发掘出土文物，很少为了研究建筑史。早期所有发掘项目存在的主要问题都是，没有专业的中世纪考古学者。例如1849年参与坦嫩贝格城堡发掘的有一位建筑工程师、一位泥瓦工、一位档案管理员、一位守林员和作家约翰·威廉·沃尔夫（Johann Wilhelm Wolf）博士。在最初的几次发掘徒劳无功以后，又增派了人手，工作人数翻了番。最终，28人组成的团队挖开了城堡，终于发现了希望找到的武器、日用陶器和壁炉的瓷砖。幸运的是，他们同时也详细记录了现已消失的建筑遗迹的具体情况。他们的发掘成果——各种地下文物以及对建筑物和施工技术的观察结果——发表在1850年出版的一本书中，其中不仅有文字说明，还包括多幅整版的插图。[225]当然，彼时的挖掘技术距今天的地层学方法还有很长一段路要走，运用地层学方法，可以借助于上下毗邻（并且可通过发掘物断代）的地层更准确地测定墙体所属的年代。但坦嫩贝格的发掘还是展现了城堡研究的新水准，其原因就在于，除了纯粹的发掘物以外，建筑物也引起了人们的关注。例如，这两方面原因都促成了对城堡年代的切合实际的评估，军官格奥尔格·海因里希·克里格·冯·霍赫费尔登（Georg Heinrich Krieg von Hochfelden）的一份未曾出版的备忘录尤其清楚地印证了这一点。

历史主义城堡研究视域下的建筑

19世纪下半叶，有关城堡建筑的文献明显增多。当时的作者有许多都是对防御性建筑及其历史很感兴趣的军方人员。他们并没有试图从整体上描述城堡，而是主要局限在所涉建筑物及其历史与战争或防御有关的方面。

最早进行跨地区描述的是上文提到的克里格·冯·霍赫费尔登，他在著作《德国军事建筑史》（1859）中按照时间顺序概括介绍了德国的城堡建筑。他所提倡的按照时间顺序将建筑物进行归类，一方面基于战争史，另一方面基于对砌体结构发展的准确观察。或许是仿照18世纪的城堡研究，霍赫费尔登基本上假定，德国城堡建筑起源于日耳曼尼亚[①]的古罗马营地建筑。根据这个最初的假设，他做出了以下思考：现存城堡的哪些建筑部分可能出自罗马时代，哪些可能出自后罗马时代，即中世纪。例如他断定，毛面方石是罗马时代建筑的一个典型标志，这使他得出了错误的结论，即所有由毛面方石砌就的城堡一定源自罗马时代。这一结论缺少对历史背景的足够认识，也没有任何原始资料来源。例如霍赫费尔登没有意识到，不存在比较古老的文献信息，有可能意味着，将城堡起源确定为罗马时代有可能是一种主观臆断。然而他的书作具有前瞻性的地方在于，他把城堡建筑本身用作论证的基础。后来的作者把研究建筑和研究历史结合，将这种方法发展为直到今天依然具有影响力的城堡研究形式。

这个研究方向的先驱包括卡尔·奥古斯特·冯·科豪森（Karl August von

---

① 日耳曼尼亚：古代欧洲非常古老的一处地名，位于莱茵河以东，同时包括被古罗马控制的莱茵河西岸地区，那里生活着很多部落，以日耳曼人为主。

Cohausen），[226] 他也是一名军官，在洪斯吕克山驻扎期间，他与志趣相投的战友一起勘察了早期的防御工事。由此，他对从罗马时代到当时的军事建筑产生了持久的兴趣，同时纠正了许多早期的观点和误解。他的第一个有关城堡主题的研究成果发表于1860年，一篇关于城堡主楼的论文。他对城堡的所有认识都汇集在其遗作《史前时代和中世纪的设防方式》[227] 一书中。他把城堡建筑跟对罗马时代的实际发现进行比较，从而强烈反对将许多建筑物的年代确定为罗马时代。该书由马克斯·耶恩斯（Max Jähns）出版，他在附录中编辑了整整57页建筑图，合并收录了大约1000张小幅城堡建筑外观图和平面图，时至今日，这些图片都是研究城堡建筑及其以前状况的基础。[228]

如果说19世纪中期以来城堡研究者的关注点主要放在军事方面，到了20世纪末前后，对其民用方面的兴趣则越来越浓厚。此外，他们还努力提高对个别建筑物和建筑部分在其功能及建筑发展方面的认识。其中一位权威作家是捷克布杰约维采的军队牧师和名誉教堂牧师约翰·内波穆克·科里（Johann Nepomuk Cori）。在他死后出版的著作《含上奥地利地区在内的中世纪德国城堡的兴建与施工》一书中，描述了中世纪各个建筑部分的基本状况和基本发展。例如，科里明确表示，雉堞的外观并不总是一样的，直到13世纪才出现铳眼。他有意识地将研究重点投入中世纪晚期城堡的多个方面，因为他发觉，早前的霍赫费尔登的专著缺少这些内容。此外，他还论述了城堡的陈设，大到居住空间，小到家具，甚至壁毯。

另一位重要的作家是建筑师奥古斯特·奥特马尔·冯·埃森魏因，他在1880年开始出版的多卷本《建筑手册》有关世俗建筑的两卷中论及了城堡建筑。[229] 其中一卷涉及防御性建筑，即城堡和城市城墙，另一卷涉及居住建筑，除了城堡以外，埃森魏因把城市和修道院的居住建筑也列入此卷。尤其是这第二卷具有创新性：埃森魏因第一次致力于刻画城堡内最重要的居住建筑、居住空间及其建筑装饰和活动陈设的特点，并且尝试着对统治阶层、市民和农民的居住空间进行了比较。[230] 尽管从今天的角度来看，他的许多言论似乎过于笼统，例如按照他的说法，城堡总是拥有一座厅殿（大厅建筑）、一座（主）

塔楼、一个用于居住的靠壁炉采暖的内宅以及一个供随从就餐和休息用的骑士大厅,但他首次提出了空间差异,这种差异完全可以得到证实,至少在比较复杂的居住建筑内部。[231] 身为建筑师,埃森魏因特别重视精准、绘制清晰、比例正确以及大尺寸的平面图,它们往往是世俗建筑因战争被毁或者拆除前的第一次,也是最后一次精确测量。

20 世纪初期,相较于对历史方面的关注,对建筑物本身的兴趣日益增加,好多作者都致力于更深入地研究各个城堡的建筑历史,更准确地对城堡建筑进行分类。城堡研究因奥托·皮珀所著的内容丰富的《城堡学》实现了质的飞跃。这本书在出了三版(1895 年、1905 年和 1912 年)以及一个袖珍本以后,成为城堡研究最有影响力的作品之一,而且一直再版到今天。该书的内容是皮珀自身对中欧城堡所有建筑细节的观察,他以一种新颖、系统的形式把观察结果呈现了。与此同时,他将城堡分解成各个建筑部分,分别进行阐述,而且对其建筑结构或者时间上关联性不做探讨,这一方面尤其受到了新近研究的批评。然而,我们必须把皮珀的方法置于 18—19 世纪城堡文献的背景下来看,在那些文献中,这些信息恰恰是缺失的,或者最多只针对个别建筑,并没有系统化呈现。

被视作皮珀"对手"的是建筑师博多·埃布哈特,他最初是以建筑绘图师的身份参与到城堡研究中的。他的演讲在柏林受到广泛关注,甚至吸引了皇帝威廉二世亲临现场聆听,埃布哈特因此得到了皇帝的委托,于 1899—1907 年重建霍赫柯尼希斯堡。1899 年,埃布哈特利用他的知名度成立了德国古堡保护协会(1953 年起更名为德国古堡协会)。他就此创建了一个基地,从而在城堡爱好者和城堡占有者之间建立起更密切的联系,并且通过发行时事通讯《城堡守护者》(1955 年起更名为《城堡和宫殿》继续出版),维持着一家专注于城堡研究的出版机构的运营。埃布哈特本人从 1899 年起在《德国城堡》系列丛书中发表了多篇关于个别城堡历史和建筑史的专题论文。最具影响力的是他广受欢迎的作品《作为德国历史见证的德国城堡》,该书出版于 1925 年,主要面向民族保守主义读者。1933 年,他很快投身于国家社会主义,直到去世,都是民族主义思想和种族思想的支持者。1940 年,他成功赢得军备部长施佩尔支持,为古堡协会找到了保护伞。在著作《中世纪欧洲的防御性建筑》中,他给出了一个很长时间里都被视作典范的概述,此书有一部分是他死后才出版的;直到最近,这本书暗含的种族-民族主义观点才引起关注。[232] 关于国外城堡的信息,埃布哈特都是通过德国领事馆和占领军的军官获取的——如果没有德国第二次世界大战时期的征服政策,就不可能写就《中世纪欧洲的防御性建筑》一书。

1945 年以后的城堡研究:跨学科之路

纳粹终结以后,卡尔-威廉·克拉森(Carl-Wilhelm Clasen)和瓦尔特·霍茨(Walter Hotz)提出了一种新的艺术史观。克拉森在《德国艺术史实用百科全书》(1954)的一个词条中提出,根据中心城堡内部的防御设施和居住建筑的位置划分城堡类型。1965 年,霍茨在其著作《德国城堡艺术简史》中将这种分类法系统化。他尝试着为城堡建筑创建一个划分类型的准则,就如艺术史早已为教堂建筑划定了分类方法那样。他依据中央布局和轴向布局进行分类,这些类型克拉森基本上已经提到了。根据外部轮廓、主塔楼的位置(或塔楼的一般位置,就此他未做区分)以及存在或缺少轴对称结构,他总共分了十七种类型。然而,他没能阐明不同类型跟建筑物的历史功能之间的联系;相反,他所划分的类型很大程度上取决于地形的选择。此外,把城堡归入某一特定类型时,他依据的往往是(部分具有偶然性的)现存状态。

尽管埃森魏因出版了大量书籍,但在城堡研究中,文化史方面长期以来一直处于空白。以前——并且直到今天——优先考虑的都是城堡及其建筑部分的防御性和各个建筑的建筑历史。20 世纪 70 年代,对军事功能的过分强调第一次遭到了明确质疑。尤其是历史学家维尔纳·迈尔[233]对军事用途表示了怀疑,他提出如下论点,即城堡的某些部分,尤其是主塔楼,也具有代表性的意义。二十年以后,考古学家约阿希姆·措伊讷(Joachim Zeune)将这一认识转化为一本书的书名，认为现在城堡基本上不具备防御功能，有助于彰显某种"象征"意义。[234] 尽管他的许多观察结果都是正确的，但这种被认为起主导作用的象征性，往往无法找到史料依据。同样值得注意的是，他虽然在谈建筑的象征性，却没有对"象征"的概念给出定义。事实表明，验证或者限定相应论点时，利用档案资料是何等必要。

从整体上对城堡进行历史探索，相对于19世纪晚期以来有关建筑方面的研究，先是偃旗息鼓，直到第二次世界大战以后，才卷土重来。尤其值得一提的是汉斯·马丁·毛雷尔（Hans Martin Maurers）的博士论文《15、16世纪维尔特姆贝格的邦君城堡》（1958），此外还有几篇论文，它们的特点是在历史渊源和建筑外观之间建立了一种联系。哥廷根的历史学家汉斯·帕策（Hans Patze）也试图将城堡这一主题植根于更大的历史联系中。[235] 与此相关，需要介绍的还有弗莱堡大学和多特蒙德大学的合作项目"中世纪布赖思高地区的城堡"，该项目始于20世纪80年代，一直延续至今，其杰出成果是，通过勘察发现，这个今天城堡相当稀少的地区曾经存在过四五百座建筑群，而且不仅在历史上，有些还可以在考古发现上证明其存在。但是，由于保存下来的建筑物数量相对较少，很难从建筑史和艺术史的角度认识这些城堡建筑。[236]

继埃森魏因和施蒂尔之后，直到瓦尔特·基斯（Walter Kiess）才再次研究在城堡里居住的问题，1960年，他发表了《居住建筑研究》一书。然而，对于自己主张的某些空间功能，他并未始终明确指出其资料来源，而且他在确定建筑物年代方面也犯了重大错误。最近出版的关于城堡居住问题的书作要么探讨单独的建筑物，并且借助于财产目录展开介绍，要么分析各个空间类型，诸如大厅[237]和宫廷客厅[238]。1996年，斯特凡·霍佩（Stephen Hoppe）以1470—1550年期间的萨克森宫殿为例，提出了一种示范性的新方法，用于解释空间关系。根据原始资料和对建筑的精确观察，他可以证明，在中世纪末，起居室和寝室连通成套房已经不再是个案，[239] 而表现为一种惯例。霍佩的认识为当前研究早期城堡的空间顺序奠定了基础。

作为城堡研究的重要支柱，考古学自19世纪中叶以来也进一步得到了系统化的发展。20 世纪 20 年代，罗伯特·科尔德韦作为建筑师将考古学与精确的测量方法结合，从而为它带来了重要的推动力。[240] 考古学家约阿希姆·措伊讷总结了战后一些重要的考古学方面的城堡调查。[241] 其中特别包括对莱茵褐煤矿区的胡斯特克努普城堡和莱茵河下游的梅尔大宅的发掘，它们为认识中世纪早期的城堡建筑提供了重要的信息。主要基于发掘工作的还有 11 世纪和 12 世纪早期城堡建设的成果，1991 年在施佩耶尔举行的萨利安家族主题展将它们列为展览的一部分。[242] 1993 年，汉斯于尔根·布拉赫曼（Hansjurgen Brachmann）首次总结了以发掘成果为依据展开的对中世纪早期防御工事的各项研究。然而，完整发掘出来的城堡非常少见，引人瞩目的案例出现在瑞士[243] 以及阿尔萨斯地区（旺根堡，1999 年挖掘）。德国新近最重要的发掘工作针对的是巴伐利亚北部的城堡：卡尔堡、罗斯塔尔和上阿梅尔塔尔（1961—1985）[244] 以及苏尔茨巴赫 – 罗森贝格（1992—2002）。[245] 通过它们，我们又一次大幅度提高并厘清了对 8—11 世纪城堡建筑的了解。

当今城堡研究

今天的城堡研究主要是由私人发起的。与博物馆、文物保护机构或者宫殿管理部门建立联系主要归功于个别机构或个人的努力，因此很难保证其连续性。[246] 起协调作用的是科学协会或者拥有科学咨询委员会的协会。[247] 一个主要问题是，除了少数例外（如班贝格、弗莱堡、多特蒙德），城堡研究缺乏与大学的联系，这种联系会促进科学讨论并且有助于培养后备力量。

按照现代理解，城堡研究是对单独的建筑物以及在历史和文化语境下对城堡这一整体现象的研究。在任何情况下，全面的城堡研究都是跨学科的，即便大量独立考察或者个人出版物并非如此。为城堡研究做出过贡献的主要专业领域包括历史、含建筑研究在内的艺术史以及考古学。对这些专业有所补充的是利用自己特有的方法研究个别课题的学科，例如古日耳曼语言文学（中世纪文学）或者历史学辅助学科（纹章学、古币学）。尤其是古民族植物学和考古动物学为考古学打开了更广泛的空间，它们可以从植物残余查明食物的范围，从骨骼遗骸确定森林中、田野里和餐桌上的动物种群。医学家或病理学家检验墓穴中的骨骼，可以确定死亡和疾病的原因。对于建筑史来说，以自然科学为基础测定年代是主要方法，尤其是树轮年代学，也会用碳14测定木头和有机残留物的年代，用热释光测定砖的年代。为了澄清个别特殊问题，偶尔也会有其他专门的研究方向参与其中。[248]

理想情况下，建筑研究可以让人了解到一座建筑物从可以识别的初期形式，历经所有变化，直至当前状态的发展过程。考古学探查的是以前的建筑状态和因改建而失去了的状态，例如它们仍然能够通过地基或墙基呈现。考古学发现与其他调查方法结合，有助于更准确地了解一座城堡的建筑史和使用史。这类调查需要制订精确的计划，能够囊括所有的调查结果。但是，即便只是简单地参观城堡，建筑史方面的思考或许也是有价值的，例如在偶然发现改建和扩建的痕迹或者最古老的建筑核心时。建筑史观察无须巨大开支，个人可以独立完成，但对于全面的建筑史调查来说，单打独斗毫无疑问是行不通的。建筑史调查需要精确的测量、对墙体及其泥灰和彩饰进行检测、取样进行自然科学分析以及更多的工作。

除了建筑研究和历史研究，与特定城堡或宫殿直接相关的档案资料也可以提供关键信息。例如，迄今，账单很少被纳入研究范围，但是由于要支付材料费和工匠的工钱，它们可能会透露一些有关建筑工程和改建工程的情况。19世纪就已经被注意到的一类重要的原始资料是财产目录。里面记录的是各个房间的布置和陈设，还有城堡周边的产业，大多与遗嘱及遗产继承或者新采邑有关。已知最古老的城堡财产目录出现在12世纪晚期所谓的《法尔肯施泰因法典》中，它记录了法尔肯施泰因家族的历史和财产，是受法尔肯施泰因伯爵西博托的委托于1166年编纂而成的。然而，大部分的财产目录都出自15—18世纪，因此提供了更多关于近代城堡室内陈设的信息，而它们往往与中世纪的情况有着惊人的连续性。

这些研究本身是值得期待的，然而，前文所描绘的研究规模也引发了一个问题：如今，人们讨论和要求的标准越来越高，这些标准往往无法再在合理的时间范围以合理的成本付诸实施。出版物所含的信息越来越详细，有时难以理解，这使得出版时间大幅度推延，有时甚至推迟几十年。因此，急需在消耗和成果之间建立一种更加切实的关系。此外，研究成果的使用者必须清楚，即便是审慎的研究也不可能避免错误和疏漏。正因如此，掌握各种方法的基础知识是必要的，因为永远不要高估这些方法的准确性，而且一定要能够估计到：树木年轮定年可能有偏差，古陶瓷断代存在可想而知的不准确性，即便摄影测量法也会出现测量误差，卷宗档案和证明文书也会有读写错误以及引用前人研究成果时可能存在错误或误解。

从这部分概述中可以得出如下结论：其一，人们认识到，城堡研究的历史比以前认为的要早得多，早期几百年间研究城堡的许多作者如今仍是鲜为人知。其二，对于未来的城堡研究，可以期待，至少可以要求在更大范围、更高程度上实现跨学科性，而且面对以前的出版物，必须具备更高的批判能力。此外，大量城堡都缺少单独的调查，尤其是针对地上和地下现存的建筑实体。因此，随着研究的进展，城堡的形象还会发生巨大改变，呈现极大的不同。

注 释

1 Kyllinger 1620, S. 15.
2 Cori 1899, S. 1.
3 Piper 1912, S. 4, 3.
4 Ebhardt 1939–1958, Bd. 1, S. 1.
5 Karl Heinz Clasen: Burg. In:Reallexikon zur deutschen Kunstgeschichte, Bd. 3, 1954, Sp. 126–173.
6 Günther Binding: Burg. In: Lexikon des Mittelalters, Bd. 2, 1983, Sp. 957–962.
7 Biller 1993/²1998; Biller/Großmann 2002; Zeune 1996.
8 Zit.nach Piper 1912, S. 3.
9 Wilhelm Dilich: Hessische Chronica, Kassel 1605, S. 99.
10 吉多·冯·比伦（Guido von Büren）的建议（于利希）。
11 Vgl.Werner Jacobsen: Pfalzen. In: Böhme 1999, Bd. 1, S. 109–125.
12 Hotz 1981, S.16f., 把属于贵族采邑所有的城堡也称作帝国城堡，目的在于建立一套施陶芬王朝在德国南部和中部的城堡体系。
13 Müller/Weinhold 2010.
14 Bitterli 2012.
15 Karl Heinz Clasen: Burg. In: Reallexikon zur deutschen Kunstgeschichte, Bd. 3,1954, Sp. 126–173; Hotz 1965;Günther Binding: Burg. In: Lexikon des Mittelalters, Bd. 2, 1983, Sp. 957–962.
16 Vgl. Hechberger 2004.
17 Ganshof 1961, S. 65; Karl-Heinz Spieß: Das Lehnswesen in Deutschland im hohen und späten Mittelalter, Idstein 2002; Volder Rödel: Reichslehenswesen,

Ministerialität, Burgmannschaft und Niederadel, Darmstadt/Marburg 1979 (Quellen und Forschungen zur hessischen Geschichte, 38).

18　Ganshof 1961, S. 26f.
19　Rödel 2010, S.64, 67f.
20　So schon Maurer 1976, S. 89ff.
21　Vgl. Lexikon des Mittelalters, Bd. 3, 1986, Sp. 130f., Bd. 8, 1997, Sp. 75f.
22　Sachsenspiegel, Landrecht, 3. Buch, §66.
23　Bitschnau 1983, S. 419; vgl. grundsätzlich Maurer 1976.
24　Bitschnau 1983, S. 120–122.
25　Mogge 2012.
26　Ganshof 1961, S. 63.
27　Bachmann 1997; vgl. auch Christoph Bachmann: Öffnungsrecht, http://www.historisches-lexikon-bayerns.de/artikel/artikel_45258(8.12.2011).
28　Bernhard Diestelkamp: Lehen, Lehenswesen, Lehnrecht. In: Lexikon des Mittelalters, Bd.5, 1987, Sp. 1807–1811.
29　Burg. In: Lexikon des Mittelalters, Bd. 1, 1980, Sp. 965, Textbeitrag von Fred Schwind.
30　Vgl. Werner Meyer: Burg und Herrschaft. In: Großmann/Ottomeyer 2010, S. 16–25, hier S.16f.
31　Zit. nach Trapp/ Hörmann-Weingartner 1972–2011, Bd. 1, S.152(Maximilian Graf Mohr: Von der fürstlichen Graffschaft Tyrol, Ⅲ. Teil, Ms. fol. Museum Ferdinandeum, FB 3612–3615).
32　Werner Meyer: Burg und herrschaft. In: Großmann/Ottomeyer 2010, S. 16–25, hier S.18.
33　例如位于安斯巴赫县一座城堡废墟的情况。
34　Hans-Martin Maurer: Rechtsverhältnisse der hochmittelalterlichen Adelsburg vornehmlich in Süddeutschland. In: Patze 1976, Bd. Ⅱ, S. 77–190, hier S. 88.
35　Burger 2009.
36　Wagener/Laß 2006.
37　Werner Meyer: Der Kampf um feste Plätze im Mittelalter. In: Wagener/Laß 2007, S. 109–132.
38　Georg Waitz und Bernhard von Simson (Hrsg.): Ottonis et Rahewini Gesta Friderici I imperatoris, Hannover 1912 (Monumenta Germaniae Historica.

Scriptores rerum Germanicarum, 46), S. 27ff., 12; auch zit. bei Meyer 1976, S. 178.

39 Georg Heinrich Pertz (Hrsg.): Arnoldi Chronica Slavorum, Hannover 1868, S. 290.

40 Ebner 1974.

41 Günther Stanzl: Neue Untersuchungen zur Burg Wernerseck in der Eifel. In: Forschungen zu Burgen und Schlössern 12, München/ Berlin 2009, S.95–110.

42 Zur Konstruktion vgl. Großmann 1986/^{4}2004.

43 Karl Bernhard Kruse: Backstein und Holz-Baustoffe und Bauweise Lübecks im Mittelalter. In: Jahrbuch für Hausforschung 33, 1983, S. 37–61.

44 Großmann: Bauforschung, 2010; zu den Untersuchungsmethoden vgl. auch Großmann 1986/^{4}2004.

45 因此树轮年代学研究往往可以确定准确的建筑年份。

46 在木建筑物中，只有用于地板和屋顶的木头被称作"梁木"，那些用于墙壁的木头不会有此名称。

47 Großmann 1986/^{4}2004; Heinrich Stiewe: Fachwerkhäuser in Deutschland, Darmstadt 2007.（二者都有进一步的"参阅"注释）

48 Biller 2006, S. 256–259.

49 G. Ulrich Großmann, Thomas Biller und David Burger: Die Datierung des Zwingers und die Inschrift des Nicolas Lorgne. In: Biller 2006, S. 254–262.

50 Schmitt 2007.

51 Maurer 1969, S. 311.

52 Vgl. Großmann 2005, S. 120 f.

53 Rekonstruktionszeichnung von Joachim Zeune. In: Zeune 1998, S. 17.

54 这个名字在中世纪很少见，后来更多指一座用于攻击的塔楼。卡尔·奥古斯特·冯·科豪森总结了19世纪中叶前关于这一术语的讨论。Cohausen 1860, bes. S. 8–14; Cohausen 1898.

55 Vgl. Schon Cohausen 1860.

56 Leon Battista Alberti, L'architettura, Tradotta in lingua Fiorentina de Cosimo Bartoli, Venedig 1565(Erstausgabe 1550), S. 129; vgl. Alberti 1912, S. 232 f.

57 Burger 2009.

58 同时代的描绘可以证明这一点，例如现藏于日耳曼民族博物馆的一条织花壁毯，图案是"夺取明内堡"（Minneburg）(GNM, Gew.3807)。

59 Georg Dehio: Geschichte der deutschen Kunst, Bd.2, Berlin/Leipzig 1921, S. 297. Vgl. Meyer 1976; Zeune 1996, S. 42ff. Einer zu einseitigen Sichtweise widersprach

Dankwart Leistikow und verwies auf die Wehrhaftigkeit des Bergfrieds: Der Thurm zu Krautheim. Porträt eines Bergfrieds. In: Maike Konzok (Hrsg.): Architektur-Struktur-Symbol. Festschrift für Cord Meckseper, Petersberg 1999, S. 195–210.

60 Biller 1993/²1998, S. 118 ff.; vgl. Müller 2002; Schmitt 2002.

61 Jacob und Wilhelm Grimm: Deutsches Wörterbuch, Bd. 14, 1893, Sp. 1577–1579(«Saal»).

62 这一术语出自对房屋的研究，可以证实相应的平民房屋，尤其是城市新贵的房屋在德国北部更为常见，并且不同于有一间储藏室的平民房屋。

63 Vgl. Cord Meckseper: Saal, Palas, Kemenate. In: Böhme 1999, Bd. 1, S. 265–269, hier S. 268 f.

64 Wirtler 1987.

65 Wolfram von Eschenbach: Parzival, Buch 5, Vers 237, 1–240,14.

66 Zur Entwicklung der Hof-und Tafelstube vgl. Stephan Hoppe, Hofstube und Tafelstube. Funktionale Raumdifferenzierungen auf mitteleuropäischen Adelssitzen seit dem Hochmittelalter. In: Großmann/Ottomeyer 2010, S. 196–207.

67 Großmann: Mythos Burg, 2010, S. 171.

68 Von Stephan Hoppe wurde die Bezeichnung «Stuben-Appartement» eingeführt: Hoppe 1996, bes. S. 365 ff.

69 Jacob und Wilhelm Grimm: Deutsches Wörterbuch, Bd. 20. 1942,Sp.157–166; Hähnel 1975.

70 Vgl. Andreas Curtius: Die Hauskapelle als architektonischer Rahmen der privaten Andacht. In: Kammel 2000, S. 34–48.

71 Johanna Naendrup-Reimann: Weltliche und kirchliche Rechtsverhältnisse der mittelalterlichen Burgkapellen. In: Patze 1976, Bd. 1, S. 123–153, hier S.137.

72 Stevens 2003; Schock-Werner 1995.

73 Schock-Werner/Bingenheimer 1995.

74 Mielke 1966.

75 Gleue 2008; Kill 2012; Nina Günster: Jeder Tropfen eine Kostbarkeit. Wasserversorgung auf Höhenburgen in der nördlichen Frankenalb, MA-Arbeit (masch.), Bamberg 2008.

76 Joachim Zeune: Die Schatzkammern der Burg Burghausen.In:ders. (Hrsg.), Alltag auf Burgen im Mittelalter, Braubach 2006, S. 74–82.

77 Ausgrabung durch Birgit Friedel 1990; Friedel 2007, S. 57–62.

78 迄今，在大部分城堡中都无法准确定位马厩的位置。

79 Vgl. z. B. das Inventar von Schloss Fragstein, 1482; Zingerle 1909, S. 16–21.

80 Vgl. Petra Krutisch und G. Ulrich Großmann(Hrsg.):Der Weserraum zwischen 1500 und 1650, Marburg 1992 (Materialien zur Kunst-und Kulturgeschichte in Nord-und Westdeutschland, 4).

81 Stefan Uhl: Das «Preißingerhaus» und der «Eselsstall» auf Burg Pappenheim. In: Arbeitskreis für Hausforschung(Hrsg.), Berichte zur Haus-und Bauforschung 1, Marburg 1991, S. 247–256.

82 Vgl. G. Ulrich Großmann und Ingrid Schulte: Die Bockwindmühle im Westfälischen Freilichtmuseum Detmold, Detmold 1986, S. 12 ff. (I. Schulte).

83 Großmann 1999/²2006.

84 Vorberichte von Elmar Altwasser und Gail Larrabee in Manuskriptform. Vgl. Christa Meiborg, Helmut Roth und Claus Dobiat: Suchenach dem Gisonenfels. In: Archäologie in Deutschland 4, 1991, S. 6–11.

85 博物馆的建立基本上可以追溯到路德维希·比克尔（Ludwig Bickell，1838—1901）。直到1927年，这座博物馆都位于宫殿之中。将大学博物馆的一部分回迁至宫殿是基于作者的建议和州议会议员卡尔·施纳贝尔（Karl Schnabel）的倡议。

86 Brachmann 1993, S. 17 ff., bes. S. 22 f.

87 Binding 1996, S. 29 f.

88 Georg Weise: Zwei fränkische Königspfalzen. Bericht über die an den Pfalzen zu Quierzy und Samoussy vorgenommenen Grabungen, Tübingen 1923.

89 Ettel 2006, S. 40.

90 Peter Ettel: Burgenbau unter den Franken, Karolingern und Ottonen. In: Großmann/Ottomeyer 2010, S.34–49; Brachmann 1993, S. 62 ff.

91 弗里德贝格的皇帝城堡出现得很晚，在它的平面图上还识别得出古罗马营地。

92 Wand 2006.

93 Peter Ettel: Burgenbau unter den Franken, Karolingern und Ottonen. In: Großmann/Ottomeyer 2010, S.34–49, hier S.38.

94 Widukind von Corvey: Die Sachsengeschichte, hrsg. von H.-E. Lohmann und Paul Hirsch, Hannover 1935(Monumenta Germaniae Historica. Scriptores rerum Germanicarum in usum scholarum).

95 Christian Frey: Die Burgen Heinrichs I. In: Großmann/Ottomeyer 2010, S. 50–55.

96 Zotz 1990, S.89.

97 尤迪特·莱（Judith Ley）和马克·维特赫格（Marc Wietheger）发表了一份最新的学生测量报告以及新的建筑研究成果。Die innovative Architektur der Karolinger. Perspektiven einer interdisziplinären Pfalzenforschung in Aachen. In: Bericht aus der Rheinisch-Westfälischen Technischen Hochschule Aachen, Aachen 2012, S. 12–19. 我要感谢莱（Ley）女士提供的内容丰富的信息。除了格拉努斯塔楼拥有德国艺术史上最早的直线形楼梯，亚琛行宫教堂的西侧建筑还拥有最早的螺旋形楼梯。

98 发掘工作由瓦尔特·扎格（Walter Sage）和霍尔格·格雷韦（Holger Grewe）主持。Vgl. Holger Grewe: Die Ausgrabungen in der Königspfalz zu Ingelheim am Rhein. In: Lutz Fenske u. a. (Hrsg.): Splendor palatii, Göttingen 2001(Deutsche Königspfalzen, 5), S. 155–174.

99 Zusammenfassend Binding 1996.

100 Atzbach 2010.

101 Hensch 2005.

102 Zu Karlburg und Roßtal vgl. Ettel 2001.

103 基柱建筑是木建筑，它的垂直支撑木深埋于土地；基坑建筑则是房屋的一部分，建于地下。

104 Brachmann 1993, S. 165 ff.

105 Ettel 2006, S. 40.

106 Herrnbrodt 1958; Reinhard Friedrich: Mittelalterliche Keramik aus rheinischen Motten: Funde aus den Regierungsbezirken Köln und Düsseldorf, Köln 1998(Rheinische Ausgrabungen, 44). 在木建筑方面，我们的插图有意识地区别于赫恩布罗特（Herrnbrodt）的复原结果。

107 Herrnbrodt 1958, S. 67.

108 Walter Janssen: Die Frühmittelalterliche Niederungsburg bei Hans Meer. In: Böhme 1991, Bd. 1, S. 195–224. Die Datierung beruht auf einer dendrochronologischen Untersuchung.

109 Vgl. das Modell im Deutschen Burgenmuseum, Beste Heldburg.

110 Maurer 1969, bes. S. 296 ff., 301 ff., 307 ff.

111 Streich 1984, bes. S. 461.

112 Hans-Wilhelm Heine: Burgen der salischen Zeit in Niedersachsen. In: Böhme 1991, Bd. 1, S. 9–84, hier S. 49; Streich 1984, S. 439 ff.

113　Vgl. Claus Ahrens: Frühe Holzkirchen im nördlichen Europa, Hamburg 1981, bes. S. 501–533.

114　Maurer 1969, S. 308–313, bes. S. 311.

115　Hans-Wilhelm Heine: Burgen der salischen Zeit in Niedersachsen. In: Böhme 1991, Bd. 1, S. 9–84, bes. S. 31f.

116　Reichhalter/Kühtreiber 2005, S. 416–418.

117　Hinz 1981, S. 33 ff.

118　Reinhard Friedrich, Salierzeitliche Burganlagen im nördlichen Rheinland. In: Böhme 1991, Bd. 1, S. 177-194, hier S. 178.

119　Dieter Barz: Schlössel bei Klingenmünster. In: Großmann: Mythos Burg, 2010, S. 64 f.; Barz 2008.

120　Vgl. Reinhard Friedrich: Salierzeitliche Burganlagen im nördlichen Rheinland. In: Böhme 1991, Bd. 1, S. 177-194, hier S. 185-188.

121　Christa Meiborg und Ulrich Reuling: Die Burg Weißenstein bei Marburg-Wehrda. In: Böhme 1991, Bd. 1, S. 149-176.

122　Hansjürgen Brachmann: Zum Burgenbau salischer Zeit zwischen Harz und Elbe. In: Böhme 1991, Bd. 1, S.135-137.

123　Reinhard Schmitt: Frühe runde Bürgturme Mitteldeutschlands im Vergleich mit anderen Burgenlandschaften. In: Burgen und Schlösser in Sachsen-Anhalt, Heft 9, Halle 2000, S. 39-66; Schmitt 2010.

124　Barz 2006; Patrick Schicht: Die Schallaburg im Hochmittelalter. In: Peter Aichinger-Rosenberger (Hrsg.): Die Schallaburg. Geschichte. Archäologie, Bauforschung, Weitra 2011, S. 285-306.

125　Schmitt 2010.

126　Vgl. Reinhard Schmitt: Der Bergfried: Ein wehrhaftes Statussymbol des Burgherren. In: Großmann/Ottomeyer 2010, S. 158-167.

127　Biller 1993, S. 134, unter Bezug auf Meyer 1976. 然而并没有定义"和谐"这一概念，或许它只是一个辅助的名称，为了说明这种状态是"古典的"。

128　So schon Biller 1993, S. 134 f.

129　因为他没有独立执政，所以"七世"这一序数总是置于括号中。

130　Vgl. Werner Rösener: Bauern im Mittelalter, München 1991.

131　Maurer 1969, S. 314 ff., 324, 329.

132　Steinmetz 2002.

133　Biller 1998.

134　Vermutlich für die Unterkapelle ist die Übertragung an den Deutschen Orden 1216 archivalisch überliefert. Vgl. Friedel 2007, S. 64, unter Verweis auf ein Manuskript von Gerhard Pfeiffer; eine Kopie dieses Manuskripts(1992) befindet sich in den Unterlagen des Deutschen Burgenmuseums.

135　Bitschnau/Hauser/Mittermair 2011.

136　Burg Weißensee 1998.

137　Beobachtung von Achim Wendt(Heidelberg).

138　宾丁（Binding）和约斯特（Jost）在东侧的居住建筑复原了一个由窗户对称围在中间的入口，但原始墙体不允许进行这样的复原。通往这座主要建筑上层的入口没有留下任何遗迹。

139　Zeune 2008.

140　Thomas Biller und Bernhard Metz: Die Burgen im Elsaß Ⅱ. Der spätromanische Burgenbau im Elsaß(1200–1250), München/Berlin 2007, S.302–316, mit Baualtersplan.

141　Biller 2002.

142　Ulrich 2005.

143　List 1970.

144　Die Bezeichnung wurde in G. Ulrich Großmann: Der Schloßbau der Rennaissance in Hessen 1530-1630, Marburg 1979, sowie in der Fassung Großmann: Renaissance schlösser, 2010, S. 49, verwendet, um die mittelalterliche Burg aus Einzelbauten zu kennzeichnen.

145　根特的环形围墙的塔状挑楼有小的铳眼，但这里很可能是19世纪进行修复时做出了错误的解释。

146　Vgl. Reinhard Schmitt: Der Bergfried: Ein wehrhaftes Statussymbol des Burgherren. In: Großmann/Ottomeyer 2010, S. 158–167.

147　Antonow 1977.

148　Reicke 1995.

149　Steinmetz 2002.

150　Ein englisches Fachbuch von Michael Welman Thompson ist ausdrücklick als «The Decline of the Castle» betitelt（Cambridge 1987）.

151　Vgl. Bernd Schneidmüller: Die Kaiser des Mittelalters, München 2006, bes. S. 86–88. Schneidmüller lehnt den Begriff als irreführend ab.

152　Selbst die neueste Ausgabe des Dehio schließt sich in Unkenntnis der aktuellen Fachliteratur noch der in den 1930 er Jahren entwickelten Datierung in die erste Hälfte des 13. Jahrhunderts an; Folkhard Cremer (Hrsg.): Hessen Ⅱ, München/Berlin 2008 (Dehio-Handbuch der Kunstdenkmäler), S. 689. Vgl. dagegen Klaus-Peter Decker und G.Ulrich Großmann: Die Ronneburg, Regensburg 2000 (Burgen, Schlösser und Wehrbauten in Mitteleuropa, 6).

153　Vgl. Biller/Metz 1995, S. 198–219,bes. S. 202 f.

154　Noch für Kyllinger 1620, Kap. 3/182, spielen die Burgmannen in Friedberg eine juristisch relevante Rolle.

155　Tucher/Lexer 1862.

156　Tucher/Lexer 1862, S. 298.

157　Tucher/Lexer 1862, S. 299 f.

158　Burger/Rykl 2006, S. 36–66.

159　Durdík 1994,S.147–157.

160　Durdík 1994; Schicht 2003.

161　Vgl. Durdík 1994; Großmann 2005,S. 236–240.

162　Reinhard Gutbier: Die Burg Hessenstein und ihre bauliche Entwicklung bis etwa 1800. In: Zeitschrift für hessische Geschichte und Landeskunde 81, 1970, S. 89–118; ders.: Zwinger und Mauerturm. In: Burgen und Schlösser 17, 1976, 1, S.21–29.

163　Torbus 1998, S.487–534, bes. S.511–517.

164　Pospieszny 2001.

165　Herrmann 1995, S.125–136; Ute Ritzenhofen: Burg Eltz, München/Berlin 2002. Aktuelle, noch unpublizierte Bauuntersuchungen hat Lorenz Frank unternommen. 位于整个建筑群西侧，迄今都被认为特别古老的"Platt-Eltz"塔楼坐落在岩峰边上；从它的地下室可以看到城堡其余部分所在的山岩边缘。在我看来，这表明它不是城堡的核心建筑，而是后来（15/16世纪）扩建的。

166　Herrmann 1995, S. 170–175; Ulrich Burkhart und Stefan Ulrich: Montfort. In: Pfälzisches Burgenlexikon, Bd. 3, 2005, S. 590–607.

167　Losse 2003, S. 74–77.

168　Herrmann 1995, bes. S. 20 ff., 83.

169　现存箭矢的年代经日耳曼民族博物馆的研究可以得到确认；vgl. Martin Baumeister: Pfeile aus Kanonen?. In: Anzeiger des Germanischen Nationalmuseums 2011, Nürnberg 2011, S. 99–112.

170　Istvan Feld: Die regelmäßigen «Burgschlösser» des Königreichs Ungarn im Spätmittelalter. In: Zeune 2011, S. 138–147, hier S. 142 f.

171　Grüll/Götting 1967, S. 187; Thomas Kühtreiber: Von der Burg zur Festung. Festungselemente im Burgenbau des 15. Jahrhunderts in Oberösterreich. In: Zeune 2011, S. 102–113.

172　Cori 1899, S. 225–229; Martin Aigner: Burg Falkenstein an der Ranna. Mit Baualtersplan der Kernburg, www.burgenseite.com (1.11.2012).

173　然而到目前为止，有关这方面的研究很少。Vgl. Kiess 1961; Wirtler 1987; Hoppe 1996.

174　Vgl. Herrmann 1995.

175　Eva Röell: Die gräflichen Säle auf dem Binnenhof. Archiektur-und bauhistorische Untersuchung. In: Forschungen zu Burgen und Schlössern 8, München/Berlin 2004, S. 35–48. Vgl. auch Beschrijving van de Grafelijke Zalen op het Binnenhof te s'Gravenhage, s'Gravenhage 1907.

176　Hoppe 1996.

177　Menclová 1963.

178　Kohnert 2008.

179　Burgerbibliothek Bern, Codex 120 Ⅱ.

180　Weitere Beispiele vgl. Stephan Hoppe: Hofstube und Tafelstube.Funktionale Raumdifferenzierungen auf mitteleuropäischen Adelssitzen seit dem Hochmittelalter. In: Großmann/Ottomeyer 2010, S. 196–207.

181　Kill 2012, S. 100 f.

182　Gleue 2008, S. 11–13.

183　Vgl. Michael Welmanam Thompson: The Decline of the Castle, Cambridge 1987.

184　Erstmals bei Biller/Großmann 2002，然而还是没有指出直到 1700 年左右防御能力的持续性。Vgl. auch Großmann 1979 (überarbeitet 2010).

185　Schütte 1994.

186　Großmann/Ottomeyer 2010; Großmann: Mythos Burg, 2010.

187　Daniel Burger. In: Großmann: Mythos Burg, 2010, S. 286 f.

188　Abb. bei Stefan Bürger: Meisterwerk Albrechtsburg, Dresden 2011, Abb. 207, S.78.

189　Hoppe 1996.

190　Großmann 1979(überarbeitet 2010).

191　Daniel Burger: Albrecht Dürers «Unterricht zur Befestigung» (1527) und der deutsche

	Festungsbau des 16. Jahrhunderts. In: G. Ulrich Großmann und Franz Sonnenberger (Hrsg): Das Dürer-Haus. Neue Ergebnisse der Forschung, Nürnberg 2007(Dürer-Forschungen, 1). S.261–288.
192	Ruth Tenschert: Die Kernburg der Festung Rosenberg in Kronach. Eine baugeschichtliche Untersuchung, MA-Arbeit(masch.), Bamberg 2011.
193	Vgl. die Beispiele in Giersch u. a. 2006.
194	Dittscheid 1987, bes. S. 159–213(zur Löwenburg), 214–216(zu Wilhelmsbad).
195	Wilhelm Hauff: Sämtliche Werke, illustriert von Carl Offterdinger, Stuttgart 1877, Bd. 5, S. 163. Zum Festungsbau vgl. Ottersbach 2007.
196	Hartmut Boockmann: Die Marienburg im 19. Jahrhundert, Frankfurt 1982.
197	Vgl. den Ausstellungskatalog «Aufbruch der Jugend», Germanisches Nationalmuseum Nürnberg(erscheint Herbst 2013).
198	Vgl. Joachim Zeune: Mittelalterliche Burgen in Bayern. Eine Schreckensbilanz. In: Schönere Heimat Bayerischer Landesverein für Heimatpflege e. V., München 1900, S. 143-154; ders.: Burgensanierungen im Allgäu. Eine Schreckensbilanz (1-10). In: Zeitschrift für Heimatpflege. Das Blättle vom Heimatbund Allgäu e. V.1-10, 1999-2001.
199	G. Ulrich Großmann. In: Großmann: Mythos Burg, 2010, S. 289 f.
200	Vgl. Anja Grebe: «Mythos Burg»–die Ursprünge des modernen Burgenbilds. In: Damals 42, 2010, H. 7, S. 25–27; dies.: Mythos Burg. Zu den Ursprüngen des modernen Burgenbildes in Mittelalter und Früher Neuzeit. In: Großmann/Ottomeyer 2010, S. 236–253.
201	Anja Grebe: «Mythos Burg» –die Ursprünge des modernen Burgenbilds. In: Damals 42, 2010, H. 7, S. 25–27.
202	Joachim Zeune: Rezeptionsgeschichte und Forschungsgeschichte. In: Böhme 1999, Bd. 1, S. 26–37.
203	在瓦尔特堡举行的 2009 年城堡会议可以被理解为一个跨学科的研讨会（Großmann/ Ottomeyer 2010）。
204	Benedikt Tschachtlan(um 1420–1493): Chronik zur Geschichte der Stadt Bern, 1470(Zürich Zentralbibliothek, cod. A 120).
205	Vgl. Ursula Braasch-Schwersmann und Axel Halle (Hrsg.):Wiegand Gerstenberg von Frankenberg (1457–1522) Marburg 2007.
206	Johann Pomarius: Chronica der Sachsen und Niedersachsen, Magdeburg 1588/

Halle 1589.

207 Jeremias Simon: Eilenburgische Chronica oder Beschreibung der sehr alten Burg/Schlosses und Stadt Eilenburg, Leipzig 1696, S.61.

208 据推测，这是康拉德·冯·霍赫施塔登 (Konrad von Hochstaden) 时代，即公元 1250 年前后的赝品，城堡有可能在这一时期才竣工。Vgl.C.Hagenguth. In: Großmann: Mythos Burg, 2010, S. 282–285.

209 Ingrid Baumgärtner (Hrsg.): Wilhelm Dilich. Landtafeln hessischer Ämter zwischen Rhein und Weser 1607–1623, Kassel 2011.

210 Crusius 1595, S. 817, dt. Ausg. 1733, Bd. 2, S. 374 f.

211 Kyllinger 1620, S. 22.

212 Johann Jacob Speidel: Speculum politico-philologico historicarum observationum et notabilium [...], Nürnberg 1657.

213 Johann Jacob Speidel: Speculum politico-philologico historicarum observationum et notabilium [...], Nürnberg 1657, S. 172, Nr. 187.

214 Johann Jacob Speidel: Speculum politico-philologico historicarum observationum et notabilium [...], Nürnberg 1657, S. 179, Nr. 200.

215 Johann Jacob Speidel: Speculum politico-philologico historicarum observationum et notabilium [...], Nürnberg 1657, S. 329–332, Nr. 29.

216 Miscellaneorum historicum regni Bohemiae [...], Liber I Decadis III, Prag 1679.

217 Allgemeine Beschreibung des Schlosses Karlstein aus Balbins Miszellaneen, mit Anmerkungen und Zusätzen. In: Materialien zur alten und neuen Statistik von Böhmen, 3. Heft, Prag 1787, S. 569–612.

218 Pfefferkorn 1684(Nachdruck 1685), Kap. XXVI, S. 346–357.

219 Balthasar Friedrich Buchhäuser: Uber Die sehr Curieuxe Beschreibung der Unüberwindlichen Churfürstlichen Sächsischen Berg-Vestung Königstein, o. O. 1692.

220 Bis 1826 erschienen zwei weitere Auflagen.

221 So auf dem Vorsatzblatt von Sartori 1819, das in Bd. 4 eingebunden ist.

222 Nebehay 1983, Nr. 604/605, S. 116 f.

223 Friedrich Gottschalck: Die Ritterburgen und Bergeschlösser Deutschlands, Halle 1810, Bd. 1, S. 30 f.

224 Schwäbisch Hall 1768. Vgl. auch Johann Karl Gottlob Hirsching: Historisch-literarisches Handbuch berühmter und denkwürdiger Personen, welche im 18.

Jahrhundert gestorben sind, Bd. 2, 2. Abth., Leipzig 1796, S. 323.

225 Hefner/Wolf 1850.

226 Großmann 2012.

227 Cohausen 1860; Cohausen 1989; Großmann 202 (mit vollständiger Bibliographie).

228 原件尺寸更大，部分是彩色的，收藏在纽伦堡的日耳曼民族博物馆里。Vgl. Günster 2010.

229 在这一系列书籍的第一卷中，他发表了一篇有关整套作品的基本导论。Vgl. Roland Jaeger:Monumentales Standardwerk: Das «Handbuch der Architektur» (1880–1943). Verlagsgeschichte und Bibliographie. In: Aus dem Antiquariat 5, 2006, S. 343–364.

230 1908年，奥托·施蒂尔（Otto Stiehl）对这卷书（《中世纪的居住建筑》）的第二版进行了修订，这表明了人们对这一主题的浓厚兴趣。

231 Essenwein 1892, bes. S. 5–7.

232 Fabian Link in seiner Dissertation an der Universität Basel (in Vorbereitung); vgl. ders.: Der Mythos Burg im Nationalsozialismus. In: Großmann/Ottomeyer 2010, S. 302–311. An der Universität Bamberg fand im WS 2011/12 ein Seminar statt, in dem Katharina Pfütz ein kritisches Referat über Ebhardt hielt.

233 Meyer 1976.

234 Zeune 1996.

235 Patze 1976.

236 Zettler/Zotz 2003.

237 Bangerter-Paetz 2007.

238 Wirtler 1987.

239 此前在施马尔卡尔登就曾经观察到这种空间上的连通，不过在那里，它被视为个例。Vgl. Großmann: Renaissance–schlösser, 2010.

240 Vgl. Großmann: Bauforschung, 2010 (mit weiterer Literatur).

241 Zeune 1996, S. 139–157.

242 Böhme 1991.

243 例如弗罗堡，该废墟的发掘以及研究成果的发表都堪称典范。vgl. Meyer 1989.

244 Ettel 2001.

245 Hensch 2005.

246 最重要的地区概况类著作也要归功于私人倡议，尤其是十卷本的《蒂罗尔城堡手册》以及有关阿尔萨斯地区城堡的系列书籍：Trapp/Hörmann-Weingartner

	1972–2011; Biller/Metz 1995 ff。
247	这里要特别提到的是 1992 年成立的致力于城堡和宫殿研究的瓦尔特堡协会和德国古堡协会的科学咨询委员会；自 1993 年以来，两者都定期出版各种城堡主题的汇编。1999 年起，瓦尔特堡协会出版了一系列城堡指南，这些城堡北至石勒苏益格，南到博岑。指南首先对相关的城堡进行了建筑史方面的探讨，并始终配有复原图和施工年代图纸。Burgen, Schlösser und Wehrbauten in Mitteleuropa 1999 ff.
248	Vgl. Großmann, Bauforschung, 2010.

参考文献

杂志和丛书

Arx. Burgen und Schlösser in Bayern, Österreich und Südtirol, hrsg. vom Südtiroler Burgeninstitut, Bozen 1978 ff.

Burgen, Schlösser und Wehrbauten in Mitteleuropa, hrsg. von der Wartburg-Gesellschaft, Regensburg 1999 ff.

Burgen und Schlösser in Sachsen-Anhalt. Mitteilungen der Landesgruppe Sachsen-Anhalt der Deutschen Burgenvereinigung, Halle 1991 ff.

Der Burgwart. Zeitschrift der Vereinigung zur Erhaltung deutscher Burgen, 1 ff., 1899–1942, 1955–1957, fortges. unter dem Titel Burgen und Schlösser, hrsg. von der Deutschen Burgenvereinigung e. V., 1 ff., 1959 ff.

Castella Maris Baltici. Publikationsreihe zu den Tagungen Castella Maris Baltici, 1993 ff.

Die deutschen Königspfalzen – Repertorium der Pfalzen, Königshöfe und übrigen Aufenthaltsorte der Könige im deutschen Reich des Mittelalters, hrsg. vom Max-Planck-Institut für Geschichte, Bd. 1 ff., Göttingen 1983 ff.

Forschungen zu Burgen und Schlössern, hrsg. von der Wartburg-Gesellschaft zur Erforschung von Burgen und Schlössern e. V., Bd. 1–13, München/Berlin 1993 ff., Bd. 14 ff., Petersberg 2012 ff.

Nachrichten des Schweizerischen Burgenvereins, Zürich, 1 ff., 1927–1995, fortges. unter dem Titel Mittelalter/Moyen Age. Zeitschrift des Schweizer Burgenvereins, 1 ff., 1996 ff.

Schweizer Beiträge zur Kulturgeschichte und Archäologie des Mittelalters, hrsg. vom Schweizerischen Burgenverein, Olten/Freiburg i. Br. 1974 ff.

有关城堡的一般出版物

Alberti, Leon Battista: Zehn Bücher über die Baukunst, hrsg. von Max Theuer, Wien/Leipzig 1912.

Albrecht, Uwe: Der Adelssitz im Mittelalter. Studien zum Verhältnis von Architektur und Lebensform in Nord- und Westeuropa, Berlin 1995.

Antonow, Alexander: Burgen des südwestdeutschen Raums im 13. und 14. Jahrhundert unter besonderer Berücksichtigung der Schildmauer, Bühl 1977 (überarb. Ausg. unter dem Titel Planung und Bau von Burgen im süddeutschen Raum, Frankfurt a. M. 1983).

Atzbach, Rainer: Die Höfe bei Ebsdorfergrund-Dreihausen und das Ende der karolingischen Großburgen in Nordhessen. In: Burgenforschung 1, 2010, S. 1–34.

Bachmann, Christoph: Öffnungsrecht und herzogliche Burgenpolitik in Bayern im späten Mittelalter, München 1997 (Schriftenreihe zur bayerischen Landesgeschichte, 106).

Bangerter-Paetz, Judith: Saalbauten auf Pfalzen und Burgen im Reich der Staufer, ca. 1150–1250, Hannover 2007 (CD-ROM).

Barz, Dieter: Zur baulichen Entwicklung der «Adelsburg» im 10. und 11. Jahrhundert in Mittel- und Westeuropa. In: Forschungen zu Burgen und Schlössern 9, München/Berlin 2006, S. 67–84.

Biller, Thomas: Die Adelsburg in Deutschland, München/Berlin 1993/²1998.

Biller, Thomas: Die Entwicklung regelmäßiger Burgenformen in der Spätromanik und die Burg Kaub (Gutenfels). In: Forschungen zu Burgen und Schlössern 7, München/Berlin 2002, S. 23–44.

Biller, Thomas, und G. Ulrich Großmann: Burg und Schloss. Der Adelssitz im deutschsprachigen Raum, Regensburg 2002.

Biller, Thomas, und Bernhard Metz: Die Burgen des Elsass, 4 Bde., Berlin/München 1995 ff. (bisher erschienen: Bd. 2: Der spätromanische Burgenbau im Elsass, 1200–1250; Bd. 3: Der frühe gotische Burgenbau im Elsass, 1250–1300).

Binding, Günther: Deutsche Königspfalzen von Karl dem Großen bis Friedrich II. (765–1240), Darmstadt 1996.

Bitschnau, Martin: Burg und Adel in Tirol zwischen 1050 und 1300, Grundlagen zu ihrer Erforschung, Wien 1983 (Österreichische Akademie der Wissenschaften, Phil.-hist. Klasse, 403).

Bitterli, Thomas: Die Höhlenburgen – ein Überblick. In: Burgen im Alpenraum, Petersberg 2012 (Forschungen zu Burgen und Schlössern 14), S. 123–130.

Böhme, Horst Wolfgang (Hrsg.): Burgen der Salierzeit, 2 Bde., Sigmaringen 1991 (Römisch-Germanisches Zentralmuseum, Monographien, 25, 26) (Bd. 1: Nördliche Landschaften des Reiches; Bd. 2: Südliche Landschaften des Reiches).

Böhme, Horst Wolfgang, u. a. (Hrsg.): Burgen in Mitteleuropa. Ein Handbuch, 2 Bde., Stuttgart 1999.

Bornheim gen. Schilling, W., Rheinische Höhenburgen, 3 Bde., Neuss 1964.

Brachmann, Hansjürgen: Der frühmittelalterliche Befestigungsbau in Mitteleuropa. Untersuchungen zu seiner Entwicklung und Funktion im germanisch-deutschen Gebiet, Berlin 1993.

Die Burgenforschung und ihre Probleme. Ergrabung – Konservierung – Restaurierung, hrsg. vom Bundesdenkmalamt, Abteilung Bodendenkmale, Wien, Horn 1992.

Burger, Daniel: Die Landesfestungen der Hohenzollern in Franken und Brandenburg im Zeitalter der Renaissance, München 2000 (Schriften zur bayerischen Landesgeschichte, 128).

Burger, Daniel: «In den Turm geworfen» – Gefängnisse und Folterkammern aus Burgen im Mittelkalter und in der frühen Neuzeit. In: Forschungen zu Burgen und Schlössern 12, München/Berlin 2009, S. 221–236.

Clasen, Karl Heinz: Burg. In: Reallexikon zur deutschen Kunstgeschichte, Bd. 3, 1954, Sp. 126–173.

Cohausen, Karl August von: Die Bergfriede, besonders rheinischer Burgen. In: Jahrbücher des Vereins von Alterthumsfreunden im Rheinlande XXVIII, 1860, S. 1–53.

Cohausen, Karl August von: Die Befestigungsweisen der Vorzeit und des Mittelalters, Wiesbaden 1898.

Cori, Johann Nepomuk: Bau und Einrichtung der deutschen Burgen im Mittelalter. Mit Beziehung auf Oberösterreich. In: 32. Bericht über das Museum Francisco-Carolinum, Linz 1874, S. 1–183 (2. Aufl. Darmstadt 1899, ohne Untertitel).

Crusius, Martin: Annales svevici sive Chronica rerum gestrum antiqissimae […], Frankfurt a. M. 1595 (dt. Ausg. 1733)

Deutsche Königspfalzen. Beiträge zu ihrer historischen und archäologischen Erforschung, 2 Bde., Göttingen 1963–1965 (Veröffentlichung des Max-Planck-Instituts für Geschichte, 11/1,2).

Durdík, Tomás: Kastellburgen des 13. Jahrhunderts in Mitteleuropa, Prag 1994.

Ebhardt, Bodo: Deutsche Burgen. Berlin o. J. (10 Lieferungen, 1898–1907).

Ebhardt, Bodo: Der Wehrbau Europas im Mittelalter, 2 Bde., Stollhamm 1939–1958 (Nachdr. Würzburg 1998).

Ebner, Herwig: Die Burgenpolitik und ihre Bedeutung für die Geschichte des Mittelalters, Klagenfurt 1974.

Ehmer, Hermann (Hrsg.): Burgen im Spiegel der historischen Überlieferung, Sigmaringen 1998 (Oberrheinische Studien, 13).

Essenwein, August Ottmar von: Die Kriegsbaukunst, Darmstadt 1889 (Handbuch der Architektur, 2. Th.: Die Baustile, historische und technische Entwicklung, Bd. 4: Die romanische und die gothische Baukunst, H. 1).

Essenwein, August Ottmar von: Der Wohnbau, Darmstadt 1892 (Handbuch der Architektur, 2. Th.: Die Baustile, historische und technische Entwicklung, Bd. 4: Die romanische und die gothische Baukunst, H. 2).

Ettel, Peter: Karlburg – Roßtal – Oberammerthal. Studien zum frühmittelalterlichen Burgenbau in Nordbayern, 2 Bde., Rahden 2001.

Ettel, Peter: Frühmittelalterlicher Burgenbau in Nordbayern und die Entwicklung der Adelsburg. In: Forschungen zu Burgen und Schlössern 9, München/Berlin 2006, S. 33–48.

Fabini, Hermann: Die Kirchenburgen der Siebenbürger Sachsen, Hermannstadt 2009.

Friedhoff, Jens: Die Ausstattung nassauischer Burgen und Schlösser im Spiegel frühneuzeitlicher Inventare. In: Nassauische Annalen 113, 2002, S. 97–149.

Friedrich, Reinhard, und Bernd Päffgen: Mittelalterliche Burganlagen in Kölner Bucht und Nordeifel bis zum Ende des 13. Jahrhunderts, Bonn 2007.

Ganshof, François Louis: Was ist das Lehnswesen?, Darmstadt 1961.

Giersch, Robert, Andreas Schlunck und Berthold Freiherr von Haller: Burgen und Herrensitze in der Nürnberger Landschaft, Lauf 2006.

Gleue, Axel W.: Wie kam das Wasser auf die Burg? Vom Brunnenbau auf Höhenburgen und Bergvesten, Regensburg 2008.

Glossarium artis. Deutsch-französisches Wörterbuch zur Kunst, Bd. 1: Burgen und feste Plätze, der Wehrbau vor Einführung der Feuerwaffen, München 1971/²1977.

Götting, Wilhelm, und Georg Grüll: Burgen in Oberösterreich, Wels 1967 (Oberösterreichische Landesbaudirektion, 21).

Grebe, Anja, und G. Ulrich Großmann: Burgen in Deutschland, Österreich und der Schweiz, Petersberg 2007.

Grebe, Anja, und Hans Heinrich Häffner: Truhe und Wandschrank – mobile und feste Ausstattungen im Burgen- und frühen Schlossbau. In: Jahrbuch der Stiftung Thüringer Schlösser und Gärten, Bd. 8, Regensburg 2005, S. 25–47.

Großmann, G. Ulrich: Der Fachwerkbau in Deutschland, Köln 1986 (4., überarb. Aufl. 2004).

Großmann, G. Ulrich: Burgen in Europa, Regensburg 2005.

Großmann, G. Ulrich: Einführung in die kunsthistorische und historische Bauforschung, Darmstadt 2010.

Großmann, G. Ulrich (Hrsg.): Mythos Burg, Ausstellungskatalog, Germanisches Nationalmuseum Nürnberg, Dresden/Nürnberg 2010.

Großmann, G. Ulrich: Renaissanceschlösser in Hessen. Architektur zwischen Reformation und Dreißigjährigem Krieg, Regensburg 2010 (wesentlich überarb. Ausg. der Diss. Der Schloßbau der Renaissance in Hessen 1530–1630, Marburg 1979).

Großmann, G. Ulrich, und Hans Ottomeyer (Hrsg.): Die Burg. Wissenschaftlicher Begleitband zu den Ausstellungen «Burg und Herrschaft» und «Mythos Burg», Dresden 2010.

Großmann, G. Ulrich, und Anne Rentél: Bau- und Burgenforschung im Werk Karl August von Cohausens (mit einer Bibliographie). In: Nassauische Annalen 123, 2012, S. 453–479.

Günster, Nina: Blick auf die Burg. Zeichnungen und Aquarelle des 19. Jahrhunderts aus den Beständen Karl August von Cohausen und Botho Graf zu Stolberg-Wernigerode, Nürnberg 2010 (Beiband zum Anzeiger des Germanischen Nationalmuseums).

Hähnel, Joachim: Stube. Wort- und sachgeschichtliche Beiträge zur historischen Hausforschung, Münster 1975.

Hechberger, Werner: Adel, Ministerialität und Rittertum im Mittelalter, München 2004 (Enzyklopädie deutscher Geschichte, 72).

Heine, Hans-Wilhelm: Frühe Burgen und Pfalzen in Niedersachsen, von den Anfängen bis zum frühen Mittelalter, Hildesheim ²1995 (Wegweiser zur Vor- und Frühgeschichte Niedersachsens, 17).

Herrmann, Christofer: Wohntürme des späten Mittelalters auf Burgen im Rhein-Mosel-Gebiet, Espelkamp 1995 (Veröffentlichung der Deutschen Burgenvereinigung, A, 2).

Hinz, Hermann: Motte und Donjon. Zur Frühgeschichte der mittelalterlichen Adelsburg, Köln 1981 (Zeitschrift für Archäologie des Mittelalters, Beih. 1).

Hoppe, Stephan: Die funktionale und räumliche Struktur des frühen Schloßbaus in Mitteldeutschland, Köln 1996 (Veröffentlichung der Abteilung Architekturgeschichte der Universität Köln, 62).

Hotz, Walter: Kleine Kunstgeschichte der deutschen Burg, Darmstadt 1965/1979.

Hotz, Walter: Pfalzen und Burgen der Stauferzeit. Geschichte und Gestalt, Darmstadt 1981.

Jost, Bettina: Die Reichsministerialen von Münzenberg als Bauherren in der Wetterau im 12. Jahrhundert, Köln 1995.

Kammel, Frank Matthias (Bearb.): Spiegel der Seligkeit. Private Frömmigkeit im Spätmittelalter, Ausstellungskatalog, Germanisches Nationalmuseum Nürnberg, Nürnberg 2000.

Kiess, Walter: Die Burgen in ihrer Funktion als Wohnbauten. Studien zum

Wohnbau in Deutschland, Frankreich, England und Italien vom 11. bis 15. Jahrhundert, o. O. 1961.

Kill, René: L'Approvisionnement en eau des châteaux forts de montagne alsaciens, Saverne 2012.

Klaar, Adalbert: Beiträge zu Planaufnahmen österreichischer Burgen, Wien 1970–1980 (Mitteilungen der Kommission für Burgenforschung und Mittelalter-Archäologie).

Kunze, Rainer: Burgenpolitik und Burgenbau der Grafen von Katzenelnbogen bis zum Ausgang des 14. Jahrhunderts, Braubach 1969.

Kyllinger, Jacob Wernher: De Ganeriis Castrorum, sive De Arcivum pluribus communium Condominis. Von den Ganerben und Burgmännern gemeiner Schlösser, Vesten und Burgen, Tübingen 1620.

Leidorf, Klaus, und Peter Ettel (Hrsg.): Burgen in Bayern. 7000 Jahre Burgengeschichte im Luftbild, Stuttgart 1999.

Leistikow, Dankwart: Julius Ernst Naeher (1824–1911), der Burgenforscher Südwestdeutschlands. In: Forschungen zu Burgen und Schlössern 1, Berlin 1994, S. 169–187.

Lemmer, Manfred: Die mittelalterliche Burg als Lebensraum. In: Burgen und Schlösser in Sachsen-Anhalt, Heft 4, Halle a. d. Saale 1995, S. 6–27.

Losse, Michael: Hohe Eifel und Ahrtal, Stuttgart 2003 (Theiss Burgenführer).

Maurer, Hans-Martin: Die landesherrliche Burg in Wirtemberg im 15. und 16. Jahrhundert, Stuttgart 1958 (Veröffentlichungen der Kommission für geschichtliche Landeskunde in Baden-Württemberg, B, 1).

Maurer, Hans-Martin: Bauformen der hochmittelalterlichen Adelsburg in Südwestdeutschland. In: Zeitschrift für die Geschichte des Oberrheins 115 (N. F. 76), 1967, S. 61–116.

Maurer, Hans-Martin: Die Entstehung der hochmittelalterlichen Adelsburg in Südwestdeutschland. In: Zeitschrift für die Geschichte des Oberrheins, 117 (N. F. 78), 1969, S. 297–332.

Maurer, Hans-Martin: Rechtsverhältnisse der hochmittelalterlichen Adelsburg vornehmlich in Südwestdeutschland. In: Patze 1976, Bd. 2, S. 77–190.

Maurer, Hans-Martin: Burgen. In: Die Zeit der Staufer 1977–1979, Bd. 3, S. 119–128.

Meckseper, Cord: Raumdifferenzierungen im hochmittelalterlichen Burgenbau Mitteleuropas. In: Château Gaillard 20, 2002, S. 163–171.

Menclová, Dobroslava: Blockwerkkammern in Burgpalästen und Bürgerhäusern. In: Acta Historiae Artium Academiae Scientiarum Hungaricae, Bd. 9, Budapest 1963, S. 245–267.

Meyer, Werner: Die Burg als repräsentatives Statussymbol – ein Beitrag zum Verständnis der mittelalterlichen Adelsburg. In: Zeitschrift für schweizerische Archäologie und Kunstgeschichte 33, 1976, S. 173–181.

Meyer, Werner: Frühe Adelsburgen zwischen Alpen und Rhein. In: Nachrichten des Schweizerischen Burgenvereins 57, 1984, S. 70–79.

Meyer, Werner: Hirsebrei und Hellebarde. Auf den Spuren des mittelalterlichen Lebens in der Schweiz, Olten/Freiburg 1985.

Meyer, Werner: Neuerungen im Burgenbau des 13. Jahrhunderts nach Beispielen aus der Umgebung Basels. In: Burgenbau im 13. Jahrhundert, München/Berlin 2002 (Forschungen zu Burgen und Schlössern 7), S. 9–22.

Meyer, Werner, und Eduard Widmer: Das große Burgenbuch der Schweiz, Zürich/München 1977.

Mielke, Friedrich: Geschichte der deutschen Treppen, Berlin/München 1966.

Müller, Anne, und Matthias Weinhoild: Felsenburgen der Sächsischen Schweiz. Neurathen, Winterstein, Arnstein, Regensburg 2010 (Burgen, Schlösser und Wehrbauten in Mitteleuropa, 23).

Müller, Heinz (Hrsg.): Wohntürme. Kolloquium 2001 auf Burg Kriebstein/Sachsen, Langenweißbach 2002 (Veröffentlichungen der Deutschen Burgenvereinigung).

Müller, Heinz, und Reinhard Schmitt (Hrsg.): Zwinger und Vorbefestigung. Tagung 2006 auf Schloss Neuenburg bei Freyburg (Unstrut), Langenweißbach 2007 (Veröffentlichugen der Deutschen Burgenvereinigung).

Nebehay, Ingo: Bibliographie altösterreichischer Ansichtenwerke aus fünf Jahrhunderten. Die Monarchie in der topographischen Druckgraphik von der Schedel'schen Weltchronik bis zum Aufkommen der Photographie. Beschreibendes Verzeichnis der Ansichtenwerke, 5 Bde., Graz 1981–1991.

Ottersbach, Christian: Befestigte Schlossbauten im Deutschen Bund. 1815–1866, Petersberg 2007.

Patze, Hans (Hrsg.): Die Burgen im deutschen Sprachraum. Ihre rechts- und verfassungsgeschichtliche Bedeutung, 2 Bde., Sigmaringen 1976 (Konstanzer Arbeitskreis für mittelalterliche Geschichte, 19).

Pfälzisches Burgenlexikon, 4 Bde., Kaiserslautern 1999–2007 (Beiträge zur pfälzischen Geschichte).

Pfefferkorn, Georg Michael: Merkwürdige und Auserlesene Geschichte von der berühmten Landgraffschaft Thüringen/darinnen das denkwürdigste von dieses Landes Chroniken/Lage/Fruchtbarkeit/ […] der Städte/Vestungen/Universitäten […], Frankfurt a. M./Gotha 1684 (2. Aufl. 1685).

Piper, Otto: Burgenkunde – Bauwesen und Geschichte der Burgen zunächst innerhalb des deutschen Sprachgebietes, München 1895 (2. Aufl. 1905 (2 Bde.); 3. Aufl. München 1912; Nachdr., ergänzt um ein Nachwort von Werner Meyer, Frankfurt a. M. 1967).

Piper, Otto: Österreichische Burgen, 5 Bde., Wien 1902–1907.

Reichhalter, Gerhard, Karin und Thomas Kühtreiber: Burgen. Waldviertel und Wachau, Sankt Pölten 2001.

Reichhalter, Gerhard, Karin und Thomas Kühtreiber: Burgen. Weinviertel, Wien 2005.

Reicke, Daniel: «von starken und grossen flüejen». Eine Untersuchung zu Megalith- und Buckelquader-Mauerwerk an Burgtürmen im Gebiet zwischen Alpen und Rhein, Basel 1995 (Schweizer Beiträge zur Kulturgeschichte und Archäologie des Mittelalters, 22).

Rödel, Volker: Reichslehnswesen, Ministerialität, Burgmannschaft und Niederadel. Studien zur Rechts- und Sozialgeschichte des Adels in den Mittel- und Oberrheinlanden während des 13. und 14. Jahrhunderts, Marburg/Darmstadt 1979 (Quellen und Forschungen zur hessischen Geschichte, 38).

Rödel, Volker: Die Burg als Gemeinschaft: Burgmannen und Ganerben. In: Lukas Clemens und Sigrid Schmitt (Hrsg.): Zur Sozial- und Kulturgeschichte der mittelalterlichen Burg, Trier 2009, S. 109–139.

Sartori, Franz: Die Bergvesten und Ritterschlösser der österreichischen Monarchie, 8 Bde., Brünn 1819/20.

Schicht, Patrick: Österreichs Kastellburgen des 13. und 14. Jahrhunderts, Wien 2003 (Beiträge zur Mittelalterarchäologie in Österreich, Beih. 5).

Schmidtchen, Volker: Kriegswesen im späten Mittelalter, Weinheim 1990.

Schmitt, Reinhard: Steinerne Wohnbauten und Wohntürme vom 10. bis 13. Jahrhundert in Sachsen-Anhalt. In: Müller 2002, S. 91–103.

Schmitt, Reinhard: Zwinger und Vorbefestigungen. Einführung in das Tagungsthema anhand von Beispielen aus Sachsen-Anhalt. In: Müller/Schmitt 2007, S. 9–18.

Schmitt, Reinhard: Burg Querfurt um 1000 und ihre Stellung im zeitgleichen Burgenbau in Deutschland. In: Arno Sames (Hrsg.): Brun von Querfurt. Lebenswelt, Tätigkeit, Wirkung, Querfurt 2010, S. 23–35 und Abb. S. 120–141.

Schock-Werner, Barbara (Hrsg.): Burg- und Schlosskapellen. Kolloquium des Wissenschaftlichen Beirats der Deutschen Burgenvereinigung, Stuttgart 1995.

Schock-Werner, Barbara und Klaus Bingenheimer (Hrsg.): Fenster und Türen in historischen Wehr- und Wohnbauten. Kolloquium des Wissenschaftlichen Beirats der Deutschen Burgenvereinigung, Stuttgart 1995.

Schuchhardt, Carl: Die Burg im Wandel der Weltgeschichte, Wildpark-Potsdam 1931 (Museum der Weltgeschichte).

Schütte, Ulrich: Das Schloß als Wehranlage. Befestigte Schloßbauten der frühen Neuzeit im alten Reich, Darmstadt 1994.

Steinmetz, Thomas: Burgen im Odenwald, Brensbach 1998.

Stevens, Ulrich: Burgkapellen im deutschsprachigen Raum, Köln 1978 (bearb. Neuausg. unter dem Titel Burgkapelle. Andacht, Repräsentation und Wehrhaftigkeit im Mittelalter, Darmstadt 2003).

Streich, Gerhard: Burg und Kirche während des deutschen Mittelalters. Untersuchungen zur Sakraltopographie von Pfalzen, Burgen und Herrensitzen, 2 Bde., Sigmaringen 1984 (Konstanzer Arbeitskreis für mittelalterliche Geschichte, Sonderbd. 29, I, II).

Streich, Gerhard: Palatium als Ordnungsbegriff und Ehrentitel für die Urkundenorte der deutschen Könige und Kaiser im Hochmittelalter. In: Franz Staab (Hrsg.): Die Pfalz. Probleme einer Begriffsgeschichte, Speyer 1990, S. 103–129.

Strickhausen, Gerd: Burgen der Ludowinger in Thüringen, Hessen und dem Rheinland, Darmstadt/Marburg 1998 (Quellen und Forschungen zur hessischen Geschichte, 109).

Thon, Alexander, und Tina Rudersdorf: Burgkapellen, Kapellenerker und Tragaltar. Überlegungen zu einer Typologie des Sakralbereichs mittelalterlicher Burgen im Rheinland. In: Jahrbuch für westdeutsche Landesgeschichte 25, 1999, S. 141–181.

Tillmann, Curt: Lexikon der deutschen Burgen und Schlösser, 4 Bde., Stuttgart 1958–1961.

Torbus, Tomasz: Die Konventsburgen im Deutschordensland Preußen, München 1998 (Schriften des Bundesinstituts für ostdeutsche Kultur und Geschichte, 11).

Trapp, Oswald, und Magdalena Hörmann-Weingartner (Hrsg.): Tiroler Burgenbuch, 10 Bde., Bozen/Innsbruck 1972–2011.

Wäscher, Hermann: Feudalburgen in den Bezirken Halle und Magdeburg, 2 Bde., Berlin 1962 (Deutsche Bauakademie, Schriften des Instituts für Theorie und Geschichte der Baukunst).

Wagener, Olaf, und Heiko Laß (Hrsg.): ...wurfen hin in steine/groze und niht kleine ... Belagerungen und Belagerungsanlagen im Mittelalter, Frankfurt a. M. 2006 (Beihefte zur Mediaevistik, 7).

Wand, Norbert: Die Anfänge des mittelalterlichen Burgenbaues in Althessen – die fränkischen Großburgen aus der Zeit der Dachsenkriege. In: Forschungen zu Burgen und Schlössern 9, München/Berlin 2006, S. 21–32.

Wirtler, Ulrike: Spätmittelalterliche Repräsentationsräume auf Burgen im Rhein-Lahn-Mosel-Gebiet, Köln 1987.

Die Zeit der Staufer, Ausstellungskatalog, Württembergisches Landesmuseum Stuttgart, 5 Bde., Stuttgart 1977–1979.

Zettler, Alfons, und Thomas Zotz (Hrsg.): Die Burgen im mittelalterlichen Breisgau, Sigmaringen 2003 ff.

Zeune, Joachim: Burgen – Symbole der Macht. Ein neues Bild der mittelalterlichen Burg, Regensburg 1996.

Zeune, Joachim (Hrsg.): Die Burg im 15. Jahrhundert, Braubach 2011 (Veröffentlichungen der Deutschen Burgenvereinigung, B, 12).

Zingerle, Oswald von: Mittelalterliche Inventare aus Tirol und Vorarlberg, Innsbruck 1909.

Zotz, Thomas: Palatium publicum, nostrum, regium. Bemerkungen zur Königspfalz in der Karolingerzeit. In: Franz Staab (Hrsg.): Die Pfalz. Probleme einer Begriffsgeschichte, Speyer 1990, S. 71–101.

本书所涉及城堡的相关出版物

Altwasser, Elmar: Aktuelle Bauforschung am WARTBURG-Palas. Bericht und Resümee. In: Günter Schuchardt (Hrsg.): Der romanische Palas der Wartburg. Bauforschung an einer Welterbestätte, Regensburg 2001, S. 23–106.

Arens, Fritz Viktor: Die Königspfalz WIMPFEN, Berlin 1967.

Atzbach, Rainer: Die Höfe bei Ebsdorfergrund-DREIHAUSEN und das Ende der karolingischen Großburgen in Nordhessen. In: Burgenforschung und Burgendenkmalpflege in Hessen, Marburg 2010, S. 11–34.

Barz, Dieter: SCHLÖSSEL bei Klingenmünster. Befunde und Funde in einer salierzeitlichen Burg. In: Mitteilungen der Deutschen Gesellschaft für Archäologie des Mittelalters und der Neuzeit 20, 2008, S. 189–197.

Bergstedt, Clemens, u. a. (Hrsg.): Bischofsresidenz Burg ZIESAR. Das Haus – das Denkmal – das Museum, Berlin 2005.

Biller, Thomas: Die Pfalz Friedrichs I. in KAISERSWERTH – zu ihrer Rekonstruktion und Interpretation. In: Forschungen zu Burgen und Schlössern 4, München/Berlin 1998, S. 173–188.

Biller, Thomas: Die Entwicklung regelmäßiger Burgformen in der Spätromanik und die Burg KAUB (Gutenfels). In: Forschungen zu Burgen und Schlössern 7, München/Berlin 2002, S. 23–44.

Biller, Thomas (Hrsg.): Der CRAC des Chevaliers. Die Baugeschichte einer Ordensburg der Kreuzfahrerzeit, Regensburg 2006 (Forschungen zu Burgen und Schlössern, Sonderbd. 3).

Biller, Thomas: HOCHOSTERWITZ – Burg, Schloss, Festung?. In: Die Burg zur Zeit der Renaissance, München/Berlin 2010 (Forschungen zu Burgen und Schlössern 13), S. 137–150.

Binding, Günther: Burg MÜNZENBERG. Eine staufische Burganlage, Bonn 1963.

Binding, Günther: Pfalz GELNHAUSEN, Bonn 1965.

Binding, Günther: Die spätkarolingische Burg BROICH in Mülheim an der Ruhr, Düsseldorf 1968 (Rheinische Ausgrabungen, 4).

Bitschnau, Martin, Walter Hauser und Martin Mittermair: Die Baugeschichte von Schloss TIROL im Hochmittelalter. In: Schloss Tirol 1971–2011, Bozen 2011, S. 212–237 (erweiterte Fassung aus: Forschungen zu Burgen und Schlössern 4, München/Berlin 1996, S. 31–46).

Burandt, Walter: Die Baugeschichte der Alten Hofhaltung in BAMBERG, Bamberg 1998.

Burg WEISSENSEE «Runneburg» Thüringen. Baugeschichte und Forschung, hrsg. vom Thüringischen Landesamt für Denkmalpflege, Koordination Cord Meckseper, Roland Möller und Thomas Stolle, Frankfurt a. M. 1998.

Burger, Daniel: Die CADOLZBURG. Dynastenburg und Amtssitz der Hohenzollern, Nürnberg 2005 (Wissenschaftliche Beibände zum Anzeiger des Germanischen Nationalmuseums, 24; zugl. Sonderbände der Wartburg-Gesellschaft, 1).

Burger, Daniel (Red.): Burg LAUF an der Pegnitz. Ein Bauwerk Kaiser Karls IV., Regensburg 2006 (Schriften des Deutschen Burgenmuseums, 2; zugl. Sonderbände der Wartburg-Gesellschaft, 2).

Burger, Daniel, und Michael Rykl: Die Raumstruktur der Burg Karls IV. in LAUF. In: G. Ulrich Großmann und Hans-Heinrich Häffner (Hrsg.): Burg Lauf an der Pegnitz, Regensburg 2006 (Schriften des Deutschen Burgenmuseums, 2), S. 35–66.

Dähn, Karl-Heinz: Burg NEIPPERG. In: Jahrbuch für schwäbisch-fränkische Geschichte 32, 1992, S. 49–62 und Abb. 21–41.

Dittscheid, Hans-Christoph: Kassel-WILHELMSHÖHE und die Krise des Schloßbaues am Ende des Ancien Régime, Worms 1987.

Endres Tuchers Baumeisterbuch der Stadt NÜRNBERG (1464–1475), hrsg. von Matthias Lexer, Stuttgart 1862.

Friedel, Birgit: Die NÜRNBERGER Burg, Petersberg 2007 (Schriften des Deutschen Burgenmuseums, 1).

Grimm, Paul: Tilleda, eine Königspfalz am Kyffhäuser, 2 Teile, Berlin 1968–1990 (Akademie der Wissenschaften der DDR, Zentralinstitut für alte Geschichte und Archäologie, Schriften zur Ur- und Frühgeschichte, 40).

Großmann, G. Ulrich: Schloss MARBURG, Regensburg 1999/²2006 (Burgen, Schlösser und Wehrbauten in Mitteleuropa, 3).

Hefner, J. von, und J. W. Wolf: Die Burg TANNENBERG und ihre Ausgrabungen, Frankfurt a. M. 1850.

Hensch, Matthias: Burg SULZBACH in der Oberpfalz. Archäologisch-historische Forschungen zur Entwicklung eines Herrschaftszentrums des 8. bis 14. Jahrhunderts in Nordbayern, Büchenbach 2005.

Herrnbrodt, Adolph: Der HUSTERKNUPP, eine rheinische Burganlage des frühen Mittelalters, Köln/Graz 1958 (Beihefte der Bonner Jahrbücher, 6).

Jost, Bettina: Die Reichsministerialen von MÜNZENBERG als Bauherren in der Wetterau im 12. Jahrhundert, Köln 1995.

Kohnert, Tilman: Die FORCHHEIMER Burg genannt «Pfalz». Geschichte und Baugeschichte einer fürstbischöflich-bambergischen Stadtburg, Petersberg 2008 (Schriften des Deutschen Burgenmuseums, 4).

Leber, Friedrich O. von: Die Ritterburgen RAUHENECK, SCHARFENECK UND RAUHENSTEIN, Wien 1844.

Leistikow, Dankwart: Burg SCHÜPF – eine Burgengrabung des 19. Jahrhunderts. In: Xantener Berichte, Bd. 12, Mainz 2002, S. 361–373.

List, Karl: Wasserburg LAHR. Ein Beitrag zum Burgenbau der Stauferzeit. In: Burgen und Schlösser 10, 1970, S. 43–50.

Maurer, Hans-Martin: Der HOHENSTAUFEN, Geschichte der Stammburg eines Kaiserhauses, Stuttgart/Aalen 1977.

Meyer, Werner: Die FROHBURG. Ausgrabungen 1973–1977, Zürich 1989 (Schweizer Beiträge zur Kulturgeschichte und Archäologie des Mittelalters, 16).

Mogge, Winfried: «Dies uralt Haus auf Felsengrund». ROTHENFELS am Main: Geschichte und Gestalt einer unterfränkischen Burg, Würzburg 2012.

Pospieszny, Kazimierz: Der Hochmeisterpalast der MARIENBURG. Forschungen zum Ostteil des Hauptgeschosses. In: Forschungen zu Burgen und Schlössern 6, München/Berlin 2001, S. 71–94.

Schlegel, Richard: Veste HOHENSALZBURG, Salzburg 1952.

Schmitt, Reinhard: Burg QUERFURT um 1000 und ihre Stellung im zeitgleichen Burgenbau in Deutschland. In: Arno Sames (Hrsg.): Brun von Querfurt. Lebenswelt, Tätigkeit, Wirkung, Querfurt 2010, S. 23–35 und Abb. S. 120–141.

Schürer, Oskar: Die Kaiserpfalz EGER, Berlin 1934.

Steinmetz, Thomas: Die Königspfalz ROTHENBURG ob der Tauber, Brensbach 2002.

Ulrich, Stephan: Die Burg NEULEININGEN. Ihre Baugeschichte unter Berücksichtigung der Stadtbefestigung, Neustadt a. d. W. 2005 (Stiftung zur Förderung der pfälzischen Geschichtsforschung, 7).

Zeune, Joachim: Burgruine LICHTENSTEIN, Regensburg 1998 (Schnell-Kunstführer, 2349).

Zeune, Joachim: Burgruine ALTENSTEIN, Regensburg 2003 (Schnell Kunstführer, 2534).

Zeune, Joachim: Die Baugeschichte der SALZBURG [bei Bad Neustadt/Saale]. In: Heinrich Wagner und Joachim Zeune (Hrsg.): Das Salzburgbuch, Bad Neustadt 2008, S. 109–152.

术语解释

所附页码仅涉及对该术语进一步解释的文本段落，而并非在每一处都会提及此术语。

暗炮台（Kasematte）　地下隐藏的架设火炮的地方（第169页）

侧翼塔楼（Flankierungsturm）　凸出于墙体前方、可以通过侧向孔洞和铳眼进行"射击"，由此保卫墙体的塔楼（第65、140页）

城堡遗迹（Burgstall）　地上已无余留建筑的被毁城堡的所在地，大多在该地区仍很显眼

城堡主楼（Bergfried）　不宜居住的主塔楼，入口位于高处，塔楼明显高耸于其他建筑之上，也可用于监控和保卫攻击面以及指挥防御，偶尔设有地牢（第74—79页）

城堡主楼（Donjon）　过时的术语，指法国和英国城堡包含居住空间和大厅的主塔楼（第74、76—77页）

城门建筑，城门塔楼（Torbau, Torturm）　建于城堡城门上方或者与之相连的建筑物或塔楼（第69—74页）

铳眼（Schießscharte）　用弓、弩、火绳枪或加农炮射击时使用的墙上的凹口，开孔大多为垂直方向，偶尔有横向（比较：嘴形铳眼）（第67—68、139—140、165页）

大厅建筑（Saalbau）　规模较大的城堡内有一个或多个大厅的建筑物（第79—80、177—178页）

地牢（Verlies）　只能从上方进入的短期监狱，大多位于塔楼的地下室层（第38、77页）

吊桥（Zugbrücke）　城堡城门前的木桥，可以借助于吊杆或者链索升降（第72—74页）

吊闸（Fallgatter）　用于保卫主城门的既沉且重的木栅栏（第72—73、173页）

堞眼（Maschikuli）　位于塔楼和城墙顶端的一排投掷孔，建于梁托石上，伸出墙体以外

（第 62 页）

盾墙（Schildmauer） 攻击面的高墙，在高度和宽度上都将城堡掩于其后，尤其用于山坡上的城堡（第 65—66、141—142 页）

防御大宅（Festes Haus） 城堡中石砌的长方形居住建筑，大多三到四层楼（第 78—79 页）

防御挑楼（Wurferker） 楼房向外悬挑出底层的部分，下部开洞，通过射击、投掷石块及燃烧物或者倾倒沸水、沥青等保卫城墙根（第 72 页）

防御通道（Wehrgang） 墙帽处用于防御的通道（第 61—62 页）

宫廷客厅（Hofstube） 城堡中每天就餐和休闲活动的房间，在较简单的场合用作休息室和宴会室，比较：骑士大厅（第 82、189 页）

共同继承人（Ganerbe） 城堡共同占有者中的一员（第 34、160、162 页）

壕上有顶掩体（Kaponniere） 要塞壕沟的防弹建筑，用于掩护壕沟并且"掠过"要塞围墙

横木门闩（Torbalken） 闩门的横木，嵌入墙体并且确保门扇关闭（第 71 页）

环状城墙（Ringmauer） 包围了城堡所在整个区域的城墙，不同于分段式不连贯的城墙（第 58—61 页）

环状土墙（Ringwall） 将一处（可居住的）场所环形围住的土墙，主要出现于史前时期和古代的建筑（第 101—102 页）

黄油搅拌桶塔楼（Butterfassturm） 圆形塔楼（大多是城堡主楼），上部塔楼也是圆形，但更为狭细，外形类似于 19 世纪用于搅拌黄油的圆桶（第 176 页）

回廊（Zwinger） 城堡的外围防御区，由围墙和一段狭长且空旷的地带构成，修建时间几乎总晚于所保卫的城堡（第 59—60 页）

火绳枪（Hakenbüchse） 前膛枪，底部有一个钩子，用于钩住墙壁减少后坐力（第 68 页）

减压拱（Entlastungsbogen） 墙体中通常比较宽的拱形结构，它通过跨接越过某个静态存在风险的地方（如建筑地基有个裂缝）并且将墙体压力分配到两侧；孔洞上方窄的减压拱有同样的功能（第 51—52 页）

居住建筑（Wohnbau） 有居住空间和厨房的建筑（第 79 页）

居住塔楼（Wohnturm） 有居住空间的塔楼（第 78—79 页）

壳式塔楼（Schalenturm） 三侧封闭的塔楼，朝向城堡或者城市的一侧为开放式，主要是为了节省建筑材料（第 175 页）

坑道（Mine） 为攻克城堡或要塞在地下挖掘的通道；挖至城墙下的坑道可用于爆破或者通过点火造成墙体倾塌（第 64 页）

棱堡（Bastion） 箭头形建筑，用于在要塞侧翼和拐角处架设火炮（第209页）

毛面方石（Buckelquader） 表面隆起状似驼背的方石；毛面方石以前经常被误认为施陶芬王朝时期城堡的化身，实际上它使用的时间更久（第47—78、142—143页）

幕墙（Kurtine） 环状城墙的两座塔楼或者要塞的棱堡之间的那段防御墙（第168页）

内宅（Kemenate） 利用壁炉采暖、用于居住的建筑或房间；19世纪被错误地认为是女性居住的建筑（第82—83页）

炮楼（Batterieturm） 多个楼层都可架设火炮的塔楼（第170—172页）

炮台（Kavalier） 棱堡中位于高处的架设火炮的地方（第165—168页）

坡面（Böschung） 塔楼或者墙体基部倾斜的砌体（第64页）

骑士大厅（Dürnitz） 流行于德国南部的宫廷客厅的名称；城堡居民共同使用的可采暖的房间，在较简单的场合用作休息室和宴会室（第82、189页）

丘堡（Motte） 建于通常是人工堆筑的土丘上的塔堡，在德国比较少见，多见于西欧（第111、118、120页）

树轮年代学（Dendrochronologie） 借助于一种准确到年份的方法对砍伐和加工的木头确定年代，只要该木头至最外层树轮（木头上剩留的树皮）保存完整（第257—258页）

双层祈祷室（Doppelkapelle） 上下相叠并且通过一个孔洞连通的两间祈祷室（第89、127—129、180页）

水井（Ziehbrunnen） 通过一个可达地下水的深洞供给淡水的水井；用水桶取水，然后通过带有手摇柄或者脚踏轮的绳索牵拉装置输送到地面（第91—92、190页）

锁喉壕（Halsgraben） 在高地城堡和山脊之间挖掘的壕沟（第57页）

塔堡（Turmburg） 由一座塔楼状建筑构成的城堡，集居住功能和防御功能于一身（第111、118页）

厅殿（Palas） 12、13世纪上层贵族的城堡中有代表性的厅住一体建筑的名称（第80、125—132页）

屠孔（Pechnase） 19、20世纪指代防御挑楼的富有浪漫主义色彩的名称（第72页）

外堡（Vorburg） 主城堡前方可独立防御的堡区，由城墙和壕沟与主堡区隔开，主要用于经济目的（第94—95页）

外护墙（Konterescarpe） 用于加固壕沟设防的外墙，建在与城墙（环状城墙、壕沟围墙、护墙）相对的外侧（第168页）

外围堡垒（Vorwerk） 攻击面前方的防御工事（第57、206页）

外置厕所（Dansker） 建于城堡建筑群——特别是条顿骑士团城堡——外部的厕所建

筑，可通过一座桥抵达

瓮城（Barbakane） 建于城堡壕沟前方、由城墙围住的外部城门设施（第58—59页）

闲歇楼（Mushaus） 低地德语中厅住一体建筑的名称

行宫（Pfalz） 中世纪鼎盛时期皇帝、国王或者主教定期的、但是非长期的住所（第19—20、106—108、116、125页）

蓄水池（Zisterne） 接取雨水用作饮用水和生活用水的集水池；部分蓄水池的水会通过地下砾石层过滤（过滤式蓄水池）（第91—92页）

要塞（Festung） 由多部分组成、适用于枪炮的防御建筑，内部建有兵营，是战略部署的一部分，标志特征是没有统治者的住所（第18、205—209页）

圆形碉楼（Rondell） 装备有火炮的低矮的圆形塔楼，主要建于早期的要塞（第165—172页）

雉堞（Zinnen） 有固定间隔的锯齿状矮墙，供墙帽和塔楼上的防御者掩蔽之用（第66—67页）

重力抛石机（Blide） 用于摧毁城墙的大型抛石机（第63—64页）

嘴形铳眼（Maulscharte） 兽嘴形状、横向开孔的铳眼，大多已适用于火器（小型枪炮）（第69页）